# 高效推销的心理操纵

GAOXIAOTUI
XIAODEXINLICAOZONG

左　夫◎编著

中国商业出版社

**图书在版编目（CIP）数据**

高效推销的心理操纵/左夫编著．—北京：中国商业出版社，2010.4

ISBN 978-7-5044-6767-6

Ⅰ．高…　Ⅱ．左…　Ⅲ．推销心理学　Ⅳ．F713.55

中国版本图书馆CIP数据核字（2010）第040703号

责任编辑：刘毕林

中国商业出版社出版发行
（100053　北京广安门内报国寺1号）
010-63180647　www.c-cbook.com
新华书店总店北京发行所经销
北京佳顺印务有限公司印刷

*

787×1092毫米　1/16开　18印张　280千字
2010年4月第1版　2010年4月第1次印刷
定价：35.00元

*　*　*　*

# 优秀推销员必须是优秀心理学家
# （序）

什么是推销？

推销的过程实质上是一个对客户的思维意识引导的过程。从陌生到熟悉，从拒绝到接纳，从心理抵触到自愿将钱从兜里掏出来，这都是种种的心理操纵过程。掌握了客户的心理就掌握了销售的原理，引导了客户的意识也就达到了推销的目的——成交。

美国的一项调查显示，在销售过程中，如果销售人员能根据客户的心理需要采用一种周到的、符合消费心理的方式来销售自己的产品，那么销售成功率大约为53%；而如果采用一般的销售方法，缺少心理技巧，则销售的成功率就只有24%，低了一大半。可见，要想成为优秀的推销员，必须先成为优秀的心理学家——洞察意念、解读人性、引导心理，以及缓和对抗。推销员如果不掌握人的心理，就无法引导客户的消费意识，使得销售行为的效率最大化。

销售活动是由推销员和客户共同参与的活动，推销就是与人打交道，每时每刻与各行各业、形形色色的人进行沟通。在消费过程中，每个客户都有着复杂的心理过程，很多的因素会促使客户购买，也有很多因素会导致客户放弃购买，而心理因素对客户的决策的影响是巨大而深远的。本书从推销心理学的基本原理出发，深入浅出地分析了具体销售过程中客户的心理动态和心理问题，分析了客户为什么不采购，为什么会质疑，为什么会拒绝，为什么会讨价还价，为什么会买、会不买。当然，本书的重点是——将心理较量转化为心理引导——怎样让客户购买，怎样使客户喜欢你，怎样得到客户的信任等一系列在销售过程中行之有效的心理策略。在销售的过程中，如果能恰当地运用这些心理策略，客户往往不会对产品百般挑剔，也不会对价格斤斤计较，而且能够使客户更加忠诚。

可以说，销售是一门心理学，它要求推销员扎扎实实地掌握销售心理的基本原则和方法；销售又是一门艺术，它要求推销员灵活地运用销售心理的原则和方法。适当地运用销售心理技巧，并不是虚伪矫情的行为，这是现代社会的竞争使然，旧式的推销技巧已经过时，新一代的业绩创造者必须要有新的理念与新的技巧，才能在快速发展的市场中占有一席之地，因此学习各种不同的销售心理技巧与方法，将有助于自己推销业绩的提高。

# 目　　录

CONTENTS

## 一、销售前必要的心理准备



## 二、引导顾客的消费意识

## 三、买与卖的心理学效应



## 四、高效成交的心理引导

## 五、推销是一场心理较量

## 六、推销是心与心的沟通





## 七、面对面时的心理距离

## 八、一切都是为了成交



## 九、洞察各类顾客的心理弱点

TOP

SALES PROMOTION

一

# 销售前必要的心理准备

# 你尽自己最大努力了吗

作为一个推销员，你认为是赚一万容易，还是一百万容易？让我告诉你，是一百万。

要成功，你必须要有强烈的成功欲望，一个顶尖的推销员最优秀的素质就是要有强烈的成交欲望。

在美国，有一个卖汽车的推销员总是在他们公司销售成绩排名第一，有人问他："你为什么总是第一名？"他回答说："因为我每个月都设法比第二名多卖一台车子。"这么简单的一个方法，这样简单的一句回答，告诉了我们一个简单的销售秘诀——永远比第一名还要更努力。

1964 年的一天，刚刚从海军学院毕业的吉米·卡特遇到了当时的海军上将里·科弗将军。将军让他随便说几件自认为比较得意的事情。于是，踌躇满志的吉米·卡特得意洋洋地谈起自己在海军学院毕业时的成绩："在全校 820 名毕业生中，我名列第 58 名。"他满以为将军听了会夸奖他，孰料，里·科弗将军不但没有，反而问道："你为什么不是第一名？你尽自己最大努力了吗？"这句话使吉米·卡特惊愕不已，答不上话来，但他却牢牢记住了将军这句话，并将它作为座右铭，时时激励和告诫自己要不断进取，永不自满和松懈，尽最大努力做好每一件事。最后，他以自己坚忍不拔的毅力和永远进取的精神登上了权力顶峰，他成了美国第 39 任总统。卸任后，吉米·卡特在撰写自己的传记时，便将这句话作为标题《你尽最大努力了吗》。

吉米·卡特的故事，或多或少会给你我一些启迪。在推销中，经常听一些人叹息："我觉得已经做了努力，可是……"好像做推销工作是轻而易举的，只要稍费一点儿劲，成功就应该属于他们。诚然，努力是做好推销工作的前提，但努力还有个程度问题。许多时候，你不做出最大努力就不能获得销售成功。俗话说，“天不负人”，你付出多少，便会得到多少。因此，不要埋怨客户，不要哀叹命运，你尽了最大的努力，客户就会给你以最丰厚的回报！

一些大公司在招聘销售人员的时候，总会问这样一个问题：“你为什么要做销售员？”对于这个简单的问题，大部分的应聘者会回答：“我喜欢这个有挑战性的工作”，“为了实现自己的梦想”，等等。作出这样回答的应聘者一般是不会被录取的。相反如果应聘者说“为了赚钱”，招聘者反而会露出满意的笑容，祝贺他被录用。

说“为了赚钱”似乎有点低俗，但为什么被录用了呢？这是因为从这个回答中，招聘者能够看到应聘者所拥有的强烈的成功欲望。

拿破仑曾说：“不想当元帅的士兵不是好士兵。”这句话套用到推销员身上，也可以这样说：“不想赚大钱的推销员不能成为一个顶尖的推销员。”事实也确实如此，一个不想赚大钱的推销员一般都不能创造良好的业绩。

有两个推销员，他们分别来自两个不同的公司，但销售的产品和活动的区域却是一样的。一年下来，其中一个比另一个卖出的东西要多3~4倍。为什么会这样？因为业绩优秀的那个拥有强烈的成功欲望，有强烈的赚钱欲望，工作时总是全力以赴。结果，理所当然地获得了丰厚的报酬。而另一个人得到的报酬只能维持他的生活之用，因为他的欲望太小，没有强烈的成功欲望。

大部分销售人员总是对销售技巧的提高特别有兴致。然而一个销售人员所产生的问题当中有80%是来自于自我心态的问题，即使解决了销售技巧的欠缺也只是治标不治本的方法。要训练出一个顶尖的销售人员，最重要的是如何能够使他建立正确的销售心态，否则便是“皮之不存，毛将焉附”了。

有一个台湾宝洁公司的王牌销售，他曾说，在他成为王牌销售的那几年，时常因为心态的调整而痛苦。王牌销售都是如此，可见一般销售人员心态的调整，确是一件非常不容易的事。

他还说，最开始他的梦想是拥有一辆奔驰。这并非是可望而不可及的理想。于是为了天天刺激自己，他在床头以及办公室的电脑屏幕边贴上一张奔驰车的照片，用来激励自己。对着他的奔驰车，他每天将自己的目标细化出来，逐个来对付它们。当然，最后他没有买奔驰车，却在加拿大买了一套豪华的别墅。

将你自己的梦想贴出来，形成强烈的视觉刺激，从而鼓励自己的信念，时刻提醒自己坚持就是胜利，这是高手们常用的策略。人的内在积极性如同激光的原理，需要反复频繁的刺激，才能激发出耀眼的光芒来。同时你别太在乎周围的人怎么想，当年韩国总统金大中在读书时，在床头贴上“成为总统”的奋斗目标，那时可没有人会相信这会成为现实。

推销之王乔·吉拉德认为，有两个单词非常重要：一个是“我想”，另一个是“我能”。

全世界95%的人并不知道他们要什么。然而，没有强烈的欲望，就不能成为好的推销员。乔·吉拉德说，这一点在我身上很管用。知道自己需要什么，最好把所想要的东西拍张照片挂起来，以增强自己的欲望。做推销员时，他把全公司最好的推销员的照片挂在墙上，告诉自己要打败他们。

一定要与成功者为伍，以第一为自己的目标。乔·吉拉德以此为原则处世为人。他的衣服上通常会佩戴一个金色的“1”。有人问他：因为你是世界上最伟大的推销员吗？他给出的答案是否定的。他说，我是我生命中最伟大的！没有人跟我一样。

一位医生告诉乔·吉拉德，每个人体内有一万个发动机。乔·吉拉德就在家的最外面的门上写了一句话——把所有发动机全部启动。

他每天这样离开家门——观察身上所有细节，看看是否自己会买自己的账。一切都准备好后，他把手握在门把上，打开门，像豹子一样冲出去。乔·吉拉德总是对自己说：“我是第一！”

人们往往对第一的印象深刻，对第二、第三却没有兴趣。我们能记住世界上最高的山峰，但对第二高的山峰却印象淡薄；我们能记住中国最高的人，但却不在乎谁是第二高的人。

在公司内你可能是一位平凡的推销员，成绩始终维持中等程度，和顶尖优秀的推销员相比，你的业绩不及对方的一半。你也许因此认为，凭自己的能力是绝不可能拉近这两倍的业绩距离的。

但请你仔细想一下，业绩多你两倍的推销员，比起你 8 小时工作时间，他工作了 16 小时吗？当然那是不可能的。在顾客访问中你一天 10 次，他也不过多了你一次而已。而你用了 10 个小时的心思于工作上的同时，他也只不过多用了 1 个小时。

诸如此类，像这样只要再稍加努力便可得到非凡的成果。但是多数人却在自我满足后便停滞不前了。其实只要再进一步稍加努力，你便可由庸俗的世界升到超脱的世界，你的身价便会加速地飞升。

## 热情能得到别人得不到的订单

谁都不喜欢面对一个脸上没有阳光的人，更不要说购买他的产品了。

曾有一位销售培训大师说，如果你只是因为找不到工作的原因才来到销售的行列中，销售只是你过渡时期的选择。在这样的状况下要求自己每天去面对自己不喜欢的工作，这种自我煎熬是维持不了多久的。成为推销高手的先决条件，是本身心理上的认知，因为有了热情才能衍生出其他优秀的品格。

所谓热情，是指一种精神状态，一种对工作、对事业、对顾客的炽热感情。爱默生曾经指出：“缺乏热情，就无法成就任何一件大事。”

推销员面对的是人，推销是心和心的交流，推销员必须用热情去感染对方。

一个推销员如果缺乏热情，面无表情，冷冰冰，毫无生机，像机器人一样，那么谁也不愿意去接近他，更不用说购买他的产品。

还有，推销员对自己的职业也要充满热情。热情是事业成功的基础，热爱自己的职业，才能发挥出自己的潜力，从而做好自己的工作。

推销工作是艰苦的，推销员要常年在外奔波，辛苦异常；同时，在推销中还会遇到各种障碍、困难，需要解决，这些都需要推销员以满腔热情从事自己的工作。

有一次，吉拉德先生走进一家旅行社，想问一问去拉斯维加斯度周末需要花多少钱。他随手拿起一本介绍夏威夷的旅游小册子，一位推销小姐立刻走了过来。

“你去过夏威夷吗?”她问吉拉德。

“只在梦里去过。”吉拉德说。

“哦，我想你会喜欢夏威夷的。”她说。

当那位小姐给他看一些资料图片时，吉拉德强烈地感受到她为自己服务的热情。她甚至还画了一幅生动有趣的图，图上显示出吉拉德和太太如何尽情地享受迷人的海滨沙滩。

“你一定能在那儿度过你一生中最快乐的时光。”她自信地说。

当她谈到 10 天度假所需的花费时，吉拉德本能地皱了皱眉，有些迟疑起来。而他的这些细微变化都被她看在眼里，她平静地问：“吉拉德先生，请问你最近的一次休假是在什么时候?”

“我记不太清了。”吉拉德含糊地说。他不想承认那是很多年前的事了。

“那你就欠自己和你夫人的太多了。”她笑着说，“生命本来就很短暂，你不应该光顾着拼命工作，那样并不值得。另外，等你从夏威夷放松回来之后，你可以卖出更多的车，比起来日方长的推销工作，这点旅游费用根本不算什么，对吧？我相信你一定需要调剂紧张的生活和工作节奏。”

那位小姐说得如此热情，于是吉拉德先生毫不迟疑地当场决定赴夏威夷度假。然而，在这之前，他是想去拉斯维加斯的!

无论何种推销人员，小商小贩也好，在高级商场工作的人也好，或者是独自上门推销的人以及企业间进行的大规模销售，都离不开热情。只有拥有热情、传递热情才能创造交易。

据一份调查表明，热情在推销中占的分量为95%，而产品知识只占5%。当你看到一名新推销员在不知道成交方法，而只掌握一点最基本的产品知识，却能不断将产品推销出去时，你就会认识到热情是多么的重要！

在推销中，发挥你的热情还要高度真诚，不要让顾客有媚俗的感觉。你的热情要让客户觉得你是在帮助他，而不是仅仅想赚他的钱。你应该帮助他说出他的真正需要，然后做他的热心参谋，帮他算账，帮他决策，时时让他切身体会到你的热情，从而感到你非常值得信赖，而与你签约成交。这样，你的销售额便会芝麻开花节节高。

人在困难面前是脆弱的、感性的。在这种时候，推销员若能给予顾客热情的关爱，客户不仅仅会认可你，而且会感激你，使你获得更广泛的支持。

给客户实质意义上的热情帮助是表达关爱的最佳方式。作为一名推销员，你应当坚信你的服务的意义，并在此基础上满足顾客，让他成为你忠实的朋友。

有销售鬼才之称的田中道信认为：同一个客户，人家跑三趟，你就要跑五趟，宁愿白跑、空跑。不跑是干不好销售的，吃了几回闭门羹就灰心丧气是不行的，如果你有时间为吃闭门羹而垂头丧气，倒不如把这段时间花在开动脑筋上。田中道信怀揣着许多名片往外跑销售，逢到吃闭门羹时，他就会留下一张写有“我来拜访过，不巧您不在办公室，失礼了”这样一句话的名片，往往会收到比面谈更好的效果。这样反复几次后，客户往往会主动地对他说：“麻烦您跑了那么多趟，实在对不起。”于是田中进攻的机会就来了。

《销售鬼才——田中道信》一书中讲述了这样一个关于田中道信的故事：

> 1963 年 1 月，理光公司派田中道信到韩国去，那之前，理光在韩国的代理店一年也就卖出去一两台理光复印机。田中道信到达韩国之后，韩国的新都理光公司的总经理禹相琦对他说：“各国发展速度不同，理光复印机在这里没有销路。”田中道信火了：“别这么说，那是因为你压根儿就没打算好好卖。有这么多的大小公司和家庭，一年怎么说也该卖出去 100 台。还没卖呢就退缩，能有成果吗?”于是田中道信花了一段时间，相继走访了政府行政委员会和毛织公司、银

> 行等大企业。无论走到哪里，田中都口不离演讲，广邀听客。
>
> 于是有一天，韩国《东亚时报》刊出了一篇以“日本的办公自动化与韩国的现状”为题的文章，文章提请读者注意，在办公自动化方面，韩国是何等落后。田中道信随后召开了一个演讲会，对听众分文不取，包括场租费在内的所有费用，均由自己负担。整个演讲持续了2~3个小时，将要结束时他说：“总而言之，解决上述问题，使用这些机器是最合适的。”同时，将身后陈列的理光复印机指给听众看。这一系列活动使田中道信成功地卖掉了50台复印机。当时，理光复印机的月产量仅有500台，各分公司每月的销售量至多20台左右。相比之下，田中道信单枪匹马销售掉50台，取得了了不起的成就。

为什么田中道信去韩国以前那里的销售量上不去呢？就是因为禹相琦的心态是消极的。田中道信认为，“如果一开始就态度消极，那么畅销的产品也会变为滞销的，在你对一件工作灰心之前，应首先确认自己的态度是否是积极的。”

总之，热情是一种振奋剂，热情可以使推销员乐观、勤奋、向上，对工作充满希望和自豪；热情可以鼓励推销员更好、更愉快地完成现有的工作，保持旺盛的精力，以锲而不舍的精神进行超常工作；热情可以使推销员结交更多的朋友，创造和谐的推销气氛，赢得顾客的信任和好感，创造出良好的业绩。

# 我是销售，销售的是我

客户不是购买商品，而是购买销售商品的人。

现代推销强调的一个基本原则是——推销，首先是推销你自己。所谓推销你自己，就是让顾客喜欢你、信任你、尊重你、接受你，简言之，就是要让顾客对你抱有好感。

在全世界，人们都问乔·吉拉德同样一个问题：你是怎样卖出东西的？

“给你一个选择：你可以留着这张名片，也可以扔掉它。如果留下，你知道我是干什么的、卖什么的，必要时可以与我联系。”乔·吉拉德回答说，推销的要点是，并非推销产品，而是推销自己。

多年来他养成一个习惯：只要碰到人，左手马上就会到口袋里去拿名片。

他到处送名片，到处留下他的味道、他的痕迹。每次付账时，他都不会忘记在账单里放上两张名片。去餐厅吃饭，他给的小费每次都比别人多，同时放上两张名片。出于好奇，人家要看看这个人是做什么的。人们在谈论他、想认识他，根据名片来买他的东西，经年累月，生意便源源不断。

他甚至不放过看体育比赛的机会来推广自己。他买最好的座位，拿了1万张名片。而他的绝妙之处就在于，在人们欢呼的时候把名片扔出去。于是大家注意了乔·吉拉德——已经没有人注意那个体育明星了。在全世界，到处有人问乔·吉拉德卖什么。他说，是全世界最好的产品——独一无二的乔·吉拉德。

他说，不可思议的是，有的推销员回到家里，甚至连妻子都不知道他是卖什么的。“从今天起，大家不要再躲藏了，应该让别人知道你，知道你所做的事情。”

“客户不是购买商品，而是购买销售商品的人”，这句话，流传已久，说服力不是靠强而有力的说词，而是仰仗销售人员言谈举止散发出来的人性与风格。

推销是与人打交道的工作，在推销活动中，人和产品同等重要。顾客购买时，不仅看产品是否合适，而且要考虑推销员的形象。顾客的购买意愿深受推销员的诚意、热情和勤奋精神的影响。调查表明，顾客之所以购买你的产品，尤其是选择何种牌子的商品，并非是对产品质量先有概念才决定的，而是因为对推销员的好感。据美国纽约销售联谊会统计，71% 的人之所以从你那里购买，是因为他们喜欢你、信任你、尊重你。一旦顾客对你产生了喜欢、信赖之情，自然会喜欢、接受你的产品。反之，如果顾客喜欢你的产品但不喜欢你这个人，买卖就难以做成。并且，推销员只有“首先”把自己推销给顾客，顾客乐意与推销员接触，愿意听推销员介绍时，才会为推销员提供一个推销产品的机会。在实践中，一些推销员不懂这一道理，见了顾客张口就说买不买，闭口就问要不要，十有八九要碰壁的。其原因在于，在顾客未接受你之前，推销员谈论产品、推销，顾客本能的反应就是推诿、拒绝，让你及早离开。

一条推销戒律就是：一开口就谈生意的人，是二流推销员。

接近客户首先要做的是，推销商品之前先推销你自己。

销售是一个要不断地面对挑战的行业，不仅要面对业绩的挑战，面对新客户的挑战，还要面对自己极限与能力的挑战，一个成功的销售人员必须要在这种种的挑战当中去挑战自己并且成就自己，因为这是销售人员成功的必经之路，因此拒绝挑战就等于拒绝成功。

原一平是日本明治保险公司的推销员，身材矮小，其貌不扬——最后却成为“推销之神”，他的成功就是一条不断超越自己的道路。

原一平的推销生涯开始得并不顺利，他发现自己的性格常会把机会阻在门外。在《推销之神原一平》中，有这样一段精彩的描写——

原一平策划了一次“批评原一平”的聚会，目的是让客户坦率地批评自己，在聚会前，他先确定了下列三项原则：

（1）集会要使人人都能畅所欲言，所以人数不能多，以五人为限。

（2）为了能让更多的人都有批评的机会，每次邀请的对象不能相同。

（3）既然是主动邀请别人来的，他们就是贵宾，一定要热诚地招待他们。

结果，第一次聚会就使原一平“原形毕露”——个性太急躁了，常沉不住气；脾气太坏，而且粗心大意；固执，常自以为是，应该多听听别人的意见；对于别人的托付不知拒绝；常识不够丰富，所以必须加强进修，以成为别人的“生活指导者”；待人处事太现实；太自私，应该诚实，人与人之间的关系，只有诚实才会维系长久。

通过这样的方式，原一平终于认识了自己，逐步完善了自己的个性。每一次的聚会，他都有被剥一层皮的感觉，经过一次又一次的聚会，他把身上的不足与缺点，一点点地剥下来，成为日本有史以来最有成就的推销员。1962 年，他被日本政府特别授予“四等旭日勋章”。获得这种荣誉在日本是少有的。当时的日本总理大臣福田赳夫也羡慕不止，当众慨叹道：“身为总理大臣的我，只得过五等旭日勋章。”



## 如果你都不相信自己，谁还敢相信你

我所能做的是让我自己感到惊异！

——乔·吉拉德

最伟大的推销员乔·吉拉德说：“信心是销售人员胜利的法宝。”“在销售过程的每一个环节，自信心都是必要的成分。”

销售是与人交往的工作，在销售过程中，销售人员要与形形色色的人打交道。有财大气粗、权位显赫的人物，也有博学多才、经验丰富的客户。销售人员要与在某些方面胜过自己的人打交道，并且要能够说服他们，赢得他们的信任和欣赏，就必须坚信自己的能力，相信自己能够说服他们，然后信心百倍地去敲客户的门。如果销售人员缺乏自信，害怕与他们打交道，胆怯了，退却了，最终将会一无所获。

推销时遇到的最大阻力就是人们对推销员的认知极低，人们对推销工作以及推销员非常冷漠，甚至缺乏应有的尊重。

人们的偏见固然是一大因素，但推销员自身没有底气，缺乏自信，没有把自身的职业当作事业来经营也是这一因素的最大诱因。

其实，推销是一个很正当的职业，只要你不再羞怯，时刻充满自信并尊重你的客户，你就能赢得客户的认同。

有的销售人员，每次拜访客户与其交谈的时候，总是情不自禁地在话语中干笑几声。还有的销售人员则不断地加上自己的口头禅，例如“比方说……那么……嗯”等等，有时 10 分钟下来，可能要说出几十次。为什么平时谈笑风生的销售人员，一旦与客户交谈起来，却变成这个模样呢？答案是一种心态在作祟——自卑心态。

销售人员在客户面前过于谦卑是非常普遍的现象。他们常常这样想：如果我不对客户非常尊敬，如果我不每次都顺着客户的话来讲，如果我不跟客户谈他的兴趣爱好，客户就不会下订单。可是请记住关于销售的最大忠告：我们是来帮助客户解决问题的。所以我们要比客户更懂得如何来帮助他，因而更需要了解自己的产品或是服务是如何满足顾客的需求的。我们称之为顾问式销售策略。你何时见过自卑的顾问呢？

有一家企业新组建了一个销售团队。第一个星期让销售员们开始电话约访客户，他们订下了每日的电话通话目标，挂起了排行榜，大家都兴致高昂地开始了电话销售之旅。结果到第三天时，热情骤然降温，每日电话通话开始下降，每个人都开始寻找理由少打电话。他们已经被客户的拒绝所征服，甚至开始不愿意接电话！这就是销售初期最容易产生的一种畏惧心态。

另外，还有一点影响你获取成功的因素，那就是悲观的心态。有这样一个实验：在一个杯子里装有半杯水，有人见了说：杯子里面只有半杯水。而有人却并不这样认为，他会说：“还好，里面还有一半水。”这两个观点看似一样，其实大不相同，虽然他们描述的是同一件事物，但前者的态度看到的是失望，后者则是充满希望。

有一位著名的心理学家说：“乐观者在每次困境中都可以看见转机，而悲观者总在每次机会中发现困境。”毫无疑问，一名乐观者往往比悲观者成功的机会大得多。

自信是一切行动的原动力，没有了自信就没有行动。我们对自己所服务的企业充满自信，对我们的产品充满自信，对自己的能力充满自信，对同事充满自信，对未来充满自信。自己是将优良的产品推荐给消费者去满足他们的需求，我们的一切活动都是有价值的。

很多销售人员不相信自己的能力，不相信自己的产品，所以在客户的门外犹豫了很久却不敢敲开客户的门。当所有该说的、该做的都已经完成时，销售就变成了一个与拒绝斗争的游戏。很少有销售人员能够在一两次的接触中就做成生意。撇开职业影响不说，销售工作中劝说别人而遭拒绝的可能性比被接受的可能性大得多。当不可避免的拒绝发生时，销售人员会怎么做呢？当然，他们会觉得很失望，一次次的失败，肯定会带来不好的感觉。

可关键在于这个人是否有弹性——或者是自信——从失败中恢复过来。

自信实质上是一个人相信自己的程度。如果一个人很有自信，那么上一次的失败将促使他做下一次的尝试。自信的人在遭遇失败的时候与别人的感觉一样糟，但他们对失败的反应就像饥饿的人错过了一顿饭，只会更加期待下一次的机会。

在世界商业史上有许多从事推销的人最后成为公司总裁或当上高层管理人员的故事。这种结果几乎是必然的，因为他们在推销过程中不仅学会了如何面对并克服挫折和失败，而且还获得了许多关于人性的知识，这些对管理公司都是非常必要的，它们不仅可以使公司的产品更符合客户的需要，而且还能够使公司在竞争中获得成功。

汽车大王亨利·福特曾说过，所有对自己有信心的人，他们的勇气来自面对自己的恐惧，而非逃避。你也必须学会这样，坦诚面对你的自我挑战，主宰你自己。

# 凡事一定要主动出击

没有人告诉你而你正做着恰当的事情。

当代最伟大的篮球巨星迈克尔·乔丹说过一句话：“我不相信被动会有收获，凡事一定要主动出击。”可是，有85%以上的人都是被动型的，如果你躲在家里不出门的话，你的机会一定会减少。

美国一位寿险业的销售冠军，在被问到如何销售保险的时候，他说在大学的时候，全校几乎所有的美女都跟他约会过，问的人很纳闷：“这跟保险有什么关系?”

他回答说：“很有关系，因为这些所谓的校园美女，大部分的男士都不敢追求她们，他们都是被动的，都怕被拒绝。”

但是他知道，这些美女都是很寂寞的，他不断地主动出击，因此每次都奏效。

正因为他跟学校所有的美女都约会过，所以当他从事保险业的时候，他想，那些成功的人士，大家一定都不敢去拜访，或者认为他们已经买了保单。

然而，他不断地主动出击，不断地拜访他们，在说服了那些成功人士购买保单之后，成功人士的朋友也都是成功人士，这些成功人士不断地介绍朋友给他，因此他成为保险业的佼佼者。

主动是什么？主动就是“没有人告诉你而你正做着恰当的事情”。在竞争异常激烈的时代，被动就会挨打，主动就可以占据优势地位。我们的事业、我们的人生不是上天安排的，是我们主动地去争取的。

“我们最棒的推销员从不拖拖拉拉，”一家物资贸易公司的总裁说，“如果他们对客户说将在6个月后再次拜访，那么6个月之后他们肯定会来到客户的门前。”“有人说最棒的推销员能碰到好运气，事实上是因为他们早出晚归，养成了每天都不折不扣完成自己制定的计划的习惯。”

在大自然中，没有任何一件事情可以无须行动就自己完成，即使我们天天使用的几十种机械设备也离不开这个原理。

你家里的室温是自动控制的，但是你必须先选择（采取行动）温度才行。只有换了档之后，你的汽车才能自动变速。

有一家推销机构的经理介绍他是如何训练推销员主动工作，并获得了很大成就。

他说：“每一个推销员都知道，挨家挨户推销时心理压力很大。早上进行的第一次尤其困难，即使资深推销员也有这种困扰。他知道每天多少都会遇到一点难堪。

“有的推销员还认为，早上晚一点出去推销没有什么关系。他可以多喝几杯咖啡，在客户附近多徘徊一下或做点其他事，来拖延对客户的第一次拜访。

“我用主动的方式训练他们。我对他们解释，开始推销工作的惟一方法就是立刻开始推销。不要犹豫不决，不要东顾西盼，不要拖拖拉拉。

“应该这么做：把汽车停好，拿着你的样品箱直接走到客户门口按门铃，微笑地对客户说‘早安’，并开始推销。这些都必须像条件反射一样自动进行，根本用不着多想。这样你的工作很快就可以开展起来。在第二次或第三次拜访时，就可以驾轻就熟，你的成绩就会很好。”

商场竞争意味着适者生存、优胜劣汰。我们是在和别人赛跑，也在和自己赛跑，我们能掌控的是自己，而时间却永远不停地向前，因此，在时间的海洋里，我们只能不停地奔跑。

这个世界属于那些不停地奔跑的人，我们为了生活忙碌着，我们为了自己心中的目标，一步一步地向前迈进。如果停止奔跑，我们就可能被别人甩在身后，更可能因此而失掉积极进取的斗志，最终会被社会淘汰出局。

马上行动！马上行动!！马上行动!!！你要一遍一遍地重复这句话，直到它成为习惯和行为本能。

你早上一睁开眼睛就要说这句话：马上行动！免得“再多睡一会儿嘛”占据你的脑海。

当你出门推销时，你就立刻开口说这句话：马上行动！免得“客户会拒绝我”占据你的思想。

当你站在客户的门口，就立刻开口说这句话：马上行动！免得“犹豫不安”占据你的斗志和信心。

昨天，是张作废的支票；明天，是尚未兑现的期票；只有今天，才是现金，才有流通的价值。当你建立自己的信心时，不能老想着“以后再做”，因为根本没有明天这回事。今天决定你明天会成为一个什么样的你。所以你要立即行动，将害怕、怯懦的思想从心中永远除去。

成功是不会等人的，就在此时此刻，马上行动，绝不放弃，全力以赴！

## 销售，无法生存胆怯者

“敢”这个字再加上个惊叹号，就是真正的推销家。

有位推销员因为常被客户拒之门外，慢慢患上了“敲门恐惧症”。他去请教一位大师，大师弄清他的恐惧原因后便说：“你现在假设站在即将拜访的客户门外，然后我向你提几个问题。”

推销员说：“请大师问吧！”

大师问：“请问，你现在位于何处？”

推销员说：“我正站在客户家门外。”

大师问：“那么，你想到哪里去呢？”

推销员答：“我想进入客户的家中。”

大师问：“当你进入客户的家之后，你想想，最坏的情况会是怎样的？”

推销员答：“大概是被客户赶出来。”

大师问：“被赶出来后，你又会站在哪里呢？”

推销员答：“就——还是站在客户家的门外啊！”

大师说：“很好，那不就是你此刻所站的位置吗？最坏的结果，不过是回到原处，又有什么好恐惧的呢？！”

推销员听了大师的话，惊喜地发现，原来敲门根本不像他所想像的那么可怕。从这以后，当他来到客户门口时，再也不害怕了。他对自己说：“让我再试试，说不定就能获得成功，即使不成功，也不要紧，我还能从中获得一次宝贵的经验。最坏最坏的结果就是回到原处，对我没有任何损失。”这位推销员终于战胜了“敲门恐惧症”。由于克服了恐惧，他当年的推销成绩十分突出，被评为全行业的“优秀推销员”。

还有一位优秀的推销员，他在介绍自己成功经验时说：“我的成功来自于想像。”他在上岗前进行过多次的假想演习，先练习敲客户的门，克服敲门的恐惧；然后想像各种不同的推销难题，想像出解决这些难题的办法；还要想像自己多次被拒绝，多次被客户推出门外的最坏结果；把最棘手的客户排排队，想像出如何攻破的绝招。他说：“经过想像练习，成功就变得容易多了。”

原一平25岁报考明治公司时，虽被录用，但主考官劈头丢下一句：“原一平，你不是干得了这种困难工作的人。”当时的原一平，摒住呼吸，目光注视着主考官，心头却在喊：“我偏要做给你看看。”他决计要报这一箭之仇，怀着有朝一日出人头地的信念，猛冲猛打地干了三年，创下了些业绩，总算在公司里站住了脚。

然而，原一平并不因此满足，他构想了一个大胆而又破格的推销计划，找保险公司的董事长串田万藏，要一份介绍日本大企业高层次人员的“推荐函”，以便大幅度、高层次地推销保险业务。因为串田先生不仅是明治保险公司的董事长，还是三菱银行的总裁、三菱总公司的董事长，是整个三菱财团名副其实的最高首脑。通过他，原一平经手的保险业务不仅可以打入三菱的所有组织，而且还能打入与三菱相关的最具代表性的所有大企业。但原一平不知道保险公司早有被严格遵守的约定：凡从三菱来明治工作的高级人员，绝对不介绍保险客户，这理所当然地包括董事长串田。

原一平为自己的突破性的构想而坐立不安，他咬紧牙关，发誓要实现自己的推销计划。他信心十足地推开了公司主管推销业务的常务董事阿部先生的门，请求他代向串田董事长要一份“推荐函”。阿部听完了原一平的计划，默默地瞪着原一平不说话。原一平虽在公司工作了三年，但只是在照片上看见过阿部，头一次面对阿部那种逼人的目光，心里开始发毛，渐渐有些招架不住了。这时，阿部才缓缓地说出了公司的约定，回绝了原一平的请求。原一平却不肯打退堂鼓，问道：“常务董事，我能不能自己去找董事长，当面提出请求？”阿部的眼睛瞪得更大了，更长时间的沉默之后，只说了五个字：“姑且一试吧。”说罢，用挤出的难以言状的笑容，打发了原一平出门。

等了几天，在接到约见通知后，原一平兴奋不已地来到三菱财团总部，抬头看见威严的三菱大厦，心头不由缩紧了。他好不容易通过传达室被带到会客厅，却被冷冷地丢在一旁。华贵的摆设，其厚无比的地毯，一坐下就像浮在半空的沙发，难熬的长时间等待，把原一平的兴奋劲耗去大半。他疲乏地倒在沙发里，迷迷糊糊地睡着了。不知过了多长时间，原一平的肩头被戳了几下，他愕然醒来，狼狈不堪地面对着董事长。串田大喝一声：“找我什么事？”还未清醒过来的原一平当即被吓得差点说不出话来，想了一会儿才支支吾吾地讲了自己的推销计划，刚说：“我想请您介绍……”就被串田截断：“什么？你以为我会介绍保险这玩意？”

原一平事前曾想到过自己的请求被拒绝，还准备了一套辩驳的话，但万万没有料到串田会轻蔑地把保险业务说成“这玩意”。他被激怒了，大声吼道：“你这混账的家伙。”接着向前跨了一步，串田连忙后退一步。“你刚才说保险这玩意，对不对？公司不是一向教育我们说：‘保险是正当事’吗？你还是公司的董事长吗？我这就回公司去，向全体同事传播你说的话。”原一平说完转身就走。

一个无名的小职员竟敢顶撞、痛斥高高在上的董事长，使串田非常气愤，但对小职员话中“等着瞧”的潜台词又不能不认真思索。

原一平走出三菱大厦，心里很不平静，他为自己的计划被拒绝又是气恼又是失望，坐在路边胡思乱想了好长时间，当他无可奈何地回到保险公司，向阿部说了事情的经过，刚要提出辞职，电话铃响了，是串田打来的，他告诉阿部刚才原一平对自己恶语相加，他非常生气，但原一平走后他再三深思。串田接着说：“保险公司以前的约定确实有偏差，原一平的计划是对的，我们也是保险公司的高级职员，理应为公司贡献一份力量，帮助扩展业务。我们还是参加保险吧。”

放下电话，串田立即召开临时董事会。会上决定，凡三菱的有关企业必须把全部退休金投入明治公司，作为保险金。当晚原一平回到家就收到串田的约见信：“今天，你特地来找我，我却白活了那么大岁数，居然没有善待你，实在失礼之至。明天是假日，若不嫌麻烦，愿你能到舍下一叙。”

第二天，串田不仅亲切会见，还为原一平特意定做好西装、衬衫、皮鞋。他说：“一个像样的推销员必须有像样的外表。”原一平的顶撞痛斥，不仅赢得了董事长的敬服，还获得了董事长日后充满善意的全面支援，他逐步实现了自己的宏伟计划：三年内创下了全日本第一的推销纪录，到43岁后连续保持十五年全国推销冠军，连续十七年推销额达百万美元。

营销领域无疑是冒险家的乐园，这里不需要怯懦者。“战争年代做将军，和平年代做企业家。”营销领域虽然没有腥风血雨、尸横遍野，却也是刀光剑影、关乎存亡。所以这里无法生存胆怯者，这里的人们更愿做一个失败的英雄！

# 用耐心去等待成功

成功者绝不放弃，放弃者绝不会成功。

如果你有99%想要成功的欲望，却有1%想要放弃的念头，如果你在推销时仅仅跑了两三趟，就因顾客的拒绝而悲观、失望，消极地认为“算了，别去了”的话，那你根本就没有机会获得成功。

有一位推销大师，即将告别他的推销生涯，应行业协会的邀请，他将在该城中最大的体育馆，做告别职业生涯的演说。

那天，会场座无虚席，人们在热切地、焦急地等待着那位当代最伟大的推销员做精彩的演讲。大幕徐徐拉开，舞台的正中央吊着一个巨大的铁球。为了这个铁球，台上搭起了高大的铁架。

一位老者在人们热烈的掌声中，走了出来，站在铁架的一边。他穿着一件红色的运动服，脚下是一双白色胶鞋。

人们惊奇地望着他，不知道他要做出什么举动。

这时两位工作人员，抬着一个大铁锤，放在老者的面前。主持人这时对观众讲：请两位身体强壮的人到台上来。好多年轻人站起来，转眼间已有两名动作快的跑到了台上。

老人这时开口向他们讲规则，请他们用这个大铁锤，去敲打那个吊着的铁球，直到把它荡起来。

一个年轻人抢着拿起铁锤，拉开架势，抡起大锤，全力向那吊着的铁球砸去，一声震耳的响声，那吊球动也没动。他开始用大铁锤接二连三地砸向吊球，很快他就气喘吁吁了。

另一个人也不示弱，接过大铁锤把吊球打得叮当响，可是铁球仍旧一动不动。

台下逐渐没了呐喊声，观众好像认定那是没用的，就等着老人做出什么解释。

会场恢复了平静，老人从上衣口袋里掏出一个小锤，然后认真地用小锤对着铁球“咚”敲了一下，然后停顿一下，再一次用小锤“咚”敲了一下。人们奇怪地看着，老人就这样“咚”敲一下，然后停顿一下，就这样持续地敲着。

10分钟过去了，20分钟过去了，会场早已开始骚动，有的人干脆叫骂起来，人们用各种声音和动作发泄着他们的不满。老人仍然一敲一停地工作着，他好像根本没有听见人们在喊叫什么。有的人开始愤然离去，会场上出现了大块大块的空席。

大概在老人进行到40分钟的时候，坐在前面的一个妇女突然尖叫一声：“球动了！”霎时间会场立即鸦雀无声，人们聚精会神地看着那个铁球。那球以很小的摆度动了起来，不仔细看很难察觉。老人仍旧一小锤一小锤地敲着。吊球在老人一锤一锤的敲打中越荡越高，它拉动着那个铁架子“哐、哐”作响，它的巨大威力强烈地震撼着在场的每一个人。终于会场上爆发出一阵阵热烈的掌声，在掌声中，老人转过身来，慢慢地把那把小锤揣进兜里。

老人开口讲话了，他只说了一句话：在成功的道路上，你没有耐心去等待成功的到来，那么，你只好用一生的耐心去面对失败。

由此可以得出一个结论：成功是属于按自己的意志和步调，坚持走下去的人。

销售，是一种踏踏实实的工作。有业界人士倡导做销售要像农夫耕田一样，只有辛勤地耕耘，才能丰收；如果像猎人打猎一样，打一枪换一个地方，将不能取得长远发展。

坚持不懈是推销人员所必备的精神。有一位推销大师在训练班上用“50—15—1”原则来激励推销员们坚持不懈地努力。所谓“50—15—1”是指每50个业务电话，只有15个人有意和你谈谈，这15个人里面只有1个人去向你买保单。没有坚持不懈的精神，哪里来得良好业绩?!

一个人只要有向上的决心，必定能在失败中寻获成功的钥匙，如果就此灰心失意，便永远尝不到成功的美果。

樵夫砍伐大树，纵然砍击的次数多达1000次，但使大树倒下去的往往是最后一击。

有力和无力之区别，勤劳和懒惰之区别，成功和失败之区别，其间之差异犹如薄纸之隔。

成功的推销员是屡败屡战的，他们不相信失败，只认为成功是一个过程，失败只是到达成功过程中出现的不正确方式。一次短暂的失败，使他们学会了更改的方法，并促成自己进步。不断地进取，不断地改善，一次又一次地再从头开始，便有了最后的美好结果。一位推销高手说得好："一分心血一分财，心血不到财不来。"成功永远和那些时时在工作的推销员"粘"在一起，成就都偏向持续不懈的推销员。

1946年4月，土光敏夫被推举为芝浦公司总经理。当时，日本大战新败，百姓生计窘迫，企业的发展更是困难重重，其中最大的困难就是筹措资金。即使是那些著名的大企业，资金也相当紧张，更何况芝浦这种没有什么背景的小公司，就更没有哪家银行肯痛快地借钱给它了。土光敏担任总经理不久，生产资金的来源就严重短缺了。为了筹措资金，土光敏不得不每天去走访银行。

一天，土光敏揣着盒饭来到第一银行总行，与营业部部长长谷川商议贷款事项。土光敏一上来就摆出了不达目的誓不罢休的气势。长谷川则装出爱莫能助的无奈之态。双方你来我往，谈了半天也没谈出结果来。

时间过得飞快，一看到疲倦的长谷川有点想溜走的样子，土光敏便慢条斯理地拿出了带来的饭盒，说："让我们边吃边谈吧，谈到天亮也行。"硬是不让长谷川与助手走开。长谷川只好服输，最终借给了他所希望的款项。

后来，为了使政府给机械制造业支付补助金，土光敏也以同样的方式向政府展开申诉活动。于是在政府机关中就传开了说客土光敏的大名。

土光敏的行为具备了坚持不懈战术要领：

——脸皮要厚，不至于一见到"钉子"就缩回头；

——明显地表达了不达目的不罢休的决心；

——表面上是软磨硬泡的无理性，实际上是以真诚感动了对方。换句话说就是要设法软化被泡对象。

一位拉关系的高手，用一个“粘”字概括了自己的经验：

“要说拉关系，咱可是大行家了。有用得着的人，想什么办法也能把他粘上。在轻工业局管材料的那个老薛，在咱们那儿号称‘非金属大王’，简直就是我们衣食住行的父母，不拉上关系还行？你看他现在跟咱们吃吃喝喝，有说有笑的，当年见到我却连个招呼都不打。那时候我只是在办公室里和他见过一面。人家连正眼都没瞅咱们一眼。我可不怕他架子大。我很快就把他的底摸清了。当天晚上，我买了一个高级儿童玩具，就上他们家去了。他还是不理我，脸阴得快要下雨了。我假装没看见，拿出玩具和他小儿子玩起来了。他想撵我走，但这句话他硬是没说出口，他最疼他小儿子，我这叫投其所好。

“从此之后，我三天两头往他家跑，每次都买点玩具、挑比较便宜的买。如果礼太重了，反而让他生出防范之心。老薛对我还是爱理不理的样子，我就是假装看不见，与他小儿子一起玩。我这人最烦小孩，在家里连自己的小孩都不抱，现在可真有耐心，40岁的人跟个七八岁的小孩泡上了。我那个样子也够人瞧的，但我不在乎。

“我就这样跟老薛泡上了蘑菇，每次都是跟他儿子玩，一句也不提正经事。终于有一天，他耐不住性子，找我来扯闲话。我暗地里松了一口气，关系就算套上了。人嘛，都长着心，处长了自然就会有感情，只要你能熬得住就行。

“我的经验只有四个字，那就是死皮赖脸，也可以说只有一个字，那就是‘粘’。”

我们拜访客户，有所谓的“成功五步诀”，说的是：第一次拜访客户，没被赶出来，就已经成功了；第二次，给对方名片而没被当场扔掉，就已经成功了；第三次，客户肯赐你一张名片，就已经成功了；第四次，肯给你三分钟时间介绍企业与产品，就已经成功了；第五次，肯接受你的邀请吃一顿饭，就已经成功了。这样的容易满足兼自我宽慰，虽然几近“阿Q胜利法”，却是优秀营销人必须具有的心理素质，即使遭到拒绝、攻关受挫，也不得灰心丧气甚至萌生退意。

TOP
SALES PROMOTION

# 二

# 引导顾客的消费意识

# 感动“上帝”的心理过程

使“上帝”的心情更好一些，自己的工作就会更顺一些。

销售活动是销售员与客户双方参与的活动，而客户又是整个销售活动的主体，因此对于销售员来说，客户是自己的真正的“上帝”，是销售员的衣食父母。正是客户的购买，才使你能够从自己所从事的工作中获取生活所需。所以，对于销售员，客户永远是你最贵重的资产。那么如何才能发掘出这份资产，就需要销售员对客户有具体的了解，特别是对客户心理特征的了解和把握。这样才会帮助你做好销售的准备和应对，从而使你认准对象、选对策略，促进销售的成功。

销售是一个很复杂的过程，与此相对的，客户的购买也是一个复杂的心理过程。客户从对你的产品和服务有了初步的了解和认识，然后分析判断，到准备购买，再到实行购买行动，整个过程中，客户的心理活动是十分复杂的。作为销售员，必须要对客户具体的心理表现和心理变化做到很好的认识和把握，这样才能有心理准备，能够分清对象，有的放矢，果断地采取对策，使销售活动得以顺利开展。

一般来说，客户的心理变化可以分为五个阶段，每个阶段都有各自不同的特点，如果你详尽地了解客户的这五个心理阶段并加以把握，便能在很大程度上提高你的销售成功率。

（1）戒备心理期

当客户一开始接触推销员的时候，往往会产生一种戒备心理，这种心理状态大约会维持三分钟，之后就会向接受你或者拒绝你两个截然不同的方向发展。这个阶段是推销员最难突破的阶段，此时客户对你并不信任，而你所要做的就是在客户的重重猜疑下，与客户建立起双方的信任。例如，客户会问，“你们的产品正规吗”、“各种手续都齐全吗”等一系列充满猜忌的问题。针对这种情况，首先，你要事先将准备工作做好，如准备一些产品的证书、客户意见反馈等资料。其次，无论客户怎样挑剔，你都要保持良好的服务态度，要耐心并细心地解答客户的每一个疑问，千万不要表现出不耐烦。这样，三分钟过后，客户就可能会认同你，你才能开展下一步的销售工作。

（2）拒绝心理期

在客户对销售人员产生认同感以后，开始与推销员交流，但是其拒绝意图仍然非常明显，毕竟，把钱从自己口袋里掏出来的确是一件不怎么让人愉快的事情。虽然客户已经相信产品是正规的，但却又开始质疑产品的质量以及售后服务等问题，尤其当你的产品不是名牌、是名不见经传的小厂家生产的，客户的拒绝就会更加明显，态度也很冷漠，他们通常会说，“我们不需要这个”、“以后再说吧，现在这个对我们来说没什么用”、“我都是用名牌产品”等。此时，客户的心理正处于一个很关键的心理过渡阶段，你一定要把握住机会，争取让客户对你所推销的产品改变观点。具体地说，你可以从以下几个方面进行努力——你可以将自己的产品和其他同类产品做比较，从思想上引导客户趋向于选择你的产品；用价位打动客户，让客户觉得选择你的产品是最经济、实惠的。你可以这样说：“与名牌产品相比，其实在质量方面我们一点儿也不逊色，绝对有质量保证，但是价格却要低很多。您之所以买名牌，也是因为名牌产品有质量保证。既然现在能够花更少的钱，获得同样的质量保证，您为什么不考虑一下呢？”

（3）心理尝试期

当你给予客户相信你的产品的充分的理由后，绝大部分客户都会进入第三个心理阶段——心理尝试期。

客户进入心理尝试期，说明其防备心理逐渐瓦解，但仍然存在。因此你不能掉以轻心，功亏一篑，你的一言一行都要把握好尺度。此时大多数客户都开始关注产品和咨询相关信息，客户通常会问：“你们产品的使用效果怎么样，怎么使用”、“产品的保质期是多久”等，你会发现，客户问的问题多了，并且当你回答的时候，他们也不再会不耐烦。而你的应对应该更加冷静沉着，回答要果断，眼神要自信。

（4）心理接纳期

当你将客户的问题一一解决之后，客户就会进入第四个心理阶段——心理接纳期。这时客户已经有购买意向，客户通常会说："我先买一点试试，好的话再接着买。"显然，客户虽然打开了心扉接纳产品，但他们仍然抱着观望的态度，对产品的信心并不十足。因此，你需要做的就是进一步加强客户对产品的信心，你可以说："许多客户都反映产品效果很好，所以我建议您可以多订一些. 或者我给您一张名片，需要产品的时候随时可以打电话给我，我会给您送上门的，这样您会更方便些。"从长远来看，这样做有利于你将对方培养成为你的忠实客户。

（5）心理成熟期

这个阶段是收获期，此时客户通过多次购买你的产品，无论是对你，还是对产品都已经完全认可了。客户和你的相处就像是朋友间的交往，他们会亲切地称呼你，语气也很随和，当你向对方推荐产品的时候，只要是他需要的，他就会毫不犹豫地掏腰包，也不会在数量和价钱上和你斤斤计较。然而，你必须更殷勤地维护你和客户之间的良好关系，更要加强和客户的沟通，如在节假日或客户生日的时候送上问候或者在产品打折优惠时及时地通知客户，这样才能让客户感到温暖，与你之间的心理距离越来越近，而你的销售工作也会越来越轻松。

把握好客户消费心理的五个阶段，在不同的阶段采取不同的策略，细致入微地做好复杂的销售工作，这样才能拥有自己的忠实客户，长久地保持较高的业绩。

# 把客户变成“人”

人类都有成为重要人物的欲望。

维也纳一位20世纪最享盛誉的心理学家——弗洛伊德曾这样说：“凡你我所做的事，都起源于两种动机，那是性的冲动和能成为伟人的欲望。”

威利·贾姆士也有这样的说法：“人类天性至深的本质，就是渴求被人所重视。”他并不是说“希望”，或“欲望”，或是“渴望”，而是说了“渴求”被人所重视。

这是一种痛苦的，而且亟待解决的人类“饥饿”，你如果能诚挚地满足这种内心饥饿的人，就可以将人们掌握在你手掌之中。

这种自重感的欲望，激发了狄更斯写出他不朽的名著。这种自重感的欲望，使比尔·盖茨完成了他的设计。同时由于这种自重感的欲望，使洛克菲勒积存了他一辈子花不完的钱。也就是这种欲望，使一些巨富建造了一座他不需要的大房子。

历史上还有很多名人为了自重感而奋斗的有趣事例。甚至于华盛顿，也愿意人们称他是至高无上的美国总统；哥伦布向皇家请求获得“海洋大将”和“印度总督”的名衔；女皇恺撒琳，拒绝拆阅没有称她为“女皇陛下”的信件。

这种欲望，也能使你我穿上最新颖的服饰，驾驶最漂亮的轿车，谈论你我自己聪明伶俐的孩子。

人人都有自重感，希望得到别人的高看和尊重。自重感越强的人，越是希望自己与众不同，不愿与一般人混为一谈。

用自重感来取悦顾客，这听起来有点困难，只要你把握好时机，效果会更好。

例如：

——先生，以您的地位，一定需要这样的西装来搭配，要不要试试这件？

——想想看，您如果买了这么一辆车，您夫人一定会以您为荣的。

……

精明的推销员都善于刺激对方的自重感，从而俘虏对方。巴黎一家大商场的珠宝玉器柜台前，有一对穿着讲究的夫妇对一只标价10000法郎的翡翠戒指很感兴趣，营业员见他们犹豫的样子，知道他们嫌价格太贵。于是热心地说：“这只戒指的确很精美，只是价格稍微有点贵。很多人都看上了，最终还是没有买。有个国家的总统夫人戴在手上舍不得放下，后来换了一个价格适中的戒指走了。要不您二位再看看别的有没有中意的？”

那位夫妇看了营业员一眼，女士说道：“既然总统夫人给我留下了，那我就要它了。”于是当即付钱，瞧她那神情，简直比总统夫人还阔气。

说反话有时也可以刺激顾客的自重感。推销高手面对着非凡的顾客，有时会故意先推荐档次低的商品：“先生，这是最便宜的一款，很实惠。”结果却是顾客把中高档的一款买走了。

刺激对方的自尊心，其实就是引发人们的自重感。日本推销女神柴田和子在面对一个做事拖拖拉拉、犹犹豫豫难以下决心的人时，总是用这种方法。她常常对顾客说一些稍微逆耳的话：

“一个有主见的人，从不回家跟老婆商量。”

“只有能自我判断做出决定的人，才配称为有魄力。”

“最近的男人好像都变得婆婆妈妈的，您不是这样的。”

利用人们自重感而使当场填写投保书的人，几乎没有人会再打电话来取消保险契约。

推销员韦森有一次和一位办公室主任谈打印机生意。那位办公室主任想买，但害怕他的上司会批评他，于是这桩生意一拖再拖毫无进展。韦森再三与之联系，他们为那台愚蠢的过时的点式打印机争得面红耳赤，但还是没有任何进展。

后来韦森决定利用主任的自重感去消除他对上司的恐惧。于是当韦森又一次拜访他时，故意拍了一下他的点式打印机，用全办公室的人都能听得见的声音说道："T型福特！T型的！"

"你说T型是什么意思?"那位办公室主任问道。

"没什么，T型福特是过去盛极一时的汽车，正如你的点式打印机。但今天，它只是一个怪物！"韦森说道。

这深深地触动了那位主任，他坐在那里陷入沉思。两天后他打电话给韦森说，他想用激光打印机代替他原来的那部。

请教问题也是引发顾客自重感的一个很好的方法，特别是你能找出一些与业务相关的问题。当客户表达看法时，你不但能引起客户的注意，同时还能了解客户的想法，另一方面你也满足了客户被人请教的自重感。

在你费尽口舌，使出浑身解数都无效，眼看这笔生意做不成时，不妨试试这个方法。比如说："经理，虽然我知道我们的产品绝对适合您，可我的能力太差了，无法说服您，我认输了。不过，在告辞之前，请您指出我的不足，让我有一个改进的机会好吗?"

像这种谦卑的话语，不但很容易满足对方的自重感，而且会消除彼此之间的对抗情绪。他会一边指点你，一边鼓励你，为了给你打气，有时会给你一张意料之外的订单。

有钱的顾客更具有自重感，只不过他炫耀的不是知识，而炫耀的是自己的财富。不过都有个弱点，就是所炫耀的正是他们所欠缺的。

这类顾客有两种类型，一种是真正的有钱；另一类则不是，他们只不过崇拜金钱而已。

对于第一类顾客，他们有钱，但不希望别人奉承他们，他们购买的主要是要有一个好质量、包装好、名牌的商品。所以对这类顾客要诚恳地把自己商品的优点告诉他，并且对他的有钱有一种不在乎的神情。这样顾客会对你这种神情产生好奇。你也可以让他知道你不太喜欢钱，只是迫不得已而已，这样与他产生共鸣后，他与你的交易就顺理成章了。

对于第二种顾客，你就必须对他们进行奉承，恭维他们，使顾客知道你非常羡慕他有钱，满足他的虚荣心。最后为了给他一个台阶，又能买你的商品，你就必须在最后做一些技巧性的诱导，你可以这样说："你就先交个定金吧！余款以后交。"这样他会很感激你的。

对于第二种类型的顾客，不可揭露他们的虚假，这样会伤他的自重感的，使交易发生困难，白白损失一次机会。

虽说是为刺激对方的自重感，但话也要说得巧妙含蓄一些为好。有的推销员在顾客放弃购买离开前会说出"买不起就别买"等一类伤害感情的话，这是毫无意义的，顾客听了后下次肯定不会再次见到你。

## 小人物也有大自尊

关心、重视每一个人是我们必须具备的品质。

有个推销员曾讲过这样一个例子。他的工作是为强生公司拉客户。客户中有一家是杂货店。每次他到这家店里去的时候，总要先跟柜台的营业员寒暄几句，然后才去见店主。有一天，他到这家杂货店去时店主突然告诉他今后不要强生公司的货了，他只好离开商店。他开着车子在街上转了好久，最后决定再回到店里，把情况问清楚。

走进店里的时候，他照常和柜台上的营业员打过招呼，然后再到里面去见店主。店主见到他很高兴，笑着欢迎他回来，并且比平常多订了一倍的货。这个推销员对此十分惊讶，不明白自己离开后发生了什么事。店主指着柜台上一个卖饮料的男孩说："在你离开店铺以后，卖饮料的男孩走过来告诉我，说你是到店里来的推销员中，惟一会同他打招呼的人。他告诉我，如果有什么人值得做生意的话，就应该是你。"店主同意这个看法，从此成了这个推销员最好的客户。

这个推销员说："我永远不会忘记，关心、重视每一个人是我们必须具备的品质。"

的确如此，许多推销高手还能认识到秘书小姐的重要性。她们在很多事情上都有影响力。如果你想见某个大人物，成功与否往往是由那些秘书决定的，因为是她们在安排会谈时间。实际上，她们就是那些大人物的左膀右臂。所以，你必须对秘书表示出足够的尊敬和信任。

与秘书打交道，首先要记住她们的名字，而且以后一直要记住。有的推销员通常的做法是把她们的名字写下来，到下次打电话时，就可以直接叫出她们的名字。她们很喜欢你这么做。

请读读下面这段话。

“嗨，是你吗？不知道你能不能帮我一个小忙（每个年轻人都是愿意助人的）？我想把这些资料（公司的产品/服务）留下来，这类事情由谁决定？”

“噢，是约翰先生。”她高兴地说了出来。

太棒了，一下子就拿到了决策者的名字。可是你得再确认一下。

“他是什么职位呢？”你可以装着没有目的地随意地一问，一般是能够得到她的微笑答复的。

“请问还有谁可以决定这类事情？”这么问，目的是想知道约翰先生的职位是不是最高。

如果被她反问，你可以说：“如果有两位主管的话，我们通常会留两份资料。”这是封住挡驾之嘴的有效办法。

现在你可以大胆行动了：“我要把资料和这个字条留给他，不知道你能不能给我一张他的名片？”

90%的情形你能拿到名片。

“什么时候给他挂电话最方便？”你可以再啰唆一句，目的是在她忍无可忍之前搜刮到最后一点信息。

任何时候，尊重都比耍小聪明好。

实际上，秘书的工作内容之一就是应付推销员。推销员靠耍小聪明或欺骗，是得不到她们的帮助的。即使你比她们聪明，也不能那么做。

别对他说“你错了”。就像那句老话说的：“顾客就是上帝！”也许这句话并不完全正确，但是它却能为你敲响警钟。试想如果有人说你错了，你会有什么感受呢？你很可能会产生抵触情绪，并且努力证

明自己是对的，最后可能更加坚持原来的想法。你的顾客也一样。所以永远也不要说他们是错的，或者去年买了你竞争对手的产品真是一个错误。否则，你的顾客会立刻开始怀疑购买你的产品会不会也是一个错误。

## 赞美，迅速拉近心与心的距离

说出他们的所有美德，对朋友和对手都一样。

人性的另一个特点，就是爱听赞美自己的话。

在推销工作中，真诚、慷慨地赞美别人，是赢得友谊、信任、融洽关系的良方。马克·吐温说：“听到一句赞美的话，我就可以多活两个月。”

下面是阿布巴卡如何让顾客满心欢喜而又不知不觉地促成生意成交的一个情景。

一位身材高挑的年轻女子在阿布巴卡的服装商店试衣服，试了几件衣服，不是这儿鼓起来，就是那儿紧巴巴的，都不合适。阿布巴卡凭经验觉得，问题出在她没有挺直身子。于是在一旁对她说：“这些衣服看来不是有些大就是有些小，把您娇美的身材给遮住了。”

年轻女子一听，直起身来重新在试衣镜中打量自己。这时情形发生了变化：年轻女子发现自己挺立的身躯看起来那么令人赏心悦目，那些难看的鼓包和皱褶都不见了，线条和轮廓也显现出来了。

阿布巴卡看得出，她喜欢这件衣服。“真漂亮！”阿布巴卡赞许地说，“你喜欢这一件吗？”“是的，它使我苗条多了，啊，真的，我好像减轻了两三公斤体重。”年轻女子惊奇地说。

每个人都有虚荣心，让人满足虚荣心的最好方法就是让对方产生优越感。巧妙地奉承、阿谀固然能满足一些人的优越感，但也有弄巧成拙的时候。让人产生优越感最有效的方法是对于他自傲的事情加以赞美。若是客户讲究穿着，你可向他请教如何搭配衣服；若是客户是知名公司的员工，你可表示羡慕他能在这么好的公司上班。客户的优越感被满足，初次见面的警戒心自然也消失了，彼此距离拉近，能让双方的好感向前迈一大步。

无论是谁，当他被人奉承时都是愉悦的。对方埋藏于内心的虚荣心被人所承认，那他一定非常高兴。奉承必须“确有其事”，理由充分。毫无根据地奉承一个人，他不仅感到费解，还会莫名其妙，觉得你油嘴滑舌，有诡诈，进而引起他对你的防范。

当你看到一个人拥有一辆豪华汽车，你会怎么赞美汽车呢？会不会轻轻地摸着汽车连声说：“好车，真棒！”如果这样，你还徘徊在“赞美”大门之外。你应该想到，车子再漂亮，那也是生产厂家的功劳，和车主有什么关系？要是你说：“这车子保养得真好！”说明你注意到了车主的活动，观察能力和思维方式都已入赞美之门。

交谈过程中，如果对方谈到自己的得意之事，那就是渴望与你分享他的喜悦。这也可以看成是他准备接受你的赞美之辞的信号。此时，你要停下所有的事情，接过话题顺势赞美一番，以满足对方的心愿。

例如，你和一位女士谈判时，她突然得意地对你说：“我儿子今年考上清华大学了。”——你要立刻停下所有的事情，接着说清华大学五分钟：“啊，清华大学，真了不起，那可是中国最为高等的学府啊。他爸特别聪明，你也聪明，怪不得你们的儿子这么聪明呢！记得当年我们高中，全年级几百人，也只能考一两个清华北大的……”之后，才可以说：“大姐，你看我们的合同怎么签？”

任何孩子在妈妈眼里都像天使一般可爱。一位母亲拿出自己孩子的照片给你看：“你看看，这是我儿子，多可爱！”此时，你一定要赞美：“这是你儿子呀，我现在才知道帅哥小时候长什么样，我以前只见过大帅哥，没见过小帅哥。瞧你这儿子，长得多好，你看这皮肤多白，眼睛多大，哎，还是双眼皮耶！你看这腿多长，将来一定是个大高个儿！看这脑门儿多大，将来肯定特别聪明……”——你总能找出值得赞美的地方吧！

假如你接过照片，随意地看了一眼就还给了对方，什么也没说，那就表明你背后的意思是：“你的儿子，实在没有优点，没有值得夸耀的地方……”对方该多么郁闷啊！

对方拿出照片跟你说：“你看，这是我今年十一在香山玩的照片。”

你边看边赞叹：“哎呀，这是你的照片啊，照得真漂亮！明年我也去看看……”

如果看完相片，无声地放回去，显得不重视对方，他会不高兴的。

初次见面，可以问对方是哪里人。当对方说出自己的家乡后，你应该接上话题：“那个地方我去过，风景美，人也美……”或者说：“我在电视里看过那个地方，山美水美，出人才……”

如果你既没去过，也没在电视上看过，那你小时候在地理课上学过或者听人说起过吧？所以，你还是有话可说：“我听说过那个地方……”

当你真诚地表达出自己的感受时，对方马上会产生一种亲切感，你与对方的心理距离也会大大缩短。

例如，有一次，刘先生和几个朋友在饭馆吃饭，他问服务员：“你是哪里人？”服务员说：“我是湖南的。”刘先生马上感叹道：“哦，那是伟人的诞生地，毛主席的家乡啊！我去过韶山……”服务员听了很高兴，站在他旁边不走了。刘先生说吸烟需要个打火机，她一下子拿来了五个，一人送一个，最后结账时还打了个八折。

## 赞美他真正在乎的亮点

能挠到对方的痒处的赞美，作用最大。

与他人说话时，要获得对方认同，就应该善于抓住每件事情的重点来说自己的感受，让对方能够感受到，你可以直接认可他最核心的东西。

通常，我们在说话时都会显得杂乱无序。但我们要想影响别人，就必须懂得从对方那一盘散沙般的语言里，“淘”出潜在着对方意图的赞美点，然后把它扩大和引申。

（1）赞美，要善于找到对方的亮点

当我们到朋友家里做客时，看到客厅墙上有一幅山水画，往往会情不自禁地赞许道：“这幅画真不错，给这客厅平添了几分神韵，显出了几分雅致，谁买的？眼力可真好！”

也许，这句话只是我们不经意间随便说出来的，但我们的朋友会感到很欣慰，心中的滋味一定很不错。

对于销售人员，和顾客初次接触也可以这样。一番寒暄过后，身旁的一切都可以成为恭维的话题。可以对接待室的装潢设计赞叹一番，还可以具体地谈及一下桌上、地上或是窗台上的花卉或盆景等，这些花卉和盆景造型如何新颖独特，颜色亮度等又是如何搭配得当，甚至还可以对它们的摆放位置用“恰到好处，错落有致”一类的词语来形容一番。

然而，想像力丰富和具有创造精神的销售员经常能找出对方亮点，并加以巧妙赞美。因为赞美是说给人听的，赞美物件时，必须与人挂上钩，我们如果只是称赞东西有什么特色，是无法突出对人的赞赏的。要紧紧盯住对方的知识、能力和品位进行称赞。

如果我们喜欢我们的顾客，我们就不难发现他有值得赞美的地方。

一天，化妆品推销高手玫琳·凯与朋友一起到成衣店里去逛，听到了旁边有一对女孩子在说话。两位女孩一位金发一位黑发。金发女孩买了一件新衣服，穿起来很好看，黑发女孩赞她：“刚才你放下的那件衣服，扣子挺漂亮的。”金发女孩突然有点生气：“那是什么破衣服，扣子难看死了，看看这个。”

这时，玫琳·凯和朋友走了过去。玫琳·凯面带笑容对金发女孩说：“这件衣服的领子很漂亮，衬得你的脖子像高贵的公主一样有气质，要是再配上一条项链，那就简直完美极了。”

金发女孩很高兴，因为她也是这么想的。她骂黑发女孩没有欣赏眼光，黑发女孩不服气：“我也是这么觉得的，只不过没说出来罢了。”

玫琳·凯对黑发女孩说：“其实你可以试一下这件，它特别能衬托出你优美的身材。”黑发女孩也高兴起来了。“当然，要是你们的脸上肤色再稍为用护理一下，会显得气质更加优雅。”三人就开始聊起了美容化妆的话题，这是玫琳·凯最擅长和最希望的。

后来，两人都成了她的忠实顾客。

继续欣赏一下，化妆品推销高手，后来的美国化妆品大王玫琳·凯是如何把握住每一个闪光点，恰如其分地赞美对方的。

她上门去推销化妆品，女主人非常客气地拒绝了她：“对不起，我现在没有钱，等我有钱了再买，你看可以吗？”

但细心的玫琳·凯看到了女主人怀里抱着一条名贵的狗，知道“没有钱购买”只是她拒绝自己的一句托辞。于是，她微笑着说：“您这小狗真可爱，一看就知道是很名贵的狗。”

“没错呀！”

“那您一定在这个狗宝宝身上花了不少的钱和精力吧？”

“对呀，对呀。”女主人开始很高兴地为玫琳·凯介绍她为这条狗所花费的钱和精力。

玫琳·凯非常专心地听着女主人兴奋的介绍，在一个非常适当的时机，她插了话：“那是肯定的，能够为名贵的狗花费足够的钱和精力的人，一定不是普通阶层。就像这些化妆品，价钱比较贵，所以也不是一般人可以使用得上的，只有那些高收入、高档次的女士，才享用得起。”女主人听后，很高兴地买下了一套化妆品。

（2）赞美，要挠到对方的“痒处”

当我们的赞美正合对方心意时，会加倍成就他们自信的感觉。这的确是感化人的有效方法。

换句话说，能挠到对方的痒处的赞美，作用最大。

怎么发现别人的痒处呢？

日本顶尖业务员齐藤竹之助说：“想轻易地发现每个人身上最普遍的弱点，是很简单的事情，因为只要你观察他们最爱谈的话题便可以知道。因为言为心声，心中最希望的，也就是他们嘴里谈得最多的。你就在这些地方去挠他，一定能挠到他的痒处。”

例如，对于一位非常漂亮的女士，我们要避免对她容貌的绝色进行赞美，因为她对这一点已经有绝对的自信。但是，当我们转而去称赞她的智慧、仁慈时，而她的智力恰巧不如其他人时，那么我们的称赞，一定会令她芳心大悦。

（3）赞美，要自然而诚恳

一位先生听说，外国人非常喜欢他人的赞美，特别是外国的女人，最爱听人们夸她们漂亮。

后来，他出国了，就试着去赞美别人，效果不错。

一天，他去超市，迎面走来一位很胖的妇女。他习惯地说："哦，女士，你真漂亮！"

不料那位妇女白了他一眼，不满地说："先生，你是不是离家太久了？"赞美实际是向对方表示一种肯定、理解、欣赏和羡慕。对方从我们的话中领会到的就是这些。如果赞美不当，就如隔靴搔痒，起不到什么作用。如果不是真心的，赞美过火，可能会让人反感，觉得我们是在拍马屁。

所以，诚恳的态度是关键。只有态度诚恳，我们的赞美才能显得自然，别人才会对我们的赞美感兴趣，我们才能获得理想的效果。



如果我们对一位清洁工人进行这样的赞美："你真是一位成功人士呀！你具备非凡的气质，你是一位非常伟大的人！"对方一定会认为我们是神经病，因为这些话好像跟他没有任何关系。

一些非常善于赞美别人的高手，刚开始时，往往也会犯这样的错误。下面介绍一则日本超级保险推销员原一平刚开始运用赞美时，犯下的一个错误。

原一平到一位年轻的小公司老板那里去推销保险。进了办公室后，他便赞美年轻老板："您如此年轻，就做上了老板，真了不起呀，在我们日本是不太多见的。能请教一下，您是多少岁开始工作吗？"

"17岁。"

"17岁！天哪，太了不起了，这个年龄时，很多人还在父母面前撒娇呢。那您什么时候开始当老板呢？"

"两年前。"

"哇，才做了两年的老板就已经有如此气度，一般人还真培养不出来。对了，你怎么这么早就出来工作了呢？”

“因为家里只有我和妹妹，家里穷，为了能让妹妹上学，我就出来干活了。”

“你妹妹也很了不起呀，你们都很了不起呀。”

就这样一问一赞，最后赞到了那位年轻老板的七大姑八大姨，越赞越远了。最后，这位老板本来已经打算买原一平的保险的，结果也不买了。

后来，原一平才知道，原来那天自己的赞美没完没了，本来刚开始时，他听到几句赞美后，心里很舒服，可是原一平说得太多了，搞得他由原来的高兴变得不胜其烦了。

赞美如煲汤，火候是关键。赞美对方恰如其分，恰到好处，会让对方感到很舒服；但赞美得多了，会过犹不及，使得赞美没有新鲜感，让对方吃不消，撑着肚子。

真正的赞美大师，非常懂得在赞美时控制好火候，将强弱分寸都拿捏得很恰当，张弛有度，收放自如。物以稀为贵，就像一道人间美味，如果你给对方一些品尝品尝，他会觉得味道美得难忘。但是，给多了，让他吃撑了，他也会难忘，只不过是想吐的难忘。

在商场上，缺乏诚心，刻板的客气话，并不能引起听者的好感。像久仰大名如雷贯耳；您的生意一定发财兴隆；小弟才疏学浅；一切请阁下多多指教等等，这些缺乏感情的，完全是公式化的恭维语，若从推销口才的艺术观点看来，非加以改正不可。与其泛泛地说久仰大名，如雷贯耳，不如说您上次主持的讨论会成绩之佳，真是出人意料等话；若恭维别人生意兴隆，不如赞美他推销产品的能力，或赞美他的商业手腕；泛泛地请人指教一切是不行的，你应该择其所长，集中某点请他指教，如此他一定高兴得多。

若对一个有地位有名望的人，则赞美时所用的字眼应当更加讲究。首先要想到，一个名人他能够成为名人，一定是他在某一项工作上有特殊的贡献，而在他成名之后，恭维他工作的人一定很多，积久生厌，你照葫芦画瓢地用别人所用过的话来恭维他，是不会使他高兴的，这些他听得太多了。大多成名的人，对于他的工作已成了习惯，你的恭维若不能别出心裁，一定不能打动他的心理。对付这种人，最好拣工作以外的另一种事情去赞美他。要欣赏他那些不大为别人所知道的，却是他自以为得意的事情。

一位年轻的人寿保险推销员，听说某大学的一位讲哲学的老教授还没有买人寿保险，其主要原因是因为这位教授对人寿保险一向十分讨厌。同时这位老人又特别固执，多少位前来企图说服他的推销员都灰溜溜地被赶了出来。因此，大家对这位老教授都有点望而生畏。这时，这位年轻人寿保险推销员却非要来碰碰运气。

这年夏天，老教授举办了一个哲学研究班，在众多的学员中，有一位年轻的人学习特别认真，他聚精会神地听，详详细细地记，还经常举手提出一些颇有深度的问题，这样使得老教授感到这是一位很有前途的青年。研究班结束后，青年人到老教授的家里来拜访，对老教授说："您的讲义，我已反复读了三遍，今天特地来请教几个仍然弄不懂的地方。"老教授欣然地帮他解答了问题，随便问道："你在哪里供职?"年轻人说："我是人寿保险推销员。"过了一段时间，年轻人又来请教问题，并随身带来了礼品，当年轻人施礼告辞的时候，老教授说："请等等，你给我说说，你们公司开办的人寿保险，有哪几种呢?"年轻人详细地做了介绍，老教授当即办理了参加人寿保险的手续。

年轻的人寿保险推销员，知道直接说服老教授参加人寿保险是十分困难的，便采用以迂为直的计谋，从容易获得其好感的哲学研究方面入手，通过自己虚心好学的行动，博取了老教授的好感，老教授爱屋及乌，自己便主动地改变了对人寿保险的看法，年轻的业务员虽然没有做任何正面的说服，但却起到了殊途同归的效果。

值得注意的是，你不要以为既是恭维，就不会得罪人家，便不妨乱说，那就错了。不由衷的话，很容易闹出毛病的。正如你不能随便看见女人就赞美漂亮，如她明知自己实在是不漂亮时，心里就会觉得你浮滑。有些女人，你可以赞美她漂亮，或说她活泼，或说她苗条，或说她健美，或赞美她的才智，她的聪明与幽默，或恭维她处理家务的井井有条，教育儿女有方等。同是女人，各有长处，虽是赞美，也要加以选择。因此，恭维话一不能乱说，二不能常常用同一种方法。还有第三要注意的，就是不可多说。人都具有渴望被人赞美的强烈欲望。赞美别人，是为了沟通感情。要学会赞美，要找到别人最需要赞美的地方去赞美，但若是赞美过头，则受赞者不仅不舒服，反而会勃然变色。

## 人们最关心的是他自己

> 推销是一种压抑自己的意愿去满足他人欲望的工作。

当你看到一张有你在内的团体相片时，你先看的是谁？

当然，人们最关注的是他自己。

纽约电话公司曾就电话对话做过一项调查，看在现实生活中哪个字使用频率最高。在 500 个电话对话中，“我”这个字使用了大约 3950 次。这说明，不管你是什么人，不管你实际状况如何，在内心中都非常重视自己。

今天有成千上万的推销员，疲倦，沮丧，酬劳不足，徘徊在路上！那是什么原因？由于他们永远只替他们自己所需要的打算、着想，而没有注意到，他们所推销的是不是别人所需要的东西。

如果我们要买我们需要的东西，会自己出去买，原因是我们所注意的，是如何解决自己的问题。假如有个推销员，他的服务和货物确实能够帮助我们解决一个问题，他不必喋喋不休地向我们推销，我们也会买他的东西。顾客喜欢觉得是自己主动买的，而不是由于推销才买的。

但有很多人，费去一生的光阴在做销售工作，却不站在买主的立场论事。他们终身的错误，就是只想别人关心他，对他发生兴趣。

当然，这样做是不会有结果的，人们不但对你不发生兴趣，对任何人也不会发生兴趣，他们早晨、中午、晚上所关心的只是他们自己。

许多人都是以“自我”为中心的，他们在处理问题时，首先想到的是自我保护和自身利益。要提高销售业绩，推销员必须变自我为主为以顾客为主。一位推销专家指出，推销是一种压抑自己的意愿去满足他人欲望的工作。尽管这很困难，但能否站到顾客的立场上为顾客着想，是决定推销成绩的重要因素。

许多人都学过作用力与反作用力的理论，这个理论指出，当你向一个物体发出多大力量时，这个物体将反作用给你一个完全相等的力，这一原则同样可以从物理学上应用到人际交往中。事实上就是这样，当你对别人的尊重多一分时，别人对你的尊重也在增长。以下由两个著名谈判专家所讲述的小故事也许可以说明这个原理——

> 我和一位同事去曼哈顿出差，由于在那天早上的第一个约会前有一点时间，我们可以吃顿从容的早饭。点完菜之后，我的同事出去买份报纸。过了五分钟，他空手回来了。他摇摇脑袋，含糊不清地小声骂街。“怎么啦？”我问。
>
> 他答道：“他妈的这些人！我走到对面那个报亭，拿了一份报纸，递给那家伙一张十美元的票子。他不是找钱，而是从我腋下抽走了报纸。我正在纳闷，他开始教训我了，说他的生意决不是在这个高峰时间给人换零钱的。”
>
> 我们一边吃饭，一边讨论这一插曲，我的同事认为这里的人傲慢无理，都是“品质恶劣的家伙”。他以后再不让任何人给找十美元的票子了。饭后，我接受了这一挑战，让我的同事在饭店门口看着我，我横过马路去。
>
> 当报亭主人转向我时，我和顺地说：“先生，对不起，我不知道你能不能帮个忙。我是个外地人，需要一份《纽约时报》。可是我只有一张十美元的票子，我该怎么办?”他毫不犹豫地把一份报纸递给我道：“嗨，拿去吧，找开钱再来!”
>
> 我兴高采烈拿了“胜利品”凯旋。我的同伴摇摇脑袋，随后他把这件事称为“54 街上的奇迹”。

我顺口道："为我们这次出差任务又多得一分，一切在于方法。"

事实正是这样，尊重他人正是你获得合作的保证。在这种情况下，就能建立起公平和信任，并能互相交换实情、态度、感情和需要。有了这种自由的相互影响和共同分担后，就可以找到创造性的解决办法，从而使双方都成为胜利者。

在推销时，我们都离不开名片。名片虽小，但你可别小看它，那上面写的内容是这个人到目前为止一生成就的写照。所以，你决不能显示出丝毫的不敬之意：看也不看，随手装兜里，显得不重视别人；也不能一边在手里玩弄着名片，一边跟他说话——轻视人家；更不能拿着名片在办公桌上边敲边说——那是对人的不尊重！

正确的做法是什么呢？认真地看看名片上的内容，显示出极大的兴趣，给予恰当的赞美。名片是一个人的简介，所以，对名片内容的重视就是对人的重视。那么，我们如何从名片入手，给予对方恰到好处的赞美呢？可以从以下三个方面来考虑：

第一，看名字。

赞美一个人的名字，一般都会收到良好的效果。首先，一定会引起对方的兴趣，因为任何一个人的名字，对他自己来说，是世界上最动听的声音。名字是通往一个人心灵的钥匙，以名字为载体进行沟通，你们的谈话一定会在轻松而愉快的气氛中进行，后面的事情也就好办了。其次，以名字作为媒介，通过名字来赞美对方，既能体现出我们的真诚，又能培养我们发现美好事物的眼光。从简单的两三个字中发掘出闪光点，这需要你用心观察，富于联想，勤于总结，还要有丰富的知识作储备。

既然赞美名字如此重要，我们见到名字就要立刻调动自己的聪明才智，看看他的名字有没有积极的含义？有没有画面般的美感？有没有和古今名人相似的地方？有没有特殊的讲法？然后，把它指出来。

杨先生是一位公司经理，由于业务关系，他经常与台湾商人打交道。有一位台湾女经理，人长得漂亮，可就是有些傲气，眼睛总是往上看。

有一次，在展览会上他遇到了那位女台商。杨先生马上走过去，和她热情地打招呼，交换名片。拿过来一看，她叫林静玉，便立刻说道：“林小姐，你这名字起得好。”

女经理问他：“我的名字有什么好？”

杨先生说：“你看，林静玉，跟林黛玉就差一个字，比她还文静，其实你长得很像你们台湾的一位电影明星。”

女经理兴趣大增，接着问：“我像谁？”

杨先生认真地回答：“特别像林青霞。”

“哎呀，还真有不少人说我像林青霞呢。”女经理高兴地接受了杨先生的判断。

这时，杨先生说出了关键的能够彰显其聪明才智的一句话：“你们林家怎么尽出美女呀！”

听后，林静玉咯咯地笑个不停。后来，他们成了好朋友，彼此成功地合作过许多项目。

当然，也不是每一个名字都有突出的特点。如果遇到不太好解释的名字，你可以尝试着用拆字的方式来表达其含义。

一位老总叫吴德文，说自己的姓与名配起来不太好，一位推销员说：“挺好的呀，你的姓名整体含义是‘品学兼优，上帝表扬’。”

老总一听，果然不错，特别高兴，连忙道谢：“谢谢，我的名字总算找到好的解释了。”

这里，推销员将“吴”拆成口和天，意思是上天都开口为你说话——上帝表扬。

如果他的名字中有不认识的生僻字，这可是天赐良机，一定要问问他这个字怎么读，有什么含义。千万别装着认识，错过良好的赞美时机。

他的名字，他自己一定查过字典，“这是我爷爷查《康熙字典》找的字，是‘美玉’的意思……”此时，你可以趁机夸赞其是“文化人出身”。

甚至，稍微难一点的字，你也可佯装不认识，问一下怎么念，有什么含义，再夸其“文化人出身”。

第二，看职务。

除了名字，还可以看看职务上有什么值得称道的地方：

董事长，总经理——啊，真了不起，这么年轻就当领导了；

总工程师——聪明人，栋梁之才啊；

校长——我最佩服既有文化又有领导才能的人了；

教师——人类灵魂的工程师，了不起；

……

第三，看单位。

除了名字和职务，还要看看工作单位有什么值得赞扬的：行政单位可以夸，外企可以夸，著名企业可以夸……每个行业都有自己的特色，都是可以称赞的。

机关——现在当公务员多踏实啊，听说报考公务员的人一年比一年多，考试一年比一年难。

IBM——世界知名公司啊，给资本家打工有什么感觉？告诉我怎么才能到外企被资本家“剥削”一下。

微软——是不是特别有才能，智商特高才能到微软？得万里挑一吧？

海尔——中国第一品牌，我听说到海尔的人不仅要有才，而且人品也得一流。当初你是不是经过严格的考核？要一路过关斩将吧？

……

一般而言，少有这样的人——他的名字没特点，职务没优势，单位也没有可夸耀的地方。所以，接过任何一张名片，仔细看看上面的内容，再结合他本人的形象、气质、学识，你总能找到方法顺势赞美一番。

要想在短暂的一面之交中，让顾客对你有深刻的印象，必须具备令顾客陶醉的方法和艺术。你始终要把握一个原则，你不是来给顾客传授知识和说教的，而是为其提供服务和帮助的，是为客户解决问题和困难的。

# 人都喜欢像他自己的人

人会喜欢像自己的人，人也会像他所喜欢的人。

人喜欢什么样的人？

像自己的人。

人既然喜欢像自己的人，当你像顾客的时候，他感觉你们是同一类的人，他就喜欢你，喜欢你进而才会信赖你。英文“LIKE”是什么意思？喜欢。“LIKE”还有另外一个意思，相像。当你 LIKE 别人的时候，就是像别人的时候，他也会 LIKE 你喜欢你。

你会不由自主地模仿你喜欢的人吗？夫妻结婚久了别人说你们有夫妻相，那不就是因为两个人结婚久了互相模仿对方吗？所以人会喜欢像他的人，人也会像他所喜欢的人。你先去像你顾客，顾客喜欢你了，于是他就会像你，所以他就认同你的观点。当你的顾客认同你喜欢你的时候，不就建立了一种信赖感了吗？假如我跟你说有一个人非常像你，样子跟你一模一样，你会不会立刻想认识一下这个人，想交这个人做朋友？你有没有这样一种经验，跟一个人认识了才一天，但是一见如故。为什么会这样？就是因为彼此之间有很多共同点。你有没有跟一些人认识八年了，话不投机半句多？为什么？因为彼此有太多的不同点。所以相像是很重要的。

沟通不在一个频道内是无法让对方收到信号的。手机收不到信号，是因为不在覆盖区内，收音机收不到广播信息，是因为不在信号区内，你跟别人讲话要先进入对方的频道，对方才能收到你的频道，收到你的信号，于是你再把他带到你的频道去。

人与人之间的相处，首先必须找出彼此的共同点。人们喜欢同和自己具有相似之处的人交往。这种相似性指个人见解、性格特性、嗜好、生活习惯和穿着谈吐等。越和我们相似的人，彼此之间的亲和力就越强，所谓的物以类聚就是这个道理。

利用这种物以类聚的原理来增进彼此友谊的方法是找出并强调我们与客户之间的类似经历、行为或想法。

举例来说：

在推销产品时，推销员应该多注意客户的一些细节并且多和客户交谈，找出任何可能与之有相似性的地方。比如说，你发现客户戴了一个特别的项链，而你也刚好有个一样或类似的项链，你就可以问她这个项链是在哪里买的，称赞她的项链，并且告诉她你也有一个同样的项链；同时还应注意听客户的口音，询问他的家乡，并告诉他你的某个家人或亲戚也住在那儿。

这些相似之处越琐碎越能发挥作用。一位曾经研究过保险公司销售业绩报告的研究员发现：如果推销员的年龄、思想、价值观、背景、某些嗜好或习惯等与客户相似时，这个客户就比较乐意买保险。因为这些微小的相似之处，可以和客户产生更强的亲和力。

我们以原一平为例，比方原一平想去拜访一位董事长，他就会在董事长家的附近徘徊。当他看到佣人帮董事长送衣服到洗衣店的时候，他跟着这佣人到洗衣店附近，看着佣人走掉以后他马上跑进去问洗衣店的老板娘：“请问一下刚刚送来的这套西服衬衫领带是不是那个三木董事长的?”

老板娘说：“是啊!”

“我能不能看一看，我对这个服装很有兴趣，我不知道在哪里买的，看看品牌我也想去买一套。”结果老板娘给他看，他看完以后便去商店买到一套一样的服装，一样的衬衫，一样的领带。因为他知道有一个小小的心理学就是：人都喜欢像他自己的人。所以原一平，他要打扮得跟顾客是同类的感觉，当他买到一样的西服衬衫领带以后，他又在观察哪天佣人跑去取那套西服衬衫领带，于是他知道三木董事长今天可能会穿这一套，他就把那一模一样的服装穿上以后，跑去拜访，三木董事长一看，怎么有一个人穿得跟我一模一样。于是原一平就说我是明治保险公司的业务员，我今天专程来跟你讲解一个理财的方案，只需要占用你15分钟时间。客户十次有八九次都会接受他的建议，因为他看到一个很像自己的人，对他有好感对他有兴趣。

原一平常常利用这样的方法，花25天去研究顾客背景，了解顾客是什么类型的人，然后再对顾客做销售。原一平还会跟踪奔驰车，因为他发现开奔驰车的都是有钱人，而他要卖大保单必须找大客户。于是他常常跟踪奔驰车去哪里运动，去哪里吃饭，去哪里玩，跟了一个礼拜以后，他对顾客的资料背景胸有成竹了。他又了解到今天下午3点，顾客会去健身俱乐部健身，于是他就先跑到健身俱乐部去，穿着跟客户一模一样的运动服，梳着一样的发型，在那边跑步。跑到一半的时候客户突然来了，心想这个人怎么穿得跟我一模一样？于是原一平就很好奇地也看着对方，双方必然会打招呼并互相聊天。跑步跑累了，他们就去打网球，当原一平把网球拍拿出来时，客户一看，你怎么连使用的网球拍都跟我一模一样？连打网球的动作和姿势都一模一样。最后打完网球了，他们两个人去游泳，到了男更衣室，原一平泳裤一套上，客户一看又吓一跳，你怎么连穿的泳裤都跟我一模一样？原一平说，我也不知道，可能是巧合吧。游完泳之后，客户很喜欢原一平了，说你干脆来我家吃个饭吧。原一平说，不了，改天你来我家吃饭，我们就约星期天，你说好不好？客户觉得原一平跟情同手足、多年未见面的兄弟一样，所以决定去原一平家里。

原一平本来没有奔驰汽车，但他为了要配合客户，便去租了一台奔驰汽车摆在门口。客户车开到门口，一看："你连开的汽车都跟我一模一样，不可思议，太像了。"

到了餐厅，原一平拿出来的菜，客户一看："这一桌菜怎么都是我喜欢吃的?"

原一平说："我不知道你喜欢吃这些，纯粹是我个人喜欢吃的，这是巧合。"

客户一听："怎么这么巧，你到底是做什么的?"

"我在明治保险公司做销售保险的工作。我有很多老板朋友，他是某某公司社长，某某公司董事长，都跟我买保险。我为他们规划了很多理财性的保单，我自己也买了两份。董事长你要不要也买两份?你买了没有?"

客户一听，就说："好吧，好吧，我也得买。我没问题我肯定跟你买。"

为什么原一平并没有怎么介绍保险就可以成交？原因就是因为他彻底地了解了客户的背景。

动作像另外一个人，连动作声音语调都要像对方，这是建立信赖感的一个很快速有效的方法。这是一门行为科学，这一门科学在全世界已经被印证有效了，叫做神经语言学。这是一门最先进的心理学。去模仿，绝对有效果。

值得注意的是，模仿别人可以建立信赖感，但不要同步模仿。人家跷脚你别马上跷，人家咳嗽你别马上咳，那样别人会说你疯了。你要慢 30 秒再跷，慢 30 秒再放下，慢 30 秒再叉腰。这样别人可能察觉不到，但他的潜意识感觉到了，他潜意识喜欢你就够了，用不着他意识到。

哈维·麦凯，被美国称为有史以来世界上最伟大的人际关系专家。为什么他的人际关系这么好？

就是因为他很认真地研究每一个人，了解别人的需求，了解别人的背景、家庭、生活、事业、健康、爱好，他发现越了解顾客的时候他越能投其所好，别人就越欣赏、喜欢他，他的关系就越好。所以他开信封公司，专门卖信封给 500 家大企业，他要求全公司的每一个销售人员一定要填一份资料，这份资料他把它称为麦凯 66。

为什么叫麦凯 66 呢？因为里面详细记载了有关于顾客生平的一切，包括顾客的生日、血型、家庭，什么时候结的婚，小名叫什么，读的哪个小学初中高中大学，得过什么奖项，在什么地方开始第一份工作，又在什么地方干过第二份工作，人生的目标是什么。要求业务员详细地对他的顾客进行调查，他发现这样调查的结果就是，每一次要去拜访某一个顾客之前，先复习一下这些顾客资料，复习完之后再出场去拜访那个顾客总是能说出适当的话做适当的事，让客户感觉到非常喜欢、信赖和欣赏这个销售人员。

麦凯还说了一个故事：有一次他要拜访一个大企业老板，大企业老板不跟麦凯买信封，而跟麦凯的竞争对手买信封，麦凯就派人调查有关这个顾客的一切资料，调查了两年。有一次他准备要打电话给这个顾客，他刚好不在，他的秘书就说我们老板去医院了。你们老板去医院干什么？小孩住院？他马上翻开资料发现小孩喜欢看篮球，喜欢迈克尔·乔丹，他立刻根据客户资料去投其所好。他认识公牛队的经理，他买了一个篮球寄给公牛队，要求经理签名，再要求经理把篮球让乔丹签名，乔丹签完名再要求经理把篮球给全部的球员签名。篮球寄给麦凯，麦凯寄到医院，小孩在病房里面本来是很痛苦的，收到一个大型的包裹。包裹打开一看，篮球，上面有乔丹签名。不可思议，全医院把小孩子当英雄一样，你怎么有乔丹签名的篮球？

当他的父亲到了医院时说，“孩子你怎么不睡觉？”

“爸，我有迈克尔·乔丹签名的篮球。”他爸一看，“你怎么会有？”

“我不知道谁送我的。”一看是麦凯送的，“爸，麦凯是谁？”

“麦凯是卖我信封的那个老头子，他想卖我信封都两年了，我就是不向他买。”“爸，你怎么可以不向他买信封？不行，你一定要跟他买。”他爸一听就问为什么。“他这么关心我也会关心你，你向他买就对了。”

## 真诚，你才能感动“上帝”

> 只要你有足够的爱心，就可以成为世界上最有影响力的人。

“顾客是上帝”，一直为众多企业所信奉，要求的是员工真诚地为顾客提供服务，有一家企业将这种真诚的服务做了更为具体化的表述，收效甚佳，这家企业就是海尔，它的服务口号是“真诚到永远”。“到永远”这三个字价值极高，像“爱你一万年”那样具体可感：只要你购买了海尔的产品，我们海尔人永远真诚为你服务。

作为顾客，谁不喜欢这样的承诺？难怪海尔的产品如此受欢迎，也难怪海尔能成为中国企业的第一品牌。

面对知名度不高的产品，尤其是高价产品，客户常常怀有戒备之心，力求从各个角度证实自己的购买会物有所值，然后才会做出购买行为。客户会通过与销售员的交谈，以及对环境和销售员的言行举止的观察来判断自己是否应该做出购买决定。销售员只有赢得客户的信任，才可能促进客户购买。

任何一次交易失误都会对你以及你公司的名誉带来损害，你得让顾客从你的产品和服务中得到真正的好处。所以，一定要确保每一笔买卖都是真诚可靠的。

有一位推销员经常去拜访一位老太太，打算以养老为理由说服老太太购买股票或者债券。为此，他就常常与老太太聊天，陪老太太散步。经过一段时间，老太太就离不开他了，常常请他喝茶，或者和他谈些投资的事项。

然而不幸的是，老太太突然死了，这位先生生意泡汤，但他仍然坚持前往参加老太太的丧礼。当他抵达会场时，发现竞争对手另一家证券公司竟然送来两只花圈，他很纳闷："究竟是怎么回事呢？"

一个月后，那位老太太的女儿到这位先生服务的公司拜访他。她就是另一家证券公司某分支单位的经理夫人。她告诉这位先生："我在整理母亲遗物时，发现好几张你的名片，上面还写着一些十分关怀的话，我母亲很小心地保存着。而且，我以前也曾听母亲谈起过你，仿佛与你聊天是她人生的一大快事，因此今天我特地前来向你致谢，感谢你曾如此鼓励我的母亲。"

夫人深深鞠躬，眼角还噙着泪水，又说："为了答谢你的好意，我瞒着丈夫向你购买贵公司的债券……"然后拿出40万元现金，请求签约。

对于这种突如其来的举动，这位先生大为惊讶，一时之间，无言以对。这个例子犹如神话一般，却是发生在推销界千真万确的事情，只是来得太意外，真有些"若非一番寒彻骨，怎得梅花扑鼻香"的意境。

只要你有足够的爱心，就可以成为全世界最有影响力的人。任何负面的情绪在与爱心接触后，就如冰雪遇上了阳光，很容易就消融了。

生活中，我们就有这种经验，对自己所喜欢的人所提出的建议，会比较容易接受也比较容易相信，当然，我们对自己所怀疑、讨厌或不信任的人，自然对他们的产品和服务也相对不信任了。

优秀的推销员都具有非凡的亲和力，他们非常容易博取客户对他们的信赖，让客户喜欢他们、接受他们，并且很容易跟客户成为朋友。

许多推销行为都建立在友谊的基础上，我们喜欢向我们所喜欢、所信赖的人购买东西，我们喜欢向和我们具有友谊基础的人购买东西，因为那样会让我们觉得放心。所以一个推销员是不是能够很快地同客户建立起很好的关系，与他的业绩具有绝对的关系，这种能力就是常说的亲和力。

销售大师乔·吉拉德就是使用这种亲和力法则而使他成为顶尖的汽车销售员，赚取了大量的财富。

他的方法表面上看起来好像很傻而且挺费钱——每个月他都给至少13000个老主顾寄去一张问候卡片，而且每个月的问候卡片内容都在变化。但是问候卡正面打印的信息却从未变过，那就是“我喜欢你”。“我喜欢你”这四个字每个月都印在卡片上送给13000个客户。

或许有人会怀疑这种方法的有效性，但是乔·吉拉德已经用他的业绩证明了这一点——被他人欢迎、具有亲和力的推销员，才能成为推销高手。

有一位名叫克顿的推销员常年来一直认真地打听朋友的生日，克顿当然不是相信“星相学”上那类的见解，可是他见了朋友，就问他们是否相信人的生日与每个人的性格、个性有关？然后克顿请人们告诉自己，他的出生年月日。如果他说生在11月24日，克顿就牢牢地把这日子记住。待人们一转身时，克顿就悄悄把姓名、生日记下，回家后，再写在一本“生辰簿”上。

在每年的年初，克顿把这些生日输入电脑里，到了友人生日那一天，克顿就发给他一封电邮。当那人接到电邮时，他是多么高兴。除了他的亲人以外，克顿是世界上惟一知道他生日的一个朋友。

如果我们要交朋友，就要用我们最热诚的态度去欢迎他们。有人打电话给你，你也应该有那种同样的心情，用极欢迎的口气，加上一句："你好！"

如果你要别人喜欢你，或是改善你与客户的关系，请记住这个原则：

真诚地关心别人！

## 站在对方的立场上阐述自己的观点

如果你是一位顾客，你会不会同自己做生意？

面对客户，如果我们能够替客户设身处地着想的话，马上就会引起客户的好感和注意。

据说，墨西哥的大企业家办公室内经常有两只椅子并行排列，"商谈"时主客双方都是并肩而坐，这样，就能格外让"商谈"顺利完成。这是因为，这样由于双方步调一致，立场一致，给人们的感觉就不是"你我"的感觉，而是"我们"的感觉。

推销的最高境界就是让客户感觉到你是在想方设法、设身处地地为他着想，是真正能帮助他解决问题的朋友。只要你在推销的过程中更多地考虑客户的收益，真诚地与客户交流，不仅能赢得他的信赖，他还有可能成为你的义务宣传员。

亨利·福特曾这样说过："如果有一个成功秘诀的话，那就是如何站在对方'立场'的能力，由他的观点设想，正同由你的观点一样。"就是这样的简单，这样的明显，任何人都容易找出其中的原理来。可是，世界上90%的人，有90%的时候，都把这件事疏忽了。

很多人都有网上购物的经历，有的网站购物程序很是繁琐，先是要求注册，光填写用户名就反反复复多次，接下来又是填写一大堆个人资料，好不容易敲完了，却掉线。也许网站的初衷是好的，是想更多地获取客户信息，了解客户，为客户提供更好的服务，然而其设计的业务流程并未从客户的角度去思考，反而给客户平添了许多麻烦。

有不少推销员这样对顾客说：“先生，我会尽量站在你的角度来做这件事情，为了提供正确的建议给你，我需要你更多的个人资料。”而当顾客提供资料后，他们却只是说：“这种情况下，我会建议您应该……”

其实一个真正优秀的推销员会事先搜集顾客的详细资料，掌握顾客的一切信息后，再经过详细规划，然后与顾客见面时会这样说：“先生，如果我是你，你知道我会怎么做吗?”

自然地，顾客就会问：“你会怎么做?”这时推销员就可以说明从顾客立场上所考虑的建议，协助他做最终的决定。

许多顾客即使有意购买，也不喜欢迅速签下订单，他总要东挑西拣，在产品颜色、规格、式样、交货日期上不停地打转。这时，聪明的推销员就要改变策略，暂时不谈订单的问题，转而热情地帮对方挑选颜色、规格、式样、交货日期等，一旦上述问题解决，你的订单也就落实了。

在阐述目标时，也不要仅从你个人的立场出发，而要以对方的行动为中心点，采用适当的方式进行描述。

例如：不应该说“我想介绍一下我们公司新产品的特性”，而应该说“希望您能了解一下我们公司新产品的特性”；不应该说“希望这种新技术能够降低成本”，而应该说“希望这种新技术能够帮助贵公司保持产品的性能，并降低成本”。

不要一次向对方强加多个目标，每次的目标只有一个，那就是“对方能做的事情”或“对方想做的事情”。

在一般情况下，你给对方的感觉将在很大程度上影响对方的选择。也就是说，同一个目标，阐述的立场不同，给对方的感觉就不同。如果你从自己的立场出发，一味地阐述自己的目标，对方很可能会觉得你的目标很“麻烦”或“不切实际”。如果你能够从对方的立场出发，让对方去想像，那么对方很可能会觉得“按照他说的也许能实现”，从而认同你提出的目标。

有一位经营家庭用品的推销员，由于他善解人意，总能成功地运用第一句话来吸引顾客的注意："我能向您介绍一下怎样才能减轻家务劳动吗?"这句话一下子抓住女主顾的心理：被繁琐的家务劳动搞得十分伤脑筋，而且又无计可施。这时听说有方法可减轻家务劳动，当然会产生共鸣，吸引她的注意力。然后这个推销员再向她介绍商品功能和使用方法，其结果是使那位女顾客有相见恨晚之感觉。试想想，如果一位推销员一开口就问人家："我能向您推销一部洗衣机吗?"或者"我能给你们介绍一下我厂的新产品吸尘器吗?"其效果比起上面设身处地的说法便黯然失色，因为这种说话给人的意思是我要把这商品推销出去，不是顾客为满足欲望而自己想要购买，强调的是"我"而不是"你"。

某保险公司一位保险经纪人在电话联系约定时间后，对李先生进行访问。

他一进门便开门见山地说明来意："李先生，我这次是特地来请您和太太及孩子投人寿保险。"

不料被李先生一句顶回来："保险是骗人的勾当!"这位经纪人并未生气，仍是微笑问道："噢，这还是我第一次听说，您能否给我说说为什么?"

李先生说："假如我和太太及孩子投保三千元，三千元现在可买一部彩电，二十年再领回的三千元恐怕连一部收音机都买不到了。"

听到此语，那位经纪人感到纳闷，问道："为什么?"李先生回答说："一旦通货膨胀，物价上涨，即会造成货币贬值，到那时，钱就不经花了。"

经纪人又问："依您之见，十年、二十年后一定会发生通货膨胀吗?"

李先生迟疑了一会儿说："我不敢断定，依最近两年的情形来看，会有这种可能的。"

经纪人再问："还有其他因素吗?"

李先生思索一会儿，又接着说："比如受国际市场的波动影响，说不定……"

通过李先生的话语，那位经纪人对李先生的忧虑已基本了解。于是他就站在李先生的立场上讲："您的见解有一定的道理，假如物价急剧上涨，二十年后，三千元不要说收音机买不到，恐怕只能买两本小说了。"

听到这里，李先生心里很高兴。接着这位精明的经纪人给李先生解释了这几年影响物价的各种因素，进一步指明以后几年政策稳定，不会有幅度较大的通货膨胀，并指出以李先生的才华和能力，收入可望增加。

对于这些话，虽然李先生也不止一次听别人讲过，但总觉得没有今天这么亲切。最后那位经纪人又补充说："即使以后物价有些上升，有保险总比没有保险好，况且我们保险公司早已考虑了这些因素，顾客的保险金是有利息的。"

说也奇怪，李先生的心理障碍解除了，这位经纪人此行的目的也达到了。

如果你愿意当购买者的参谋，积极地为他出谋划策，谁不愿当你的购买者呢?

一位推销大师讲过一段他自己的体会——

在我的推销经历中，一位房屋推销员给了我很大启示。那时我初入推销界，根本不知道该从何处着手。后来，我看到这个经纪人很有组织力，因为当时没有人知道什么是复式档案系统，而他的资料袋里就已经保存了每一栋他所经手的建筑物的资料卡了。

他所记录的内容很多，全是与他推销相关的东西，也是顾客需要知道或希望知道的资料，其中包括停车场、商店、学校及建筑物相关的细节。

在今天看来，那位房屋推销员的做法好像很不明智，带那么多的卡片似乎很不方便，但在当年这可是最棒的方法。我对他提供的丰富资料印象深刻，所以我决定把它用在我的实际工作中。这个方法最后成了我成功的主要因素之一，也是为顾客的需要着想的起点。

在生意没有谈成的时候，我就回家写顾客卡，记录刚才见到顾客的情形。当我再次做销售拜访的时候，我就会侃侃而谈关于他的一些事情，仿佛我们是多年的老友。我的这种“表演”常常能提高顾客的谈话兴致，他们往往会惊讶于我对他们的了解。

这些卡片帮了我很大的忙，每次我都利用这些资料帮助我联系顾客，成功率都很高，总的算来几乎超过70%。

在我早期的推销工作中，有位先生曾经坚持要买两份同样的投资标的，一份是他的名下，另一份给他太太。我遵从他的要求，但在当天晚上输入顾客资料时，却发现两份分开投资计划合计的费用，比以同样金额投资于一份计划的费用高出许多。

第二天一早，我立刻跟顾客说明，如果这两份投资能合成一份的话，至少可以省下20%的费用。他很感激我，并且接受了这项建议。很显然，他并不知道我的佣金因此而大减。多年以来，他对我的好感依然没变，而我的佣金损失，早就通过他所介绍的顾客得到了更多补偿。

# 三

# 买与卖的心理学效应

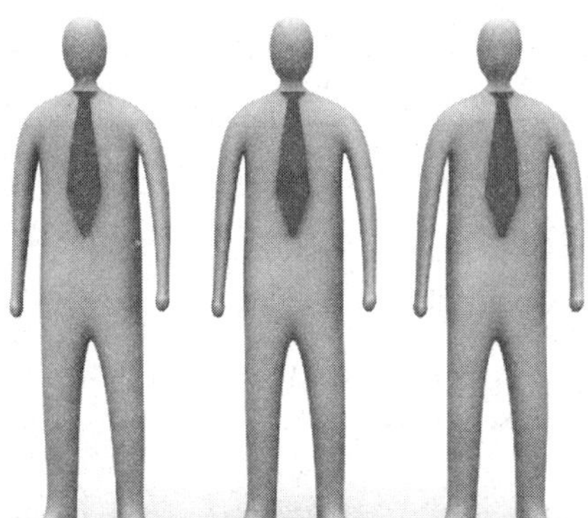

# 区别“想要”与“需要”

谁都不愿意买自己根本不需要的东西。

在推销中，要区别“想要”与“需要”。例如，打算把功能简单但还可以用的旧电话换成有许多自动功能的新电话。或者，当电脑硬盘遭到不可恢复的破坏时，需要尽可能快地更换新硬盘以便能正常工作。在这里，一部新电话是你“想要”的，而你真正“需要”的是电脑硬盘。理解这个细微的差别至关重要，可以区别客户的“想要”和“需要”。

一位老太太每天去菜市场买水果。一天早晨，她提着篮子，去到菜市场，遇到一个小贩，是卖水果的，小贩问老太太：你要不要买一些水果？老太太说：你有什么水果？小贩说：我这里有李子，你要买李子吗？老太太说我正要买李子。小贩赶忙介绍：我的李子，又红又甜又大，特好吃。老太太仔细看了一会儿，果然如此。但是老太太摇了摇头，没有买，走了。

老太太继续在菜市场上转，遇到了第二个小贩。这个小贩也像第一个一样，问老太太要买什么水果，老太太说：李子。小贩接着问：我这里有很多李子，有大的、有小的、有酸一点的、有甜一点的，你要什么样的呢？老太太说要买酸李子，小贩说我这堆李子特别酸，你尝尝吗？老太太一咬，果然很酸，满口的酸水。老太太酸得受不了的样子，但好像越酸越高兴，马上买了一斤李子。

老太太继续在市场里逛。遇到的第三个小贩同样的问题问过之后，小贩问老太太：别人都要甜李子，你为什么买酸李子呢？老太太说：我儿媳妇怀孕了，爱吃酸的。小贩马上说：老太太，您对儿媳妇真好！

那您知道不知道孕妇最需要什么样的营养品？老太太不懂，小贩说：其实孕妇最需要的是维生素，因为她需要供给胎儿维生素。他接着说：您知不知道什么水果含维生素最丰富？水果中含维生素最多的是猕猴桃！老太太一听高兴得不得了，马上买了一斤猕猴桃。

其实，顾客购买产品的时候，表面上是购买产品，实质上是购买产品背后的利益，所以，弄清楚顾客想要些什么，是销售成功的第一步。

1908 年 4 月，国际函授学校丹佛分校经销商的办公室里，卡耐基正在应征销售员工作。从外表看，这位身材瘦弱、脸色苍白的年轻人，显示不出特别的销售魅力。

“干过推销吗？”

“没有！”卡耐基答道。

“推销员的目的是什么？”

“让消费者了解产品，从而心甘情愿地购买。”卡耐基不假思索地答道。

艾兰奇先生点点头，出其奇不意地问道：“你有什么办法把打字机推销给农场主？”

卡耐基稍稍思索一番，不紧不慢地回答：“抱歉，先生，我没办法把这种产品推销给农场主，因为他们根本就不需要。”

艾兰奇高兴得从椅子上站起来，拍拍卡耐基的肩膀，兴奋地说：“年轻人，很好，你通过了，我想你会出类拔萃的！”

艾兰奇心中已认定卡耐基将是一个出色的推销员，因为测试的最后一个问题，只有卡耐基的答案令他满意，以前的应征者总是胡乱编造一些办法，但实际上绝对行不通，因为谁愿意买自己根本不需要的东西呢？

推销员要了解顾客的需要，说服顾客，使他们相信你所推销的商品确实能满足其需要；或使顾客相信他确实存在着对你的商品的需要。是否理解这一点很重要。美国施乐公司推销专家兰迪克说：“明确顾客的真实需求，并说明产品或服务如何满足这一需求，是改善推销，将推销成绩由平均水平提高到较高水平的关键。”

那么，人们需要一些什么样的商品呢？

（1）获得快感、享受生活的效用

人们购买商品往往是为了满足生活的需要，使日常生活更为方便、舒适。如一家人为了假期去各地观光旅游而买车，为夏天凉爽惬意而安装冷气，为欣赏名歌名曲而买立体音响，为使生活饶有风味而购买别墅等等。这时，推销人员就可以依据人们的享受心理，用："能使您的家人共度快乐的假期"、"能使您的家人每天都过着一种舒适、健康、明快的生活"等词语来激发对方的购买欲。

（2）象征地位、显示身份的效用

当今社会，人人喜爱名牌，特别是那些有钱有地位的人，尤其讲究自己所用物品与自己身份的配合，如董事长买车必须是进口车或一级轿车，住房必须住高级宾馆，在选用其他物品时，也大多使用名牌，甚至于名牌手表、电脑也成为地位、身份的象征。这时，推销人员就可以用"这些东西最适合您的地位、身份"等词语来使对方得到满足。

（3）简便经济、节能节时的效用

如全自动洗衣机、数码照相机、电磁炉等商品使用方便，同时又节能节时，能使顾客减轻生活和工作中的负担，推销人员可用"使用这些物品可以使您用最少的时间来完成工作，用最多的时间来享受生活"等词语来吸引对方购买。

（4）增加收益、一本万利的效用

如拖拉机、自动贩卖机等。它们不仅可以满足购买者使用的需要，而且还可使其增加收益，因而，这时推销人员就可列举一些产品使用的前后，损失和收益的情形，从而吸引其购买。

（5）满足虚荣心的效用

有些顾客购买物品纯粹是受虚荣心的驱使，如在自己狭小的房屋内添置钢琴或大型音响，或是购买一些与自己薪水、身份不相适应的商品，面对这样的购买者，推销人员可以用"人生短暂，多花点钱使得生活丰富多彩，称心惬意是值得的"等词语来吸引对方购买。

（6）以此代彼、替代他物的效用

人的愿望往往不能及时得到满足，这时只好选一些别的东西来暂时代替。如买不起房子，就先买部汽车，以增加自己工作效益而获得较高收入；钢琴太贵就改买电子琴，先用它来点缀点缀生活。据此，推销人员便可用“从小到大，愿望总是一个一个地满足的”等词语来激励对方购买。

(7) 完成社会的、公司的责任效用

有时，为了节省公司的花费而提高自己的地位，或是为了在工作上获得满足感，人们总愿意以最便宜的价格去获取最优良的机器、零件、原料等物品，据此，推销人员可用“您这么做可是为您的公司省了一大笔开支”等词语来推销自己的产品。

销售人员在提供产品或服务时，均应考虑客户的这四种基本需求。不同的消费人群对这些需求有不同的需求强度，在消费后还存在一个满意度的高低。收入丰厚的人们，喜欢高档名牌，对品质和功能需求的强度要求就高，对价格需求不强烈。低收入工薪族，他们追求价廉物美，以实惠为原则，因此对价格和服务的需求强度要求高。应该根据不同的客户需求，确定主要的需求结构，以满足不同层次客户的要求，使客户满意。

## 需求效应——客户购买的主要诱因

客户最需要的，就是我们最关注的。

每一个客户购买任何一种产品的时候，都有一个最重要的购买诱因。推销员的主要工作就是找出客户购买此种产品的主要诱因是什么，并把自己所有的注意力都放在让客户了解并且相信这种产品所能够带给他们的利益点上，客户就会购买你的产品。

客户买太阳眼镜的目的，有的是为了摆酷，有的是怕阳光过强眯着眼睛会增加眼角的皱纹，有的也许是昨天跟男友吵架哭肿了双眼，不方便出门。每个人的需求都不一样，不管造型多酷的太阳镜，如果镜片的颜色比较透光的话，那么这幅太阳眼镜提供的摆酷的利益是无法满足担心皱纹以及希望遮住红肿眼睛的客户的特殊需求的。

最近我 4 岁的小侄子来跟我共度周末，他早上起来的时候，发现我开着电视看新闻，同时又在读报，他见我并不专心听新闻，就想看卡通片。

于是小家伙对我说："要不先关掉电视，你才好专心看报？"我觉察他想看卡通片，于是说："可以关掉，或者看你想看的节目。"几秒钟之内，他找到了遥控器，立刻转到卡通片的频道。

我觉得他非常了不起，他必定会成为一个非常优秀的销售天才，他只有 4 岁，却会琢磨：对方想要什么？然后，我才可以得到我想要的。

有一次，爱默生和他的儿子，要使一头小牛进入牛棚，他们犯了一般人所有的错误，只想到自己所需要的，没有想到那头小牛。爱默生推，他儿子拉。而那头小牛正跟他们一样，也只想它自己所想要的，所以挺起它的腿，坚持拒绝离开那块草地。

旁边有个爱尔兰女佣人，看到他们这情形，她虽然不会写书做文章，可是至少在这次，她懂得牛马牲口官能的感受和习性，她想到这头小牛所需要的是什么。这个女佣人把她的拇指放进小牛的嘴里，让小牛吮吸她的拇指，温和地把它引入牛棚。

如果成功推销有秘诀的话，就是在了解顾客消费需求的基础上，找到他们心底最强烈的需要并设法帮他们满足这种需要。

除非购买者发现自己真的买到了好产品，否则这就不是一次成功的销售。从某种意义上说，推销员和顾客是两个互相依赖的人，每个人都有对方需要的东西，又都必须努力满足对方的需求。

著名的推销员洛克说："在顾客还没告诉我们，他的脑子里究竟想什么之前，我们必须先做一些敦促和引导，以便发现对方的真实意图。在我们遇到异议之前，最好全面分析一下情况，最好多问几个为什么，从对方的答语中去发现客户的真正需求，同时，还可以提出一些顾客没有想到的异议，以便在交谈的过程中套出他的实际想法来。"

有一次，洛克向一位名叫戴维的先生家里展示了一套炊具的功能，因为是在他们家中，洛克有机会察看他们的柜橱，正缺少他所推销的这种炊具。洛克自然认为这个顾客家需要一套炊具。然而他足足花费了两个小时，仍未达成交易，戴维太太不断地说：“没有钱，太贵了，买不起！”可是，当洛克无意中提及细瓷器的时候，戴维太太的眼睛像彩灯一样，闪出了亮光。

戴维太太：“你有细瓷器吗？”

洛克：“巧得很，我们正备有世界上质地最好的细瓷器！”

戴维太太：“你带着没有？”

洛克：“您真走运！”

几分钟后，洛克带着一份瓷器订单离开了戴维先生家，金额比他曾试图兜售的炊具要大得多。事实上，洛克并没有特意推销，他所做的，不过是顺着顾客的欲念，选出她比较喜欢的式样，并且商定付款办法而已。

既然戴维太太买的瓷器价格高于炊具，而她却嫌炊具“太贵”，说“买不起”，那她是不是撒了谎？是的，她撒了个谎。这的确是个有趣的问题！让我们来分析一下：当戴维太太说她没有钱，买不起那炊具时，她真正的意思是不想要那炊具。在这种情况下，关键在于搞清她不想买炊具的原因，很明显，她此时并非缺钱，而是她根本没有拥有它的愿望。戴维太太后来买下瓷器的原因是她真正想要。洛克殷勤地为她服务，起到了买主助手的作用，以致使她说出了她意欲拥有的是优质瓷器而不是炊具。

由此可见，当顾客拒绝你的时候，请不要再喋喋不休地叙述商品的好处了，而应该转移一下话题，谦虚地多问几个“为什么”，这样，你就可以听到顾客的真正意图了，这就说明你的推销还有希望。

商品绝对不是在推销员的脑子里卖出去的，也不是在柜台或办公桌上卖出去的，而是在买主的脑子里卖出去的。因此，推销员必须弄清楚不同买主的各种需求——即各种购买动机，这样你才能掌握不同买主的思想脉搏，掌握打动买主的诀窍。

三流推销员无论如何也弄不清楚顾客要什么，签单完全靠运气；二流推销员知道顾客要什么，只可惜自己卖的东西往往不符合顾客的需求；一流推销员不仅总能把东西卖给顾客，而且让顾客坚信这就是他想要的东西！他站在客户的立场上，用客户的眼睛看待问题，了解客户的需要并满足他的需求，他不断地向买主灌输一种东西，而这恰恰也是买主所需要的。

你做到了吗？

能叫你去做任何事情的惟一方法，那就是把你所需要的给你。

你要些什么？

如果你去钓鱼。尽管你很喜欢吃鲜奶油草莓，但是，因为某种奇怪的理由，你发现鱼只爱吃虫，所以，当你钓鱼的时候，你想的不是自己要吃什么，而是鱼儿要吃什么。你没有用草莓当诱饵，而是用虫和蚱蜢，然后你便可以向鱼儿说："你们要不要尝尝看？"

你为什么不用同样的常识，去"钓"一个人呢？

## 意图效应——心理需求左右购买行为

每一个客户心中都有一棵"樱桃树"。

顾客的购买意图和购买心理是很复杂的，不同的心理需求左右着他们的购买行为。所以，优秀的推销员必须是心理学家，起码是研究顾客心理的心理学家。在和顾客交流的过程中，推销员要通过各种方式探测顾客的购买意图，只有明确顾客是因为何种原因购买产品后，你才能用巧妙的推销策略使推销成功。

随着社会财富的不断积累，人们的消费观念已经从最初的追求物美价廉的理性消费时代过渡到感性消费时代，感性消费时代最突出的一个特点就是消费者在消费时更多地是在追求一种心灵的满足。

小孩拽着他们父母（或爷爷奶奶）的手嚷着要吃麦当劳，要跟麦当劳叔叔合影，这些小消费者消费的并不是汉堡包、油炸鸡本身，而是希望在麦当劳的氛围里得到心灵的满足和快乐。麦当劳建立在客户心目中的深厚感情，与麦当劳叔叔亲切的微笑，服务生热情和周到的服务息息相关。

一位销售玩具的销售人员，提到每次有家长带小朋友购买玩具时，由于玩具种类很多，很难取舍，但是只要在关键时机，巧妙地告诉家长，某个玩具在设计上是如何考虑到玩具的安全性时，家长们几乎都立刻决定购买。

当一位母亲走进你的商店，为她 8 岁大的女儿买自行车时，你就要了解或者说知道她在找什么？需要什么？你要清楚地了解，她不只是需要一辆自行车，她是在寻求一种与女儿分享快乐的体验——教她的女儿如何骑车，就像她的母亲在她 8 岁时教她骑车一样。也就是说，她是在找寻一个值得一生怀念的美丽回忆，一个可以与女儿怀念一生的时刻。同时，她买的是带给女儿的一份安全和喜悦。

基于这一认识，你要卖给这位母亲的不是最高级的、可以赚得最大利润的自行车，而是最适合小孩用的车。当这位母亲了解到，你不是只推销产品给她，而是在为她着想时，她会成为你的忠实客户。几年后，当她的女儿又需要一辆新的自行车时，她会自然而然地想到你。

曾经有一位房地产销售员，带一对夫妻去看一栋老房子，当这对夫妻进入那栋房子的院子时，太太发现后院有一棵非常漂亮的樱桃树，而销售员注意到这位太太很兴奋地对她的丈夫说："你看，院里的这棵樱桃树真漂亮。"当这对夫妻进入房子的客厅时，他们显然对这间客厅陈旧的地板有些不太满意，这时，销售员就对他们说："是啊，客厅的地板是有些陈旧，但你知道吗，这栋房子的最大优点就是当你从客厅向窗外望去时，可以看到那棵非常漂亮的樱桃树。"当这对夫妻走到厨房时，太太抱怨厨房的设备陈旧，而销售员接着又说："当你在做晚餐的时候，从厨房向窗外望去，你可以看到那棵美丽的樱桃树。"当这对夫妻走到其他房间，不论他们如何指出这栋房子的任何缺点，这个销售员都一直重复地说："是啊，这栋房子是有些缺点，但这房子有一个特点是其他房子所没有的，那就是您从任何一个房间的窗户向外望去，都可以看到那棵非常美丽的樱桃树。"这个销售员在整个销售过程中，一直不断强调院子里那棵美丽的樱桃树，他把这对夫妻所有的注意力都集中到那棵樱桃树上，当然这对夫妻最后花 50 万买了那棵“樱桃树”。

伯特·曼宁先生在成为智威汤逊广告公司的总裁之前，卖过大英百科全书，也卖过高级厨具，最后他发现销售墓地非常赚钱。于是，曼宁拎起手提箱挨家挨户地去推销墓地。对于开门让他进去的客户，他总是以最热忱的态度说明为什么墓地是最值得投资的产业，比如芝加哥人口骤增，墓地一定越来越少；比如公司保证五年之内使购买人不承担任何风险。可是曼宁再怎么巧舌如簧，仍然一笔生意也没有成交。

慢慢地曼宁发现，根源在于自己没有站在客户的立场来看问题，他说明的都是财务方面的利润，而不是客户真正关心的重点。因为他总是想着多卖出一块墓地多赚点钱，忙于讨价还价，却从没有关心客户到底关心的是什么，应该怎么做才能让客户觉得对他自己和家人都有好处？

在接触中，曼宁发现很多客户都是家庭观念很重的人，亲戚关系非常密切——表亲、祖父母、叔伯、姑姨来往频繁，他们不希望离开家乡。于是曼宁从此不再谈论财务投资，而只谈论家人的脉脉温情。再次拜访时，曼宁对他们说：“那些墓地真的给你们提供了一个绝佳的机会，让家人可以葬在一起，扫墓时方便，再也不必到城外两百公里去看祖父母的墓地。”结果他的销售额直线上升，成了当年的销售冠军。

在销售过程中，推销员所推销的每种产品以及所遇到的每一个客户心中都有一棵“樱桃树”。而推销员最重要的工作就是在最短的时间内，找出那棵“樱桃树”在哪里，然后将所有的注意力放在推销那棵“樱桃树”上，那么客户自然而然地就会减少许多抗拒。

## 情感效应——赚客户感情的钱

客户用情感购物、用理智判断得失。

从心理学角度看，人的情绪由三个主要层面所触发：事件（发生的事），媒介（人、机构、场所），目标（对象）。一个人关注某个事件，是因为他对其结果感兴趣；关注媒介时，是因为对他人的行动感兴趣；关注目标时，是对特定目标的属性感兴趣。情绪是诱发的反应。任何一种诱发的反应都是心理的体现。情绪是复杂和多样化的，包括喜欢与憎恶、欢乐与沮丧、快活与愤慨等。当然，寻求欢愉与避免痛苦是生活的核心原则之一，创造正面的情感是情感营销的目的。

在我国这个具有几千年民族传统文化积淀的社会中，消费者的个性特征普遍表现为注重感情、注重家庭温馨和谐、亲朋友好。人与人之间都很讲究一个“情”字。情无时无刻不存在于人们的生活中，并深深地影响着人们对事物的评价和选择。随着消费群体逐渐从理性世界走上感性消费时代的到来，情感更日益成为影响消费者购买动机、制约其购买行为的重要因素。

一位看上去很富有的太太走进一家办公用品专营店，她的目光锁定在了办公椅上，问推销员：“这两款办公椅的价位一样吗？”

推销员迎上前去，指着其中的一把道：“价位不同，我手扶的这种办公椅500元，您左手边的那把900元，如果您看着可以的话，请您坐下来谈谈吧。”

这位太太回答：“我是想给丈夫买一把办公椅。但是您能否告诉我，为什么这两把看起来一样的椅子，价格却相差这么多呢？”

推销员微笑着说：“我建议您上去坐一下，然后我们再来讨论。”

于是，她分别在两把椅子上坐了一会儿。下来后，太太说："我倒觉得这把价格便宜的坐上去更舒服，而那把贵一点的坐上去感觉硬梆梆的，这我就更不明白它为什么贵了。

推销员笑着回答："这是因为这把贵一点的椅子内部弹簧数比便宜的那把要多，所以您刚刚坐上去的时候会感觉它有点硬，可是它是完全依照人体科学设计制造的，如果我没猜错，您先生一定是老板，他需要长期坐在办公桌前吧？"太太默认地看了推销员一眼。推销员继续说："因为这把椅子设计得科学，就算您先生长期坐在上面也不会觉得累。而且，弹簧数多的办公椅不易因为承受压力而变形，自然就不会影响您先生的坐姿。您是知道的，长时间坐办公椅的人常常因为坐姿不良而使脊椎骨侧弯或有其他症状，人们就会有肩膀痛、腰痛等小毛病，而这款办公椅不仅不易变形，还有助于纠正人的不良坐姿。除了为顾客身体健康设计之外，它的用料和工艺还相当好，您看，这把椅子配备了纯钢的旋转支架，这款支架是目前最先进的产品，它的寿命比普通支架长两倍，同时还不会因长期转动或承受重量产生松脱、磨损的现象，同时别的支架容易出现的问题它几乎全克服了，所以这款办公椅不仅使用寿命更长、对人体健康更有利，同时还能消除安全隐患。"过了一会儿，推销员又说："那把 500 元的办公椅也很好，但是在使用寿命和对人体健康的功能上就不如这把了，您觉得哪一款更适合您先生呢？"最后，这位太太决定给先生买一把 900 元的办公椅。

有专家把人们的消费行为大体分为三个阶段：第一是量的消费阶段，第二是质的消费阶段，第三是感情的消费阶段。

不成功的推销各有各的原因，而成功的推销只有一个原因：它找到了进入客户情感需求的捷径与切入点，有效调动了客户的情感需求。它着眼于情感、着眼于"发现和满足客户想要"，从心理需求、情感欲望上，促使客户为自己找到了最好的购买理由。客户在没有被激发出强烈的购买欲望时，不会主动采取购买的行动，而当他有这种欲望的时候，他不仅会购买，还会找出许多理由为本次购买做出辩护。客户的购买受欲望的驱使，而非完全根据逻辑推理去判断是否应该购买。成功推销的作用在于成功地与客户情感对话。"对"的情感切入点与燃点，将会大大缩短推销面谈所花费的时间、精力，降低面谈难度，提高成交率。

成功销售的作用在于成功与客户情感对话。“空中客车”飞机推销员贝尔纳·勒狄埃，从1975年受聘以来，用“情感推销法”成功地推销出了230架飞机，价值420亿法郎。他到印度推销飞机时，接待他的是印度航空公司决策人拉尔将军，当他打电话给他时，对方显得十分冷淡，勉强答应给他10分钟的会面时间。看起来情况不太妙。

勒狄埃决心用这难得的10分钟来扭转危机。当他跨进将军办公室时，他说：“将军阁下，我衷心地向你表示谢意。因为你使我得到了一个十分幸运的机会，在我过生日的这天，又回到自己的出生地。”

“噢？你也出生在印度吗？”将军半信半疑地问道。

“是啊！”勒狄埃借机打开了话匣，“1929年3月4号，我出生在贵国的名城加尔各答。当时我的父亲是法国密歇尔公司驻印度的代表。我们全家得到了好客的印度人民特殊的照顾。当我3岁过生日时，邻居一位印度大妈送给我一件可爱的小玩具，我和印度小朋友一起乘坐在象背上，度过了我一生中最幸福的一天……”

10分钟早就超过了，但将军被勒狄埃绘声绘色的讲述吸引住了，一点也不想结束谈话，反而提出邀请：“你能来印度过生日太好了，今天我想请你共进午餐，表示对你生日的祝贺。”

在汽车驶向餐厅的途中，勒狄埃打开公文包，取出一张颜色已经泛黄的合影，双手捧着，恭恭敬敬地展现在将军面前。

“这不是圣雄甘地吗？”将军惊讶地问。

“是呀！你再仔细瞧瞧左边的那个小男孩，那就是我。4岁时，我和父母在回国途中，曾经十分幸运地和圣雄甘地乘同一艘轮船，这张合影就是那次在船上拍的，我父亲一直把它作为最宝贵的礼物珍藏着。这次我要去拜谒圣雄甘地的陵墓……”

“我代表印度人民感谢你对圣雄甘地和印度人民的友好感情。”将军紧紧握住了勒狄埃的手。

午餐在轻松融洽的气氛中进行着，当勒狄埃告别将军时，这笔本来希望渺茫的大买卖就这样成交了。

所以有人说：“客户用情感购物，用理智判断得失。”

# 虚荣效应——很多人在买给别人看

> 许多顾客买东西并不是出于自己的需要，也不是想送人，而是买给周围人看的。

许多顾客买东西并不是出于自己的需要，也不是想送人，而是买给周围人看的。在这种强烈的虚荣心的驱使下，顾客的消费能力有时甚至会超过自己的支付能力。所以推销员完全可以利用顾客的这种虚荣心完成推销工作。

新产品刚刚上市的时候，都有其特殊的优势，比如某款手机就曾经以镶嵌宝石为广告，在高端手机市场夺取了一席之地，并且从中受益；某些保健品也利用了中国人好面子、喜欢送礼的心理，打出了送礼就送××的广告。而厂家的受益和推销员的功劳是有很大联系的，推销员在顾客购买产品的时候往往会通过称赞顾客独具慧眼，而且产品如何与顾客的身份和形象相得益彰让顾客觉得自己脸上有光，从而达到推销的目的。其实产品倒不见得真有那么大用处，只是顾客觉得人们都在关注这个产品，所以就买给他人看，顾客实际是在炫耀自己的财富或眼光。

多数带有虚荣心的顾客乍看之下并不是很容易接近，他们经常摆出一副自大的面孔，不太喜欢理会推销员。事实上，如果你的推销方法得当，这种顾客是极易被说服的。

例如：

推销员：“先生您好，您想看看水晶杯吗？这儿有我们公司的新产品，您可以看一下”。

H 先生：“我不是很喜欢水晶制品”，说着准备走开。

推销员："原来是您呀，我说怎么看着眼熟，昨天我在小区的慢跑大会上看到您了，你去那儿做什么呢？"

H先生态度明显随和了："那是小区搞的健身活动，我是以资助的身份出现在会场的。"

推销员："原来人们说的赞助商是您呀，他们都说如果没有您，这个活动不可能这样成功。"

H先生："……"嘴角开始上翘了。

推销员："许多人都在谈论这个活动，大家都在夸奖您。"

H先生："这是我应该做的，小事一桩。"

推销员："您知道吗，我也托了您的福，举办这个活动时，他们从我这里拿了一些货。"

H先生："是吗？那我倒没注意，看来你们的产品还不错，虽然我不是很喜欢水晶制品，但我倒是可以买一套给我儿子，你这有适合小孩子的水晶用品吗？"

推销员："您等一下，我拿几款给您看。"

如果抓住了顾客的心理特点，灵活使用一些心理技巧，多数会收到事半功倍的效果。所以，要想做一个成功的推销员，你必须了解顾客的心理。如果你能看出哪个顾客是带着虚荣心来购买产品的，只要稍微费点心思，就能提升自己的业绩。

对待此种类型的顾客，只要你认真倾听他们的丰功伟绩，没有让他们有扫兴的感觉，他们就会很乐于与你交谈。此时你要满足对方摆架子的欲望，那么顾客就会高兴起来，很可能你推销什么，他就买什么，不过要切记，重点是让顾客高兴，不要太过急功近利，只顾考虑你眼前的销售业绩而催促顾客下决定，当他们感受不到你的尊敬甚至是崇拜时，就很难考虑购买你的产品。所以，当你由别的话题转到和顾客谈生意的时候，要特别注意把握时机。

# 好奇效应——一切出于想要了解的目的

好奇心是一个人产生某种行为的基本动机之一，人们往往格外关注未知的东西。

推销员可以利用顾客的这种心理来引起顾客的注意，从而达到推销的目的。引起顾客好奇心的方法可以在见面时直接向可能购买你产品的顾客提出问题或是说一些能够激发他们好奇心的话，把顾客的心思吸引到你和你的产品上来，这样才可以让你由被动推销变为主动推销，顾客才会主动提出疑问或者挤出时间来听你解答问题。

一个聪明的推销员是这样勾起顾客的好奇心的。一个顾客拒绝接见推销员，于是这个聪明的推销员让顾客的秘书递进去一张纸条，上面写着：希望你能给我20分钟的时间，我有一些生意上的问题想向您请教一下。这张字条引发了顾客的好奇心，他不知道推销员究竟想向他请教什么问题。于是推销员成功地走进了办公室。

这个推销员的精明之处在于，他不但引发了顾客的好奇心，还在于用词恰当——“请教”两个字无疑满足了顾客的虚荣心。

如果你问影响顾客消费的因素是什么？专家通常会告诉你：是价格、品牌、服务和款式等。可人们的心理总和实际行动不符。人们在购物时，常常受外界因素的影响，尤其是受其好奇心的影响。这就是许多人原来计划购买一种东西，最后却拿着另一种东西走出商场的原因。有些人喜欢买促销的产品，也并不是因为价格适中或是看中了商品，而仅仅是因为促销的东西买的人多，顾客想试试大家都在购买的产品到底怎么样。由此可见，顾客想要的商品和他最后购买的商品可能完全不同，如果你成功地让顾客关注到了你的产品，那么你们交易成功的几率也就提高了，顾客的好奇心理正是你的机会。

也许顾客开始被你的问题吸引只是出于好奇心，想知道答案，但是当谜底揭晓后顾客还在关注商品的话，那就算是你抓住顾客的好奇心了。之后你就要想办法让顾客对你的商品动心，你要在语言上把产品的特点、性能和优势都描述出来，让顾客体会到使用你产品的效果。一个推销吸尘器的推销员对顾客说："你可以想一下，如果你用了这款多功能的吸尘器，你就可以从繁琐的家务活中解脱出来，你就会有更多的时间工作和学习，那将是多么美妙的生活。"

利用顾客的好奇心是推销的好方法，但需要注意的一点是，这种方法有时候会被顾客认为你在耍花招，所以你提出的问题不宜太不符合实际，而且答案也要和顾客的自身利益相关，因为如果你的答案只让顾客觉得你一个人受益而他丝毫无利可图时，顾客会觉得你在欺骗他。没有顾客喜欢被玩弄的感觉，所以利用好奇心推销要把握火候，不宜太过火。

## 短缺效应——利用“怕买不到”的心理

使消费者产生“只有一次”或“最后一次”的意识。

在生活中，人们对于俯拾皆是的东西往往都会不觉得稀奇，视而不见不去理睬，而当它突然变得很少很难得到的时候，反而把它当作宝贝，认为它很珍贵。这也就是所谓的“物以稀为贵”的道理，人们常常会说“失去的东西才发现它的珍贵”。

从心理学的角度看，这反映了人们的一种深层的心理，就是害怕失去，或者说怕得不到的心理。而在消费购物方面，人们的这种心理也是表现得很明显的。人们常常对越是买不到的、得不到的东西，越是想要买到它、得到它。例如许多商家总是会隔三差五地搞一些促销活动，比如，“全场产品一律七折，仅售三天”，“本店前30名客户享受买一送一”等，很多的消费者听到这样的消息就会争先恐后地跑去抢购，认为机不可失，时不再来。商家利用的就是顾客的这种怕买不到的心理，而用“名额有限”、“仅有一次”的方式来吸引顾客前来购买和消费。

我们来看一个例子。

某推销员正在推销甲、乙两座房子，而此时他想卖出甲房子，因此他在跟顾客H交谈时这样说：“您看这两座房子怎么样，现在甲房子已经在前两天被人看啦，要我替他留着，因此你还是看看乙房子吧，其实它也不错。”

顾客当然两座房子都要看，而且推销员的话在H心中留下深刻的印象，产生了一种“甲房子已经被人订购，肯定不错”的感觉，他就觉得乙房子不如甲房子，最后，他带着几分遗憾走了。

过了几天，推销员带着热烈的表情高兴地找到H，告诉他：“你现在可以买到甲房子了，你真是很幸运，正巧以前订购甲房子的顾客资金一时周转不过来，我劝他不如暂缓购房，我那天看你对甲房子有意便特地给你留下来了。”

听到这，H当然很庆幸自己能有机会买到甲房子，现在自己想要的东西送上门来了，眼下不买，更待何时，因此，买卖甲房子的交易很快就达成了。

在这个例子中，推销员巧妙地掌握了顾客的心理，把顾客的注意力吸引到甲房子上，又给他一个遗憾，甲房子已被订购，刺激起了他对甲房子的更强的占有欲，最后很轻松的就让顾客高高兴兴地买下了甲房子，真是令人叹服。

人们常对越是得不到、买不到的东西，越想得到它、买到它。推销员可利用这种“怕买不到”的心理，来促成订单。比如，推销员可对顾客说：“这种产品只剩最后一个了，短期内不再进货，你不买就没有了。”或者，“今天是优惠价的截止日，请把握良机，明天你就买不到这种折扣价了。”因为人们总是有一种怕吃亏的心理，所以有时即使是不十分需要，也可能接受最后的期限而订货，或接受对方的某种条件。

在你的推销过程中，有时还要恰当地给顾客造成一点悬念，让顾客有点紧迫感，产生一种现在是购买的最佳时机的感觉，促使他与你立即成交。

例如与顾客交谈时，给他提供一些经过适当夸张的市场信息或与商品有关的行情等。

比如你可以这样说："这种商品的原材料已经准备提高价格了，所以这种商品也将会因此价格上涨的。"或说"我公司从下个季度开始可能会因人手不够而减少这种商品的供应量。"

这种方法也是利用"短缺效应"的心理去刺激顾客，调动起顾客的购买欲。

对于正在犹豫价钱是否合理，无法下决心购买的顾客，可以暗示他说："错过今天，明天就要涨价了。"

当然，"限定"对方的并不仅局限于时间，也可以运用在数量上。

例如：广告上可以说：

"只送给前50名的购买者。"

"只有购买现货才能享受售后服务。"

"只限前300辆可以打七折。"等等。

利用上述方法，可促使对方由犹豫转变为果断。

所以，只要使消费者产生"只有一次"或"最后一次"的意识，就会有比别人占了更多便宜的感觉。

当一大群买主在拍卖会上激烈竞价时，卖方能够以最高价卖出产品的有利氛围就出现了。很多拍卖会上，拍卖的东西包括美术品、古董、破产企业以及房地产等等。从推销的角度看，这是一种制造紧迫感的理想方式，因为顾客们被迫做出迅速的购买决定。如果你听到过专业的拍卖师说话如何急促催人的话，你就明白顾客必须做出多快的反应。这一切都是瞬间完成的，某人举起手来，某人在交头接耳，直到最高价产生。

# 逆反效应——你不卖他偏要买

> 欲望被禁止的程度越强烈时，所产生的抗拒心理也就越大。

心理学指出，人们做任何事情都会有自己的最初的欲望和想法，也会自己通过分析、判断做出决定和选择，而不希望受到别人的指使或者限制。当有人想要改变他的想法和决定的时候，或者要把自己的意念强加给对方的时候，就会引起对方强烈的逆反心理，进而采取和你相反的态度或者言行，以维护自己的自尊、信念以及自我安全。从某种意义上说，逆反心理其实是人们的一种自我保护，是为了避免自己受到不确定因素的威胁而树立的一种防范意识。

逆反心理几乎是人人都有的行为反应，差别只在于程度不同而已。在消费行为过程中，客户也往往会产生逆反心理，销售员越是苦口婆心地把某商品推荐给客户，客户就越会拒绝。这在销售活动中是十分常见的现象。

是什么因素导致客户产生逆反心理的呢？例如，当客户对于某商品特别感兴趣的时候，想要摸摸质地，而这时销售员过来说："不好意思，我们的样品是禁止触摸的！"这时客户的心理立刻会变得反感，有什么好的，不摸就不摸。于是扭头就离开了。这就是客户对商品的强烈的好奇心受到了阻碍，而导致客户的心理逆反。

还有，当客户的心理需要得不到满足的时候，反而会更加刺激他强烈的需要，比如，人们往往对于自己越是得不到的东西，越想得到；越是不能接触的东西，越想接触；越是不让知道的事情，越想知道。

再有一点容易引起客户逆反心理的原因是对立情绪，因为客户一般都会对登门推销的推销员抱有警戒心理，对其表示不信任，这样的话，推销员把自己的产品说得越好，客户越觉得是假的，推销员越是热情，客户越是觉得他虚情假意，只是为了骗自己的钱而已。

逆反心理既会导致客户拒绝购买你的产品，相反也会促进其主动购买你的产品。当推销员拒绝客户购买某产品时，客户反倒非要买来用用，结果使客户自己说服了自己。

前苏联心理学家普拉图诺夫在《趣味心理学》一书的前言中，特意提醒读者请勿先阅读第八章第五节的故事。大多数读者却采取了与告诫相反的态度，首先翻看了第八章的内容。这也是消费者的一种心理的逆反现象。

因此销售员在向客户推销商品的时候，一方面要避免引起客户的逆反心理，使之拒绝购买自己的商品；另一方面，还要学会刺激客户的逆反心理，引发客户的好奇心，让客户产生强烈的购买欲望，你不卖他就会非要买。从而从正反两方面来调动客户的积极性，使自己能够销售出更多的产品。

假如我告诉你有一种东西能增加你的收入，你可能会无动于衷。但如果我说："你猜猜我口袋里装的是什么？"你一定会充满好奇，并想看个究竟。

某先生拥有一部老车已不能使用了，于是，这一阵子便有许多推销员来推销汽车，使他感到不耐烦，自然造成他重重防御的心理，只要推销员一上门，他就会想：

"这些家伙又来了，我绝不会上他的当。"

由于这些人为了推销他们的汽车，不是说："你这部老爷车早已破旧不堪，实在有失你的身份。"就是说："你已经换过太多的零件，还不如用这些费用购买一部新车更划算。"这些话多么不堪入耳啊！所以，只要一见到他们，他心中就起反感。

某日又来了一名中年汽车推销员，他直觉的反应就是：

"这家伙是来推销汽车的，我绝不上他的当。"

可是当那个推销员一看见他的汽车便说：

"你这部车起码还可用上一年半载的，现在就换车的话也太可惜了，我看还是过一阵子再说吧！"

说着便递了张名片给他便离去了。

听他这么一说，这位先生顿时感到自己的整个防御心理崩溃了。接着，他马上按照名片给那位仁兄拨通了电话，结果如何，各位可想而知。

因为这位推销员的方法太出乎他意料，简直违背了他原来所期待的，所以，在这种期待得不到的空虚感作用下，他便很自然地投降了。当然此刻这位先生已是十分乐意向推销员购买新车了。因为他的防御心理完全被瓦解了。

利用顾客竞争心理，在推销过程中也是很奏效的一种方法。它将会给你的推销工作带来很大的好处，使你的交易顺利。

比如当你向年轻人推销商品时，就可以抓住年轻人的心理状态，告诉他，“这种商品最适合于年轻人，而现在的老年人由于思想跟不上社会的变化节奏，已经明显地落后于社会了，他们不懂年轻人的心，不理解现在的社会，因此对现在的一些新生事物就无法接受。就像这种商品，应该是属于年轻人的，它将给你的生活带来蓬勃向上的青春气息和现代生活的快节奏感，从中你还可感受到多彩的世界，激发你的向上意念，有时甚至可以从中得到一些生活的灵感。”

## 求廉效应——占便宜的心理人皆有之

让人感到便宜，就容易购买。

贪图便宜是人们常见的一种心理倾向，我们在日常生活中经常会遇到这样的现象。特别是在购买商品时，很多的客户都会朝着便宜的地方流动。某某超市打折了，某某厂家促销了，某某商店甩卖了，人们只要一听到这样的消息，就会争先恐后地向这些地方聚集，以便买到便宜的东西。

可以说占便宜也是一种心理满足。客户会因为用比以往便宜很多的价钱购买到同样的产品而感到开心和愉快。物美价廉永远是大多数客户追求的目标，很少听见有人说“我就是喜欢花多倍的钱买同样的东西”，一般地，人们总是希望用最少的钱买最好的东西。因此当某商店突然降价打折，同样的商品比平时便宜了几块钱或者十几块钱，人们就会趋之若鹜，赶紧跑去抢购。这就是人们占便宜心理的一种生动的表现。

美国的服装商德鲁比克兄弟二人开了一家服装店，他们的服务十分热情。每天，哥哥都站在服装店的门口，向行人推销。但是，这兄弟二人都有些“聋”，经常听错话。

经常是，两兄弟中的一个，热情地把顾客拉到店中，反复介绍某件衣服是如何的物美价廉，穿上后又是如何的得体和漂亮。经过这样劝说一番之后，顾客总会无可奈何地说：“这衣服多少钱？”

“耳聋”的大德鲁比克把手放在耳朵上问道：“你说什么？”

顾客又高声问一遍：“这衣服多少钱？”

“噢，你问多少钱呀，等我问一下老板。十分抱歉，我的耳朵不好。”他转过身去向那边的弟弟大声喊道：“喂，这套全毛的衣服卖多少钱？”

小德鲁比克站起身来，看了顾客一眼，又看了看服装，然后说：“那套嘛，72 美元。”

“多少？”

“72 美元。”老板高喊道。

他回过身来，微笑着向顾客说：“先生，42 美元一套。”

顾客一听，随即赶紧掏钱买下了这套便宜的衣服，溜之大吉。

其实，德鲁比克兄弟两人的耳朵一点也不聋，而是借“聋”给想占小便宜的人造成一种错觉来促销。事实上，这两兄弟采用此种方法经营得非常成功，赚了不少钱，供着他们的三个孩子上大学。

还有一个类似的实例也发生在美国。

在美国西部的某城，有两家专卖廉价商品的商店，一家名叫美国廉价商店，而另一家则称纽约廉价商店。这两家的店面相邻，但店主却是死对头。长期以来，一直都为销售进行着激烈的“战斗”。

一天，纽约廉价商店的橱窗中挂出一幅广告，上书：出售亚麻布被单，瑕微疵小，价格低廉，每床售价 6.50 美元。

居民们看到这则消息，纷纷奔走相告，趋之若鹜。但同往常一样，没过多久，隔壁美国廉价商店的橱窗里赫然出现了这样一则广告：我店的被单与隔壁的相比，犹如罗密欧与朱丽叶的亲密关系一样，注意价格：每床 5.95 美元。

这样一来，拥向纽约廉价商店的人们看到隔壁卖的比这里更便宜，马上放弃了这里的交易，转而拥向那一家廉价商店，一齐挤进店内，只消片刻，被单就被蜂拥而至的人们抢买一空。

像这样的竞争在这两家商店之间可以说从未间断过。忽而东风压倒西风，忽而西风压倒东风，无尽无休。

除了利用广告相互压价竞争外，两家商店的老板还常常站在各自的商店门口，相互指责、对骂，甚至拳脚相加，场面十分激烈，但最终总有一方败下阵来，才能停止这场残酷的“战斗”。这时等待已久的市民们则好像在比赛场上听到起跑令一般拥向胜利一方的商店，将店内的商品一抢而空，不论能买到什么样的商品，他们都感到很惬意。

就这样，两家商店的矛盾在当地最为著名、最为紧张，也最为持久。而附近的居民却从中获得了巨大的利益，买到了各种物美价廉的商品。他们总在盼望着两家商店的“战斗”再起，好使自己从中获益。这已经成了他们生活中不可缺少的一部分。

一晃，几十年过去了，两家商店的主人都老了。突然有一天，美国廉价商店的老板失踪了，铺面上了锁。大家再也看不到他们相互竞争的精彩场面了，感到很茫然，心里好像缺点什么。每一天，都在盼望出现奇迹——铺面又开张了，两家店主人开始“战斗”，但奇迹没有出现。

过了一段时间，纽约廉价商店的老板也将自己的商店拍卖了，随后也搬走了。从此，附近的居民再也没有见到过这两个带给他们刺激和利益的怪人。

终于有一天，商店的新主人前来清理财产时，发现了一件令人费解的事情：两家商店间有一条秘密通道相连；在楼上，还有一道门连接两家老板的卧室。

这是怎么回事？大家都有些惊讶，猜不透昔日“仇敌”的卧室为什么会相通。

经过调查得出了一个让人哗然的结果：这两个死敌，原来竟是一对亲兄弟，他们平时的咒骂、威胁、互相攻击，都是人为地扮演的。所有的“战斗”都是骗局。因为在他们两个人的“战斗”中，不论哪一方胜利了，只不过是由胜利一方把失败一方的货物一齐卖掉罢了。

几十年来，他们利用了人们的求廉心理，通过不间断的“战斗”蒙蔽了当地的消费者。

我们再来看一个故事——

著名的推销员杰德森，有一次找到某公司的经理，带着一个正好符合对方利益目标的方案。杰德森说：“我们这里有个非常好的方案，它价值50万美元，而我们的转让费是30万美元。”不想那位经理说：“遗憾的是，你开价30万美元，你的价格是不合理的。”

杰德森附和着说：“您说得很对！这个价是不合理的。”然后，杰德森微笑着走了。

一个星期后杰德森又来拜访，“上次向您介绍的那个方案不用说正好满足您的要求，可是开价30万，实在太荒唐。为那件事我一直耿耿于怀，我一直在想为您做点什么才好。一个星期以来，我又遍寻了许多家，终于又发现了一个方案，它绝对物超所值10倍。如果我能向您提供一个价格仅为7.5万美元，而效果又相当于30万美元的方案，您是不是觉得是件好事？”

那位经理当时见价格从30万美元降到7.5万美元，自然很感兴趣。他怎么能放弃一个以7.5万美元的代价获得价值30万美元服务的绝好机会呢？当下就签字答应了。杰德森轻易地完成了这笔交易。

这是典型的“价格悬念推销”，杰德森第一次推销只是个幌子，先在对方心里安放一个价格太高的悬念。第二次，以一个低得多的价格来铲除这个悬念，让对方尝到好处。对方在心里一比较，觉得很实惠，就很容易决定购买了。

利用价格的悬殊来推销是一个易见效果的推销方法，形式可以多种多样，可以故弄玄虚，可以设置悬念。当然，以这样一种方式使人做出错误的判断、错误的决定，有人认为是一种低级的、没有道德的推销。但任何事情都有两面性，就看你是以什么样的方式去做，以什么样的角度去做。



## 从众效应——大家都买了这个东西

*精明的推销员最习惯对人说的话就是“大家都买了这个东西”。*

一般说来，群体成员的行为，通常具有跟从群体的倾向。表现在购物消费方面，就是随波逐流的“从众心理”，当有一些人说某商品好的时候，就会有很多人“跟风”前去购买，即使不怎么好，也会在心理上有所安慰，毕竟大家都在买，肯定差不了，上当也不是自己一个人。



“从众”是一种比较普遍的社会心理和行为现象。也就是人们常说的“人云亦云”、“随波逐流”。大家都这么认为，我也就这么认为；大家都这么做，我也就跟着这么做。从众心理在消费过程中，也是十分常见的。因为好多人都喜欢凑热闹，当看到别人成群结队、争先恐后地抢购某商品的时候，也会毫不犹豫地加入到抢购大军中去。



这种心理当然也会给销售人员推销自己的商品带来便利。销售人员可以吸引客户的围观，制造热闹的行情，以引来更多客户的参与，从而制造更多的购买机会。例如，销售人员经常会对客户说，“很多人都买了这一款产品，反响很不错”、“小区很多像您这样年纪的大妈都在使用我们的产品”，这样的言辞就巧妙地运用了客户的从众心理，使客户心理上得到一种依靠和安全保障。

即使销售人员不说，有的客户也会在销售人员介绍商品时主动问道：“都有谁买了你们的产品？”意思就是说，都有谁买了你的商品，如果有很多人用，我就考虑考虑。这也是一种从众心理。

利用客户随波逐流的心理又称为“推销的排队技巧”。比如，某商场入口处排了一条很长的队伍，从商场经过的人就很容易加入排队的队伍中。因为人们看到此类场景时，第一个念头就是：那么多人围着一种商品，一定有利可图，所以我不能错失机会。这样一来，排队的人就会越来越多。但事实上，这些人中真正有明确购买意图的没有几个，人们不过是在相互影响，其他购买的人总比销售人员可信。既然客户有这种心理，销售人员在进行销售时，就应该利用客户的从众心理来营造营销氛围，影响人群中的敏感者接受产品，从而达到整个人群都接受产品的目的。

在百货公司或超级市场甩卖时，可常见到一大群家庭主妇一拥而上，争先抢购甩卖品。其实，这些家庭主妇并非真的需要这些东西，这些甩卖品的价格也不见得便宜，她们完全是抱着因为别人如此，所以自己也要插上一脚的心理。

精明的推销员最习惯对人说的话就是“大家都买了这个东西”，或“隔壁和对面的太太都各买了一打”，这就是巧妙地运用了从众心理。

事实上，“大家”是否真的都买了，用眼睛是无法确定的，但是只要讲“大家”，就可以打动人们的心，促使他们采取从众心理。

## 名人效应——人们往往喜欢跟着“权威”走

在人们的潜意识里，或多或少都有崇拜名人、模仿名人的心理。

如果要让一个完全没有主张，也没有判断力的人来附和你的意见，可以巧妙地运用“名人效应”法，也就是说，当一个人的心理像一张白纸时，向他提及“伟大的人物或名人的意见”，原本白纸状态的他就会倒向你这边了。

有一个心理学家做了一个实验，他让被实验的人听两种音乐带，并告诉大家，一种知名度不高，另一种屡获著名评论家的推荐，听完之后，要被实验者说出哪种音乐带较好。结果发现，被实验者纷纷指出“两者比较起来，前者似乎毫无价值”。

很显然这些被实验的人受到了很有名气的音乐评论家意见的影响。

所以，实验的结果是，大多数被实验者的意见都与评论家的意见相同。

有这么一个笑话。

一位出版商有一批滞销书久久不能脱手，他苦思冥想，想出了个非常妙的主意：给总统送去一本书，并三番五次去征求意见。忙于政务的总统不愿与他多纠缠，便回了一句：“这本书不错。”出版商便大做广告，“现有总统喜爱的书出售。”于是这些书被一抢而光。

不久，这个出版商又有书卖不出去，又送了一本给总统。总统上了一回当，想奚落他，就说：“这本书糟透了。”出版商闻之，脑子一转，又做广告，“现有总统讨厌的书出售。”又有不少人出于好奇争相购买，书又售尽。

第三次，出版商将书送给总统，总统接受了前两次教训，便不作任何答复。出版商却又大做广告，“现有令总统难以下结论的书，欲购从速。”居然又被一抢而空。总统哭笑不得，商人大发其财。

在人们的潜意识里，或多或少都有崇拜名人、模仿名人的心理。追星族就是以名人的喜好为喜好，模仿名人的穿着而穿着。

黛安娜曾令绝大多数英国人为之仰慕、倾倒。1985 年黛安娜与查尔斯王子举行婚礼成为轰动英国和世界的新闻。

当时，伦敦有家珠宝店，因经营不善，濒临倒闭。走投无路的老板苦思冥想，找来了一位酷似黛安娜的模特儿，对她从服饰、发型到神态、气质做了煞费苦心的模拟训练。然后，请她演了一出广告剧。

这天晚上，这家珠宝店灯火辉煌，老板衣冠一新，神采奕奕地站在店门口，像在恭候要人光临。此举顿时吸引了不少过路人驻足观望。一会儿，一辆高级轿车缓缓停在门口，那位酷似黛安娜的模特儿，从容地从车上走下来，嫣然一笑，向聚拢来的行人点头致意。众人以为黛安娜王妃来了，蜂拥而上，欲睹王妃的风采。珠宝店老板笑容可掬，彬彬有礼地接待“王妃”参观。店员相继介绍项链、耳环、钻石等贵重首饰。“黛安娜”面露悦色，挑选了好几件首饰。

第二天，电视台播放这段以假乱真的新闻录像。因受老板关照，被蒙在鼓里的记者，把它拍成了“默片”，自始至终没有一句解说词。屏幕上出现的只是热烈非常的场面和珠宝店的顾客。这一下震动了伦敦全城，人们纷纷传播这个重要新闻。青年人，黛安娜迷们爱屋及乌，络绎不绝地跑来抢购“黛安娜”所喜爱的各种首饰。原来门可罗雀的珠宝店一下子变得门庭若市，生意兴隆，金钱滚滚而来。几天的营业额远远超出开业多年的总和。

时下，越来越多名人的形象频频出现在电视、报纸和杂志上，企业及其产品因名人的使用或推荐而销路大开。这就是所谓的“名人效应”。

利用明星效应做推销是一种很有效的方法。但是，使用这种方法应当注意所提到的明星，必须是大众公认的。而他确实与产品有关，只有这样才能真正起到引起注意和兴趣的效果。如果这种方法使用不当，也就是说如果你所提到的明星是过时的或者和你所推销的产品的关系很牵强附会的话，只能引起顾客的反感和否认，从而影响销售量。

TOP
SALES PROMOTION

四

# 高效成交的心理引导

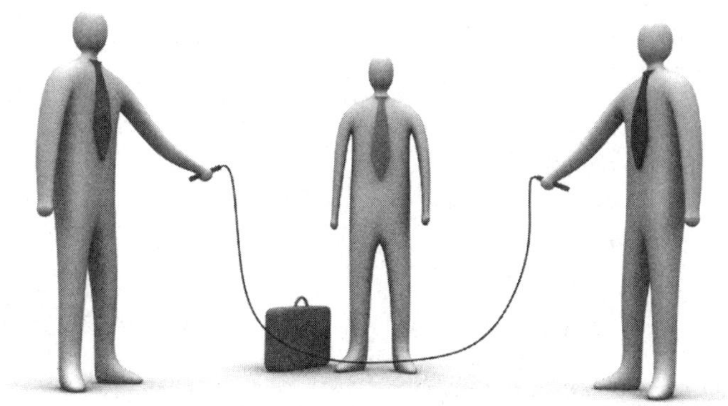

# 向顾客“买”东西

> 推销就是如何买到顾客的满意、信赖和忠诚，赢得他们的心。

在传统观念里，推销就是想方设法把商品“卖”给顾客，而海尔首席执行官张瑞敏却逆势而上转移立场，提出营销是“买”不是“卖”。主张向顾客“买”东西，买什么呢？买他们的满意、信赖和忠诚，买他们的“心”。

我们为什么不“卖”反“买”呢？现在很多商家已经意识到：消费者越来越理智，竞争对手越来越精明，产品信息的海洋越来越浩瀚，而同类产品却“长”得越来越像，要实现“商品到货币惊险的一跳”越来越困难。被变化冲晕，停留在原地思考“到底是谁动了我的奶酪”的企业迟早会被淘汰。惟有适应变化，尽早改变原有的思维和习惯才是良策。

在一个公众场合，有人问一位推销大师：“你做的是哪一行？”

如果问的是你，你会怎么回答？我想你多半会笑容可掬地表白：“我是人寿保险推销员。”然后等着下文。想想看，如果你这么答，人家会是什么反应？最多敷衍几句而已。

而那位推销大师是这样回答的：“我买人寿保险。”这样的回答马上引起了人们的好奇心。

“什么？买人寿保险？”

“没错儿，我以最好的出价为客户购买人寿保险，您需要我为您买吗？”

把自己放在“买方”的立场，能变被动为主动。既然“卖”比

“买”困难得多，我们可以把“卖”产品给顾客转为向顾客“买”忠诚。这样让我们心理上更主动。研究怎样买来顾客的心，时时为顾客着想，为顾客创造感动，远比不停地“叫卖”产品更有效。

什么是推销？有人说最高明的推销员是向乞丐推销防盗门、向和尚推销生发精、向秃子推销梳子、向瞎子推销灯泡的人。持这种观点的人认为，所谓推销，就是卖东西，即推销的核心问题，就是卖出商品，赚取利润。这种认识，把产品销售出去看做是推销的惟一目标。其实，推销的目标是双重的，既要售出产品，又必须满足顾客的需要。因为，推销活动不仅涉及推销员，而且涉及顾客，推销是卖和买的统一。没有顾客的购买，推销员就不能把产品卖出去。推销过程，首先是顾客购买产品的过程，其次是推销员售出产品的过程。所谓买卖买卖，先买后卖。因此，推销员要将产品推销出去，就必须了解顾客的需要，刺激顾客的需求欲望，促使顾客自觉购买。所以，推销就是帮助顾客满足其需要。一切推销策略的运用，旨在满足顾客的需求欲望和解决顾客的问题，同时，借以达到企业获利的目的。推销员，必须协助顾客使他们得到想要的东西，然后自己才能赚钱。推销员不要光想如何赚顾客的钱，而要先想如何满足顾客的要求，使顾客乐意掏钱买你的商品。

我们所进行的推销实质，不是我们卖，而是使之买。

也许有人会发生疑问：“买和卖是相对的行为，对我们来说是卖，对顾客来说则是买，上述的说法不是诡辩吗？”

的确，如果笼统地谈买卖双方，他们是相对的，但是我们的行为目的是让顾客买我们的东西，生意能否成功，全在于对方乐不乐意购买。

因此，如果强调我们的卖，顾客就是被动的买，如果我们把推销的重点放在“买”字上，那么顾客在这场交易中就处于主动的地位。由于他们处于主动，那么，“买”就是他们自己的意愿，他们从中得到的自尊心的满足就是无限的。

只要看看我们周围的人们在购物后的言论，就会领会这一点。

“我昨天买了一部彩电”，“我打算买一个电磁炉……”

而他们不会说：

"昨天商店卖给我一部彩电"，"炉具厂准备卖给我一台电磁炉"。

其实，就是3岁的孩子，都希望由自己去决定一件事情。这就是推销的真谛和诀窍，谁掌握了它，谁的推销工作就会成功。

那我们又如何"买"呢？什么才是我们的"货币"呢？

首先要研究顾客的需要。我们必须弄清楚顾客到底有什么愿望，希望怎样，站在他们的立场去思考，去发现问题，并在此基础上设计出合适的产品。顾客的需求是多样的，有物质的也有心理的。需求的程度也是不同的，这直接决定我们可以满足顾客的程度和让顾客满足的程度。

接下来，就是生产出超出顾客期望的产品——这就是我们的"货币"，也是实现向顾客"买"忠诚的前提。

最后，也是最关键的，就是如何"买"来顾客的"欢心"，并保证自身利润的实现。有了我们精心打造的产品"金币"，就不愁"买"来顾客的忠诚。

对推销内涵的认识应把握两点：

——推销是买得利、卖也得利的公平交易活动。要想使生意做得好，就得使买卖双方都满意，没有一方受到损失。推销是一种双赢活动，推销员得到利润，顾客得到了产品利益，买者欢喜，卖者得意。推销员不能为把产品推销出去而损害顾客的利益。

——推销不是一锤子买卖，而是要和客户建立长期关系。企业与客户建立长期的业务关系，在企业景气时，会把企业的成功推向高潮；在企业不景气时，则会维持企业的生存。而要建立长期的业务关系，企业和推销员要维护客户的利益，向客户推销服务。

## 专家，而不仅仅是推销

你得告诉自己：我是一个顾问，是一个专家。

一个推销员必须百分之百地相信自己的产品。推销员必须使顾客相信自己的产品能够给顾客带来利益。要说服顾客，必须先说服自己，即自己真心地相信所推销的产品能够给顾客带来利益。你对产品充满自信，你认为顾客购买产品是幸运，而不购买产品则是损失，这样你才能打动顾客。有的推销员曾指出：“你买它，然后再卖它。”反之，如果你对自己推销的产品都不感兴趣，都不愿买，那又如何能煽起顾客购买产品的热情呢？

产品知识是成交的基础，在与客户的沟通中，客户很可能会提及一些专业问题和相关服务流程问题。如果销售员不能给予恰当的答复，甚至一问三不知，无疑是给客户的购买热情浇冷水。

作为一名优秀的推销员，应该非常了解自己的产品，能回答出客户提出来的所有问题。你对自己的产品了解越深，你就越会充满自信，推销也就变得越顺利。作为一个推销员至少要能把自己产品的基本原理、功能和一些基本的技术参数背下来。

比如推销一个新上市的高科技产品，一上来，客户肯定会让推销员对它做个基本介绍：如为什么叫“纳米汽车空气净化器”，是不是同一类产品人家叫别的名字；如它有多少个品种、规格和式样；它有哪些功能和用途，如何保存，使用年限有多长，在使用过程中有些什么特别注意事项等。

在一次展销会上，一位顾客看中一台机器，想了解一下用什么钢材制造的，轮子朝哪个方向旋转，推销员却回答不出。客户十分不满：

你来推销产品，自己都弄不明白，别人敢买吗？这说明，推销员一定要了解所推销的产品。推销员要能够把产品销售出去，就要了解顾客的需求心理，刺激顾客的需求欲望，引导顾客做出购买决定，并向顾客提供服务。为此，推销员只有了解自己的产品，才能详细地向顾客说明产品能带给顾客什么利益，产品能满足顾客哪些需要，由产品的质量、功能所决定自己推销的产品在满足顾客需求上能达到什么程度？只有了解自己的产品，才能圆满地回答顾客提出的疑问，从而消除顾客的异议；只有了解自己的产品，才能指导顾客如何更好地使用、保管产品，以便顾客重复购买。推销员应当做到：了解产品性能的程度使内行人感到惊讶；了解产品用途的程度使顾客感到惊讶。

推销员应掌握的产品知识包括以下几个方面：该商品能给顾客带来什么好处；它的生产方法；它的用途和使用方法；它与其他企业同类产品之间、不同类型产品之间的比较（优缺点、价格等）；它的市场状况如何；企业的交易条件、售后服务、财务结算知识等等。

既然要向顾客推销自己的产品，首先就必须十分了解自己的产品，能很轻松地回答顾客的各种问题，以取得顾客的信任。而那些无法回答顾客问题的推销人员，也许他们有很好的辩才，但他们绝对不是最好、专业的推销人员，他们的工作只能是被动的。

有些时候，推销人员仅了解自己的产品的情况还是不够的，还应尽量地了解自己竞争对手的同类产品，特别是应知道他们的产品同自己所经营的产品比较起来有哪些不足的地方。你就会获得顾客的信任，而使其将选择的目光转到你的产品上，这样你便又获得了一份功绩。

# 视所有人都是百万客户

人不可貌相，海水不可斗量。

我们应该明白，任何人都有可能提供给你成交的机会，也许不是你现在所面对的客户，而是他所介绍过来的客户，如果他所介绍过来的客户下了百万订单，介绍你去成交的这个客户算不算是百万客户呢？当然算，甚至他有可能是千万客户，因为他可能只是因为单纯的喜欢你而介绍了好几个百万的订单给你，这样的人就不能再称之为百万客户了，应该叫做千万客户才对。可是没有人知道这样的一个人是谁，也许你认识，甚至有可能你根本不认识，也有可能就是你下一秒钟即将认识的那个人。

好些年前，哈佛的校长为一次错误判断，付出了很大的代价。

一对老夫妇，女的穿着一套褪色的条纹棉布衣服，而她的丈夫则穿着棉布制的便宜西装，也没有事先约好，就直接去拜访哈佛的校长。

校长的秘书在片刻间就断定这两个乡下土老帽根本不可能与哈佛有业务来往。

先生轻声地说："我们要见校长。"

秘书很礼貌地说："他整天都很忙！"

女士回答说："没关系，我们可以等。"

过了几个钟头，秘书一直不理他们，希望他们知难而退，自己走开。他们却一直等在那里。

秘书终于决定通知校长："也许他们跟你讲几句话就会走开。"

校长不耐烦地同意了。

校长很有尊严而且心不甘情不愿地面对这对夫妇。

女士告诉他："我们有一个儿子曾经在哈佛读过一年，他很喜欢哈佛，他在哈佛的生活很快乐。但是去年，他出了意外而死亡。我丈夫和我想在校园里为他留一纪念物。"

校长并没有被感动，反而觉得很可笑，粗声地说："夫人，我们不能为每一位曾读过哈佛而后死亡的人建立雕像的。如果我们这样做，我们的校园看起来像墓园一样。"

女士说："不是，我们不是要竖立一座雕像，我们想要捐一栋大楼给哈佛。"

校长仔细地看了一下条纹棉布衣服及粗布便宜西装，然后吐一口气说："你们知不知道建一栋大楼要花多少钱？我们学校的建筑物都超过750万美元。"

这时，这位女士沉默不讲话了。校长很高兴，总算可以把他们打发了。

这位女士转向她丈夫说："只要750万就可以建一座大楼？那我们为什么不建一座大学来纪念我们的儿子？"

就这样，美国最著名的富人斯坦福夫妇离开了哈佛，到了加州，创立了斯坦福大学来纪念他们的儿子。

俗话说："人不可貌相，海水不可斗量。"我们在推销工作中决不能以貌取人。

你的态度将影响你的行为，如果你面对每个人都将其视为百万客户，相信你对每个人的态度都会和现在有很大的差别，任何人都会有这样共同的潜意识需求，希望被人重视，被人尊重，被人赞美，被人喜爱，被人了解，被人用心对待等等，这些需求表面上看起来好像跟百万业绩并没有直接的关系，但是这些都会在百万业绩出现的时候发挥它的力量，而且负面的力量会和正面的力量一样大，这一切都将由你平常一点一滴的表现来决定了！

# 爱你就等于爱自己

人敬我一尺，我敬人一丈。

顾客在你商店挑选了半天，没有购买一件商品。这时候，你可能会生气。假若你不将不满意的心情表现出来，并且对此时不想购买的顾客更加热情，说不定，为你感动的顾客会回转身来，心甘情愿地买走你所售的商品。

推销人员一定经常碰到一类顾客，他们对产品本身和其他方面并无意见，只是他们自己对购买和购后出现的问题感到力不从心，无力解决。这类顾客通常有两种，一种是说自己没有足够的钱，另一种是嫌麻烦，购买给他们带来不便。

顾客的拒绝是形形色色的，顾客的抱怨也是多种多样的，不过，推销人员对待困难的态度只有一种——真心真意地帮助顾客解决。

如果你下决心从事推销工作，那么首先要学会真心地关心他人，关心他人的问题、想法和需要。

“关心”不能只停留在口头上。而是要拿出实际的行动，关心是“你能知道客户想什么”，“你知道客户的喜好”，“你知道什么样的信息客户需要，你会设法提供给客户”，“不管生意做不做得成，我想和你做个好朋友”。

一种诚意的殷勤常常使顾客喜悦，大多数顾客会因招待得殷勤而过意不去，还会买些另外的东西。这样，他下次要买什么东西就会先到你这里看看，而且还会介绍他的朋友到你这里来买。

如果你对你的生意无意经营下去，那么下面的几种谈话方法可以使你撵走一切顾客。

当顾客吹毛求疵时，你可以对他说："这种东西还不好吗？你知道什么是好的?!"或者说："如果你说这东西不好，真是太可笑了，你如能在别处可以买到比这个更好的，我愿意把它全买下来。"或者你再说："这东西确实贵，买得起的人不多，不过你说它质量不好便不对了。"

如果他要求减价，你不妨说：

"一分价钱一分货，你要是贪便宜，只能买一些低下的货色。"或说："这价钱还嫌太高吗？你到别处去看看，如果你能买到同样的货色，而价钱比这个便宜，你不妨拿来，我帮你买了。"

当你另拿出较便宜的货时，你更可以说："你要便宜，那么还是买这个吧，这种价钱便宜是便宜，不过质量可是差多了。"

看到他无心购买，你可以说："没钱不要来凑热闹，看你这样也买不起!"

这样，可以保证你不要几天，决不会再有人来光顾，最后你关门的目的便达到了。但是，世界上有几个生意人愿意这样做呢？

要从本质上提升服务，关键是要将"客户的需求和期望"作为推销工作的导向，将"站在客户立场上"作为推销工作的视角。首先要将目标客户分为关键、重要、一般三类，分别摸清他们在心理上究竟期望什么，以及期望的重要程度；其次站在客户的立场上，审视自己的工作流程和服务是否适合，需要怎么改革，需要增加哪些服务手段。

现代营销，满足客户的需求已成为销售成功的关键，也就是：帮助你的客户，与客户缔结战略伙伴关系。基于这种战略伙伴关系，帮助客户发掘市场潜在机会，然后与客户共同策划、把握这些潜在机会，以此来提高客户的竞争实力，这对双方都是十分有利的。套用一句非常流行的广告语："爱你就等于爱自己。"

几年前政府机关的许多文件是使用大八开的纸张，大八开要比 B4 尺寸略大，一般复印机只能用 A3 复印后再裁减，非常不方便。这个问题各家复印机厂商的销售人员都很清楚，但复印机都是从国外进口的，国外没有大八开的需求，因此进口的机器根本没有大八开的设备提供复印。

施乐公司的一位销售人员，知道政府机关在复印上存在这个问题，因此，他在拜访某个政府机关的主管前，先去找施乐技术部的人员，询问是否能修改机器，使机器能复印大八开的尺寸，技术部人员知道了这个问题，略为研究后，发现某一个型号的复印机稍经修改即可印大八开的纸张，销售人员得到这个消息后，见到该单位的主管，告诉他施乐愿意特别替政府机关解决大八开复印的问题，客户听到后，对施乐产生无比的好感，在极短的时间内，施乐的这款机器便成为为政府机关服务的主力机型。

## 让顾客自己说服自己

想办法满足顾客“眼见为实”的心理。

推销大师安东尼常常能使那些看来已经做不成的交易起死回生，许多人都不相信，询问他有什么秘诀。安东尼给他们讲了这样一个故事：

有位公主得了病，非要她的国王父亲给她弄到月亮，她的病才能好。国王请大臣们想办法，可大家都无计可施，因为谁也弄不到月亮，但又说服不了这位任性的公主。这时一位大臣对国王建议：“我们为什么不去问问公主呢?”于是国王让他去问公主。

大臣先答应给公主搞到月亮，然后问公主月亮到底有多大，有多远，是用什么做成的。公主说了，月亮和她的手指甲一样大，最多也不过和窗前的树梢一样高，而且当然是拿金子做成的。这位大臣就让珠宝匠用金子给公主做了一个“月亮”，并串在项链上让公主戴在胸前。公主果然很高兴，病一下子就好了。

可是，国王回头一想又担心起来，因为到了晚上月亮还会出来，公主不是觉得被骗了吗？他急忙又请来大臣们商议，众大臣们还是毫无办法。最后还是那位大臣说："既然大家都没有办法，那我们为什么不去再问问公主呢？"

于是，他又去找公主。正好已到晚上，公主正望着窗外，手里拿着大臣送给她的小月亮。大臣故作不解，问："公主，月亮不是挂在你胸前了吗？它怎么又在天上出现了呢？"

没想到公主笑了，说："这真是个傻问题。当我掉了一颗牙，在原先的地方不是还会长出一颗新牙来吗？"大臣立即显出恍然大悟的样子，答道："对啊！当一头鹿失去它的角，不是还会长出新的角来吗？"公主于是十分得意地告诉大臣："月亮的情形也是这样。"

"其实，任何事情都是这样。"安东尼说，"在我们做交易时，有时面对客户的疑问和拒绝，我们不必正面解释，可以绕着弯反问几个问题让客户自己解答，让客户解答他以前所提的问题，这种方法叫做让客户自己说服自己，或是'让客户自己踢球'。当客户的回答否定了他自己的疑问或拒绝时，就等于让他自己说服了自己，这不是很有意思吗？"

让顾客自己说服自己，的确是一个绝妙的办法。安东尼说："在让顾客自己说服自己时，我们只需巧妙地提出几个问题让他回答就行了。"

有一次，安东尼试图说服一个客户买他的产品，但是，那位客户拒绝了。安东尼不动声色地说："好吧，琼斯先生，我知道我失败了，尽管不情愿，我还是接受失败，我认为您应当拥有这件产品，但我已经知道您不想买了。"安东尼开始收拾东西，准备离开，客户也开始明显放松。"不过，在我离开之前，请您帮我一个忙，好吗？"

客户："好说，让我试试看，什么忙？"

安东尼："您知道当地有谁可能会对这种产品感兴趣吗？"

客户："让我想想……隔壁有个人，他需要添置一个。"

安东尼："太好了！（记下来）还有谁？"

客户："鲍博有点兴趣，他需要一个，你还可以……"

安东尼："请等一下，有个事我不太明白。"

客户："什么事？"

安东尼："您刚才说了两个人的名字和地址，他们都是您的朋友和邻居，他们都对我的产品感兴趣。这件产品对他们都有益处，但对您却没有用，我不相信，琼斯先生，请您说说，这到底是为什么？”

客户告诉了理由，还提出了最后的异议，这时局面发生变化，他们又开始重新讨价还价了。这就是安东尼的“让顾客自己说服自己”的起死回生术。

美国还有一个名叫斯坦巴克的犹太人，在做销售安全玻璃的业务员时，业绩一直都维持在北美整个区域的第一名。在一次优秀业务员的颁奖大会上，主持人说：“斯坦巴克先生，你有什么独特的方法来让你的业绩维持顶尖呢？”

斯坦巴克说：“每当我去拜访一个客户的时候，我的皮箱里面总是放了许多截成15公分见方的安全玻璃，我随身还带着一个铁锤子。每当我到客户那里我会问他：‘你相不相信安全玻璃？’当客户说不相信的时候，我就把玻璃放在他们面前，拿锤子往玻璃上一敲。每当这时候，许多客户都会因此而吓一跳，同时他们会发现玻璃真的没有破裂开来。客户就会说：‘天啊，真不敢相信。’这时候我问他们：‘您想买多少？’马上进行成交的步骤，而整个过程花费的时间还不到1分钟。”

当斯坦巴克讲完这个故事不久，几乎所有销售安全玻璃的业务员出去拜访客户的时候，都会随身携带安全玻璃样品以及一个小锤子。

但经过一段时间，他们发现斯坦巴克的业绩仍然维持第一名，又都觉得很奇怪。在另一个颁奖大会上，主持人又问：“我们现在都已经做了同你一样的事情了，为什么你的业绩仍然维持第一呢？”

斯坦巴克笑一笑说：“这很简单，我早就知道上次说完这个点子之后，你们会很快地模仿，所以从那以后我到客户那里，当他们说不相信的时候，我便把玻璃放到他们的面前，把锤子递过去，让他们自己来砸。”

让顾客自己参与进来，自己说服自己购买，这确实又是一种销售境界。这就是斯坦巴克从事推销生涯多年来的总结。他刚从事推销职业时，靠推销装帧图案给纺织公司为生。纽约有一家大纺织厂是他的目标客户，他每星期跑一次，整整跑了三年，始终没有谈成一笔生意。老板总是看一看草图，双手一摊，说：“很抱歉，斯坦巴克，我看今天我们还是谈不成。”

后来，斯坦巴克学习了影响他人行为的心理课程，就故意带着未完成的装帧草图，再次去见那位老板。

“我想请您帮个忙，如果您愿意的话。这里有一些未完成的草图，希望您能指点一下，以便让我们的设计师根据您的意思修改完成。”

这位老板答应看一看。三天后，斯坦巴克再次去见那位老板，老板中肯地提了意见。而且，根据老板的意见，设计师修改了图案。结果，这批设计图案全部推销给了这位老板。从此，斯坦巴克用同样的方法，轻松地推销了许多图案！

## 调动客户的“参与心理”

有一种古老的生意经——“先尝后买”。

某厂开发的一种新产品按摩仪，在某商场柜台摆放了三个月无人问津，而有一天该商品却被顾客抢购了198个。产品由滞转畅原因何在？原来是销售人员改变了销售方式。他们不仅向顾客介绍产品性能，而且还现场进行示范表演。当在一位患肩周炎的老人身上进行具体示范时，奇迹发生了，当即这位老人的胳膊不仅能抬起，而且伸直弯曲也不疼。围观的观众为之折服，纷纷解囊。这个实例说明，推销员说服顾客的方式是多样的，既要用语言去说服，更要运用非语言方式来增强说服力。

可见，推销员仅靠一张“巧嘴”还不行，因为，言语不是传递信息的惟一手段，也不是最有效的手段。文字、图片、样品等非言语手段，更可以传递大量信息，也更容易为顾客所接受。实践中，有的推销员言之凿凿，而顾客听之藐藐，一旦拿出样品，顾客马上理解。此外，还有大量的信息，只可意会，不可言传。对无法用言语传递的信息，推销员就要借助示范、推销工具等非言语手段来说服。

顾客即使原本没有什么反对意见，只因没有参与，他也很难接受你的观点。

你能把几只小猫卖给从来都不养猫的人吗？其实这个问题很容易解决，想把猫卖给他们时，告诉他们可以先让小猫留在家里过夜，如果他们不喜欢可以不付钱，第二天再送回来就是了。结果，这些人和可爱的小猫相处一夜后，将会无一例外地喜欢上了这些小家伙。

在20世纪50年代，美国有一家电器商店，运用小猫策略卖掉了上千台电视。那个时候，电视对大多数人来说还是个新鲜玩意儿，你可能是你们那条街上惟一有电视的人。你的邻居们甚至期望你邀请他们去看电视，请他们喝茶或吃三明治。所以，当商店知道有一个潜在的客户拿不定主意时，就建议他把电视搬回家试试。商家知道邻居们看到他家屋顶竖起天线的那一刻，邻居们就会问能不能过来看电视。邻居们看了一晚上电视之后，他们怎么还能不买电视呢？

还有一家房地产公司，老板鼓励销售人员随身携带照相机，买主出价以后，销售人员就给他在房前照一张照片，我们知道他会把照片拿给家人和孩子们看。

在很多时候，人们去商店、百货公司购物时，只能远观其形，而不能近“玩”其功效，因而虽想买，可是又怕买后不尽人意，这儿不好那儿不佳。哪怕售货员将其说得天花乱坠，终因自己未亲自试用而不敢冒险，尤其是买“大件”之时，如彩电、音响、电脑等，惟恐上了大当。常言道：“百闻不如一见。”若能让顾客亲眼看看或是亲自试用一下商品，让其在试用或观看中了解商品的特性和优缺点，再确定买与不买，推销的成功率就会更大。

平时我们常见到，各时装店将穿有各类服饰的塑料模特陈列于橱窗之中，而且店内营业员也都穿着各自所要售卖的服装，这样购买者便可从模特和营业员身上看到自己所喜爱服装的款式，也就敢于大胆地购买。再如房屋销售员带着顾客去售房现场参观，以增加其参与感，至于那些将商品高置于柜台之上，玻璃之中，不让顾客试用或是拒绝让顾客亲自操作的商家，由于忽略了顾客的上述心理，往往难以取得成功。

向顾客成功地推销一种产品，就要让对方产生一种参与意识，让其感觉出这项产品中有他的意见，从而引发其购买欲。

常言道：“百闻不如一见。”消费者在购买商品的同时也在购买一种感觉和体验，宜家有一个购物特点，就是将“参与心理”注入购物的过程，轻松、自在的购物氛围是全球150家宜家商场的共同特征。宜家鼓励顾客在卖场拉开抽屉，打开柜门，在地毯上走走，或者试一试床和沙发是否坚固。这样你会发现在宜家沙发上休息有多么舒服。如果你需要帮助，可以向店员说一声，但除非你要求店员帮助，否则宜家店员不会打扰你，以便让你静心浏览，轻松、自在地逛商场或做出购物的决定。

宜家所进行的商品检测也与众不同，它没有那些冠冕堂皇的这个“指标”那个“认证”。它对顾客更关心的商品的耐用性进行实打实的测试。在宜家，用于商品检测的测试器总是非常引人注目。在厨房用品区，宜家出售的橱柜从摆进卖场的第一天就开始接受测试器的测试，橱柜的柜门和抽屉不停地开、关着，数码计数器显示了门及抽屉承受开关的次数：至今已有209940次。你相信吗？即使它经过了35年、26万次的开和关，橱柜门仍能像今天一样正常工作！

跟国内家具店动辄在沙发、席梦思床上标出“样品勿坐”的警告相比，在宜家，所有能坐的商品，顾客无一不可坐上试试感觉。周末客流量大的时候，宜家沙发区的长沙发上几乎坐满了人。宜家出售的“桑德柏”沙发、“商利可斯达”餐椅的展示处还特意提示顾客：“请坐上去！感觉一下它是多么的舒服！”在沙发区，一架沙发测试器正不停地向被测试的沙发施加压力，以测试沙发承受压力的次数。

宜家总是提醒顾客“多看一眼标签：在标签上您会看到购物指南、保养方法、价值”。靠着这些在细微处的关照，宜家获得了成功，这种别具一格的销售方式，使其经营更富于人性化，因此将顾客拉得更近。

有一种古老的生意经——“先尝后买”。它给顾客提供了一个选择商品的自由，让顾客自己去检验商品的质量，评判商品质和价是否相称。消费者经过亲自检验，感觉到商品质量不错，就会产生购买动机。

我国各地的农贸市场，卖食品的摊贩常常用“先尝后买”的办法主动热情地招待顾客。卖西瓜的切一块让你品品味道甜不甜，卖花生的请你吃几颗评评脆不脆。这种“先尝后买”的经商之道，可算是摸透了顾客的心理。可惜，这种传统的生意经并没有被现代营销所广泛采用。

不过，一些大商店也开始时兴起“先尝后买”了。一些商场的糕点经营部开辟了“一分货”专柜。他们把各种糕点切成小块，顾客花一分钱，取一块尝尝，然后再决定买不买。这种办法很受顾客的欢迎。

还有，如电视机试看、电冰箱试用、自行车试骑、服装试穿等等。顾客是最公正的，如果你的商品确是物美价廉，只要让顾客“品尝”，自会名扬四海，货畅其流。反之，要是质次价高，当然是买者寥寥无几，不过，从顾客品尝后的反应里，可以找出差距，以便改进生产。所以，“先尝后买”这个生意经既有利于消费，又有利于生产。

台湾的 HT 茶庄当顾客上门时，总是先让顾客享受到一杯香醇的佳茗，这其中有着深刻的奥秘。负责人说，这杯茶水不仅增加了顾客对公司的亲切感，还常由它促进双方的感情，交流彼此对茶叶的研究体会心得；再说，有许多顾客喝了这杯浓郁甘润的茶水，就会勾起购买的念头，好回去让家里人品茗。若是觉得合乎口味，以后也许会成为这种茶的爱好者，就会经常上这儿来买。谁能小看这杯茶的功用呢？

在一次颁奖大会上，斯坦巴克介绍了他的经验——

“每当我们接触客户的时候，时常会发现客户仍在忙着其他的事情，而在这个时候，如果我们不能在最短的时间内，用最有效的方法来突破客户的这些抗拒，说服他们参与进来共同‘表演’，那么我们所做的任何事情都是无效的。惟有引导客户将所有的注意力放在我们身上的时候，才能够真正有效地开始我们的销售过程。”

# 为客户省钱才能赚钱

> 身为一名销售顾问，你必须以客户的“伟大理想”为蓝图。

“以赢利为惟一目标”是不少销售人员所恪守的一条定律，在这一思想指导下，许多销售人员为获利自觉不自觉地损害客户利益，客户对供应商的忠诚度就会降低。这种以自身利益为惟一目标的做法极有可能导致老客户不断流失，企业的利益自然也会因此受损。

一位优秀的推销员说：“给客户提供能为他们增加价值和省钱的建议，那么你就会受到客户的欢迎。”

推销员要真正站在客户的立场上想一想，先不要考虑你的公司得到多少利润，先想一想如何为客户省钱，如何为客户赚钱。先为客户省钱，才有机会赚钱，这并不矛盾。

让客户充分信任你，更重要的是你要让他觉得没有人能比你更能帮他做出正确的决定。

要想在短暂的一面之交中，让顾客对你有深刻的印象，必须制造令顾客陶醉的方法和艺术。你始终要把握一个原则，你不是来给顾客传授知识和说教的，而是为其提供服务和帮助的，是为客户解决问题和困难的。

因此，我们必须让客户真正地感觉到我们是在为他服务，而不是从他口袋里掏钱，这样就会降低客户对你的心理防线，并潜意识地接受你。因为推销中，顾客最反感的是，与既耽误时间而又对其没有帮助的人员交往。

推销的最高境界就是让客户感觉到你是在想方设法、设身处地地为他着想，是真正能帮助他解决问题的朋友。每个人都愿意同与自己爱好、志趣相投的人交往，只要你在推销的过程中更多地考虑客户的利益，真诚地与客户交流，就不仅能赢得他的信赖，还有可能使他成为你的义务宣传员。

## 信任是关键——巧诈不如拙诚

推销的第一原则就是诚实。

美国销售专家齐格拉对此做过深入分析，一个能说会道而心术不正的人，能够使许多人以高价购买低劣甚至无用的产品，但由此产生的却是三个损失：顾客损失了钱，也多少丧失了对他的信任感；推销员不但损失了自重精神，还可能因这笔一时的收益而失去了整个成功的推销生涯；以整个推销来说，损失的是声望和公众对它的信赖。所以，齐格拉强调："信任是关键。"他说："我坚信，如果你在销售工作中对顾客以诚相见，那么，你的成功会容易得多、迅速得多，并且会经久不衰。"有一个笑话——

一位瞎眼的乞丐，每天带着一个小女孩站在街角，向过往的行人乞讨。

有位老妇人每天经过时，总会在乞丐的破碗中丢下几个铜板。日子久了，她和这对父女熟悉起来。

老妇人有天驻足下来，和小女孩搭讪："小姑娘，旁边这位是你的父亲吗?"

小女孩回答："是的，夫人。"

老妇人怜悯道："真是可怜，他看不见吗?"

小女孩回答："是的，夫人，我父亲是个瞎子。"

老妇人继续问："唉，命运真是捉弄人，你父亲的眼睛是什么时候瞎的?"

小女孩天真地回答："每天早上9点整。"

这世界上，没有能够永远瞒得住别人的谎言。谎言不被拆穿的惟一诀窍，就是永远诚实正直。

"巧诈不如拙诚"，是《韩非子》中的名言。意在提醒人们，巧诈的行为虽能蒙骗一时，但一经被人识破，换来的便是别人怀疑的眼光和彼此间的猜忌，倒不如以近乎愚笨的拙诚来待人处世，也许此举在短时期内让人无法接受，但"路遥知马力，日久见人心"，经过长期的相处，必能获得别人的信赖。

巧诈，或许可获得暂时性的成功，然而一旦用意被人识破，只会带来更深的怀疑。待人以诚是做推销工作的基本态度，"诚为天道，思诚者为人道也。"毫无诚意的人，是无法叫人信服的。

任何商品都存在一些缺陷，这些缺陷对你的推销存在着诸多不利的因素，多数时候，它是你推销失败的罪魁祸首。其实，当你在推销一件商品的时候，如果能很好地利用这些不利因素，你就能把失败扭转为成功。

顾客不想购买你的商品，有时候是因为你所售的商品有点瑕疵。对于此种情况，与其遮遮掩掩，不如大胆指出。当你说出对你自己不利的话语，顾客会在意外之余，油然产生一种信任。因此，顾客会变"不买"（因为商品有瑕疵）为"想买"（因为你坦诚）。

交易是一种务实的沟通，随时都有得到验证的可能。所以不要说谎。谎言一旦被揭露，其结果必然是鸡飞蛋打，两手空空。

推销员与顾客打交道时，他首先是"人"而不是推销员。推销员的个人品质，会使顾客产生好恶等不同的心理反应，从而潜在地影响着交易的成败。

向顾客推销你的人品，最主要的是向顾客推销你的诚实。现代推销是说服推销而不是欺骗推销。因此，推销中的重要原则就是诚实，即古人早已教诲过的经商之道"童叟无欺"。诚实是赢得顾客好感的最好方法。顾客希望自己的购买决策是正确的，希望从交易中得到好处，害怕蒙受损失。顾客在觉察到推销员说谎、故弄玄虚时，出于对自己利益的保护，就会对交易活动产生戒心，结果可能使推销员失去那笔生意。

日本大企业家小池说过："做生意成功的第一要诀就是诚实。诚实就像树的根，如果没有根，树木就别想有生命了。"

这段话也可以说概括了小池成功的经验。

小池出身贫寒，20 岁时就替一家机器公司当推销员。有一个时期，他推销机器非常顺利，半个月内就跟 33 位顾客做成了生意。之后，他发现他卖的机器比别的公司出品的同样性能的机器昂贵。他想与他订约的客户如果知道了，一定会对他的信用产生怀疑。于是大感不安的小池立即带着合同和定金，整整花了三天的时间，逐家逐户去找客户。然后老老实实给他们说明，他所卖的机器比别家的机器昂贵，为此请他们废弃合同。

这种诚实的做法使每个订户都深受感动。结果，33 人中没有一个跟小池废约。反而加深了对小池的信赖和敬佩。

诚实真是具有惊人的魔力，它像强力的磁石一般具有无比强大的吸引力。其后，人们就像小铁片被磁石吸引似的，纷纷前来他的店购买东西或向他订购机器。

对于真诚地对待顾客这一点，乔·吉拉德也说："你知道，真诚是你从书本上读不到的东西，只可意会，不可言传，你得学会自然。人们喜欢诚实的人，一个推销员必须诚实并且处处为顾客着想。打个比方，你知道是什么东西造就一家生意兴隆的餐馆吗？是一传十、十传百的声誉，是那些伟大的餐馆厨师呈上的爱心和热情。"

# 想成交，小处不妨忍让

在小的地方不管有无道理，不妨顺从你的客户。

推销的最终目的在于成交，在于说服客户。有经验的推销员都懂得要想顺利成交，在小处不妨忍让。

例如：

推销员 A：“经过比较后，你一定能看出来，A 品牌的传真机无论是传真品质、速度及其他功能都比 V 品牌好。”

客户：“你说得不错，只可惜它的外形设计比较奇怪，颜色也不是我喜欢的，我喜欢象牙白的颜色。”

推销员 A：“外形怎么会奇怪，现在的传真机大都是这样的。黑色最大方，大家都喜欢黑色的颜色。你买回去，我保证你喜欢。”

再例如：

推销员 B：“目前的个人电脑，竞争非常激烈。我们为了迎接国庆，已经降低了售价，给你的价格已是最低价了。”

客户：“好吧！电脑我不跟你还价，就算 12000 元好了，你刚才说那个电脑桌要 1100 元，就算 1000 元凑个整数可以吧！”

推销员 B：“这个电脑桌我们是服务性质，根本没赚钱，若是有赚钱的话，少 200 元也没关系，实在不能给你折扣！”

如果你是上面两个客户的话，不知道你会不会购买，如果是我的话，我大概不会购买。这两个例子中，推销员都明显地犯了一个错误：他们对客户提出的不管是问题或看法，一概不给予尊重。只用自己的想法强迫客户接受，若是他能把产品推销出去，可说是算他当天的运气特别好。反过来说，客户若像我一样决定不购买的话，实在也是非常可惜。

这两个案例中，前面的客户对购买商品的主要因素如传真机的传真品质与速度、功能都已认同。另一位客户对电脑主要部分的价格都已同意了推销员的意见，可说已有九成以上的购买意愿。他们提出的一些自己的看法如外形、颜色及电脑桌的价格都只是一些次要的小问题，懂得推销技巧的推销员应该知道，这些小地方应该顺着客户，略作让步。不要对客户提出的问题、想法，都咄咄逼人，尖锐地反驳回去，抱着一定要说赢客户的心理，千万不要以为说赢客户，他就会购买。

所以，在推销中应注意以下两点：

（1）小处不妨忍让

客户购买东西，并不一定非要所有的条件都完备满足了才购买，往往只要是最重要的几项需求能被满足就会决定购买。就如每一个人都有他的优点及缺点，你欣赏一个人的才气绝不会因为他有一、两样缺点就否定了他的才气。因此，你实在没有必要对客户提出的任何异议，都想要说赢他，在小的地方不管有无道理，不妨顺从你的客户。

（2）要让你的客户有面子

每个人都有自己的想法与立场，在推销过程中，若你想要对方放弃所有的想法与立场，完全接受你的意见，会使对方觉得很没面子，特别是一些关系到个人主观喜好的场合。例如颜色、外观、样式，你千万不能将你的意志强加在别人身上。

要让客户接受你的意见又感到有面子的方法有两种，一是让客户觉得一些决定都是由自己定的；二是在小的地方让步，让客户觉得他的意见及想法是正确的，也受到你的尊重，他会觉得很有面子。

刚开始从事推销工作的推销员，对客户提出的异议都千方百计地想要证明自己是对的，往往让客户在被推销的过程中经历一段不愉快的处境。对客户提出的反对意见都想去纠正，这个习惯实在应该立刻改正。

真正的推销高手只会建议客户，他们会在让客户感受尊重的情况下，进行推销的工作。一位从事专业寿险推销的人曾说：“当客户提出反对看法的时候，这些反对的看法不会影响最终合约或只要修改一些合约内容时，我会告诉客户‘你的看法很好’或‘这个想法很有见解’等赞成客户意见的说辞，我就是在赞成客户的状况下，进行我的推销工作。当客户对他先前提出的反对意见很在意的时候，他必定会再次提出，通常不是真正重大的反对意见，当我们讨论合约中的一些重要事项时，客户通常对先前提出的反对意见，多半已不再提出。”

推销的最终目的在于成交，说赢客户不但不等于成交，反而会引起客户的反感。所以，为了要使推销工作顺利地进行，不妨尽量表达对客户意见的肯定看法，让客户感到有面子。

## 没有一个顾客会完全满意

人们的要求是无止境的。

人们的要求是无止境的。人们对商品、服务的要求，也同样是无限的。实际上，商品、服务基于有限的售价所提供的也是有限的。一方面是有限的，一方面是无限的，二者之间产生的落差，便是客户的不满和抱怨。

每一个顾客都会有抱怨。没有一个顾客会完全满意、百分之百高兴的。他或多或少都会有问题。

一个满意的顾客会把他的满意告诉一些人，一个不满意的顾客会把他的不满意告诉更多的人，好事不出门坏事传千里，一个人每一天每一分每一秒都会与很多人聊天，经常讲最近发生了什么事情，当他遇到好的服务他未必会讲，因为他认为那是应该的，当他遇到不好的服务，他马上讲大声讲而且用力讲。

当顾客提出要求时，不要太紧张，而应抓住这个好机会，视其为良机。为什么呢？那是由于顾客对销售人员或他所属的公司具有好感，才会向销售人员或公司提出一些要求。否则，顾客不再提任何要求，好也行不好也行，像与他没有任何关系一般，就说明顾客再不打算与你交往，与你公司没有交易上的来往和交道了。因此你要乘这个机会，与顾客建立良好的关系。

那么如何将客户抱怨变成你的更多的营业额呢？下面有七个方法，很简单，你不妨一试。

（1）设身处地地为对方着想

销售人员面对客户的抱怨，要设身处地地为对方着想，耐心地、仔细地倾听对方的要求或抱怨，适时适当地询问，具体了解对方的需求，尽快地圆满解决问题。耐心的态度是必不可少的。如果对方前来述说他的抱怨与牢骚，提出他的需求，在这时，销售人员应该耐心地听，不厌其烦地听，了解对方的真正需求和抱怨的全部内容。最主要的是将谈话的内容用笔记录下来。一方面可以用这种方式来抚平对方心里的不快，另一方面也便于问题的解决，自己可解决的马上解决，自己解决不了的，记录下来让上司来解决。只有这样，才能进行进一步的处理，使对方满意，提高工作效率。

你做记录，可使对方变得心平气和，对方还会尽量地把自己的真正意图告诉你，即使当时不能完全地解决对方的问题，对方也能谅解，而不至于使对方火上浇油，没完没了，使问题不好解决。

在处理上，要比一般的商谈处理更加小心，更加机敏。处理客户的抱怨，不仅以平息抱怨为目的，你还要从抱怨中得到益处，尽可能地利用这次商谈，再做成一笔生意。

（2）优先解决抱怨声

处理抱怨的当务之急，莫过于平息对方的情绪。首先，先道歉，道歉的话重复再多也无所谓。然后，让对方吐尽所有的苦水，给他“发泄”的机会，不要企图狡辩、强辩。他说完，心中自会好受一些，下面的角色就该是你了。注意，当你进行解释、说明的时候，要入情入理。

用你快速的响应让那些有抱怨的客户惊讶，使他们感到正在受到很高的关注和尊重。如果你不能马上解决问题，也要让他们知道你正在优先考虑这个问题。不要试图欺骗那些有抱怨的客户，这样结果往往比预计的还要糟。如果你的烧饼烙糊了，不要再编造“糊能消食”

的借口。以最快的时间解决客户的问题非常关键，客户对他遇到问题的担心时间越长，对你提供的解决方案的满意度越差，你留住这个客户的可能性就越小。

(3) 扮演专家的角色

当然，即使没有客户抱怨也要如此。客户冷淡你，是因为他们期待你能解决他们的问题，客户不是专家，他们需要专家。而你一定要扮演专家的角色。你越专业化地解决问题，越能得到客户的信赖。客户服务必须专业化、标准化。

(4) 承担责任

即使问题不是因你的过错出现的，也要在解决客户抱怨上承担责任。出现问题，你不能让客户找别人。客户使用你的产品出现问题，你首先要对给他们造成的不便道歉，简洁明了地解释问题出现原因，明确告诉你的客户如何、何时解决问题。

(5) 补偿你给客户带来的不便

有抱怨的客户往往只希望能满意地获得问题的解决方案，其他的要求并不多。这可能是用户被商家欺负惯了的缘故。

但你要让他们惊喜，除了解决他们的问题，还要额外做出适当补偿。这可以帮助客户遗忘所出现的问题，他们更容易记起你给他们的小恩小惠。是的，烧饼不好吃，再送上好吃的，最好再加上一碗汤，这不是维系旧业务、开拓新业务的上佳手法吗？

(6) 确认客户的满意度

一旦你解决了有抱怨客户的问题，还需要确认他们的满意程度，这可以保持和他们的关系。

给那些遇到问题的客户一些额外的优惠，特别是他们需要再次购买你的产品和服务时，多给他们一些折扣吧。

在客户面前忘记你解决他们问题所花费的成本，那本来就应该是你负担的。在激烈的市场竞争中，事先就要考虑这部分成本，不要为了竞价而忽视服务成本。

(7) 防止类似抱怨的重复发生

解决了一个客户的抱怨后，需要搞明白这个抱怨到底是怎么发生的。一声抱怨往往暴露出你的营销运作中的弱点，以此为鉴，要防止类似抱怨的出现。

重复的类似抱怨是非常危险的征兆，出现这个问题，离你的公司关门之日就不远了。几年前，一家台湾笔记本电脑商在大陆赢得了产品质量的官司，但却输掉了整个市场，因为类似的抱怨如潮，靠官司只能起到反作用——除非你准备打完官司就申请破产。

## 控制情绪——喜怒不形于色

推销人员不能随意流露感情。

人是有感情的动物，但作为一个推销人员，则不能随意流露感情，特别是当出现一些激动人心的场面时，更应注意控制自己的情绪，做到不动声色。

在通常情况下，推销人员应该保持情绪的稳定，避免情绪上的某些不良反应，同时要能从对方的情绪反应中捕捉到你想得到的东西。当对方做出感情用事的举动时，你应该反其道而行之，松弛自己的情绪，报之以温和的态度，客气地表示自己充分了解对方的观点，心平气和地将讨论引向实际问题。有时，甚至可以装聋作哑，好像没有觉察到对方情绪的变化。这样，对方自觉没趣，就会转变态度。

推销者应该始终记住，商谈的目的是要达成交易，而不是看谁更能吵架。实践证明，你越是谦虚地发表意见，越容易被对方所理解和接受，更容易说服别人，从而达成协议。

人人都希望自己成为一名成功者，因此，推销员必须尽量避免使用带有负面性或者说否定性含义的词语，尽可能不使用引起对方戒备心理的话语。

常见的导致商谈失败的话语大致有下列几种：

——急于求成催促对方的话。

——怀疑对方身份、权力的话。

——推诿责任的话。

——让人情绪低落的话。

——责备对方的话。

——惟利是图的话，充满铜臭的话。

人们的潜意识里还常常有一种受害者意识，即老是怀疑自己是不是会受到不利的对待，这种意识显然是否定的负面的。但通常这种意识表现得并不是很明显，而是以一种恐惧、担心、紧张不安的心情表现出来。

这种负面的意识传递给对方，往往会使客户产生怀疑，以至于将心理封闭起来，使进一步的沟通变得困难。

设想一下，如果你面对的商务人员老是说一些生硬的、令人丧气的话，对他产生怀疑是自然的，甚至还会产生反感，与他继续交谈的兴趣都会消失，更不要说购买的愿望。

在有些情况下，如对方有了某些失误，或者做了重大让步，或者双方达成的某种协议对己方极为有利，这时，也不要将兴奋之情表露出来，要尽量保持自然平静的态度。如果表现过于兴奋甚至手舞足蹈地表示庆幸，这就容易使对方觉察到你可能占了什么便宜，而对方似乎吃了亏，这对交易及双方的关系都是不利的。

TOP

SALES PROMOTION

五

# 推销是一场心理较量

# 把大决定变成小决定

小的决定往往能引出大的决定。

通常决定做一宗大的交易，客户要考虑很多方面的细节问题，难以做出整体的全盘的“大”决定。推销员可以将这个“大”决定，拆成分散性的多个“小”决定，让顾客逐个逐个地拿定主意，最后水到渠成，让他做出最后的“大”决定。

在你推销介绍刚开始的时候，就让客户做出一些小的决定。

小的决定往往能引出大的决定。如果你能让你的客户同意小的地方，你就可以弄清他们的想法，等你准备让他们做出大决定的时候，他们可能不会感到有压力。

汽车推销商问买主：

“如果你想买，是要真皮的还是仿皮的坐垫?”

“你想要旋柄的，还是自动的?”

“你喜欢白的还是红的?”

售楼员问买主：

“如果你要这套房子，哪间卧室给你的孩子当婴儿房?”

“你怎么安排起居室的家具?”

让买主做出一个重大的决定，对此他会有一种恐惧心理。我们知道，在房地产业中客户买房子的投资可能是人生中最大的一笔投资。我们已经为他们找到了新房子，但这一重大决定有时会使他们畏缩不前。这时有经验的售楼员就会说：“那我们为什么不先定下来，等资金允许的时候再说?”根据实际情况做出最后决定，这样你就把一个大的决定变成了一个小的决定。

人寿保险代理人员一般都知道他的买主不容易接受他的建议。他说："坦率地讲，我不知道能不能让你这样年龄的人买保险。要看你体检的情况了，为什么不先写个合同等你体检完了再说?"听起来买主好像没有做出什么重大的决定，然而代理人知道如果他的客户在体检中没有什么疑惑，他就会急忙签署协议。客户实际上已经买了。

## 反复刺激客户的购买兴趣点

> 对于每一个愿意听你讲述产品的顾客来说，他们都至少有一个购买兴趣点。

一位售楼员带着一对夫妻看房。丈夫发现天花板上有水渍，就说："啊，这房子漏水!"售楼员注意到妻子一直盯着游泳池，边看还边点头微笑着，一脸满意的神色，于是，他并没有向丈夫解释什么，只是对妻子说："太太您看，这游泳池是不是很漂亮?"先生又指着另外一个地方说："房子这里也需要重新整修了。"售楼员仍然只是对先生微笑了一下，接着扭头继续对那位还在欣赏着游泳池的女士说："太太，您一定非常喜欢游泳吧？难怪您能保持这么好的身材，这个游泳池非常适合您呢!"

在整个过程中，无论丈夫提出什么有关房子的异议，售楼员都把问题有意无意地引到妻子所喜欢的游泳池上。最后，在妻子的极力坚持下，他们买下了这一栋别墅。

这位售楼员正是看出了自己所推销的房子符合客户心意的地方，找到客户购买的兴趣点，然后通过不同的方式反复刺激这个"客户购买兴趣点"，这才成功地让客户购买了别墅。反复刺激"客户购买兴趣点"，能够大大提高销售的成功概率。

作为销售人员，应该相信：对于每一个愿意听你讲述产品的顾客来说，他们都至少有一个购买兴趣点，而你要做的是找到顾客对你的产品的兴趣发生点，并且成功地对它进行反复刺激。

在具体的操作过程中，也许你对自己的产品非常自信，而你的产品也确实有许多让人感兴趣的特点，但是面对每一个具体的顾客，必须因人而异，每个顾客的购买兴趣点必然是不尽相同的，如果不能具体问题具体分析，不能抓准顾客的购买兴趣点，销售就很难成功。

那么，销售人员应该如何才能抓住顾客的购买兴趣点呢？

其实，这里只有一个诀窍，就是站在顾客的角度去想问题。只有这样你才可能准确掌握顾客的心理，找对他的购买兴趣点。

你必须给予顾客足够的重视，让顾客感受到自己的价值，让顾客感受到自己受到足够的尊重。作为一个销售人员，你要明白给你发薪水的不是你的老板，而是你的顾客。如果失去了顾客，你也就失去了赖以生存的事业。因此，销售人员一定要真正地关心、重视顾客，聆听他们内心真正的想法，通过观察他们的眼神、肢体语言等，洞悉那些他们想说而没有说出的话。感顾客之所感、想顾客之所想，才能准确找出顾客的购买兴趣点。

只要找到了顾客的购买兴趣点，瞄准这个点，反复地加以刺激，你就能够征服顾客的心，从而提高自己的业绩。





## 在三分之一处成交

当人们面临着众多选择的时候，往往会选择三分之一处的选项。

现在社会上有很多“剩男、剩女”。存在这种现象的原因很多，很重要的一方面是心理上的。人们在择偶的时候，总认为后面会有更好的而十分挑剔，挑来拣去，自己的年龄逐渐变大，却发现已经错过了前面好的。这时，眼看着年华老去，选择所剩无几，对是否后面还有更好的产生了怀疑，这时，如果出现一个条件过得去的，那么许多人就会妥协，尽管对方不是所有选择中条件最好的。

这是人们心理的一种普遍现象，心理学家称之为“三分之一效应”，它属于人类在决策过程中所产生的一种心理偏差。生活中，每个人经常要面临各种各样的选择，选择的对象越多，就越难选择。选择对象越多，选择余地越大，选择难度就越大，“三分之一效应”就是在这种条件下产生的。

一位社会心理学家做了这样一个小实验：他做了许多阄儿，其中只有两个阄儿上面写有数字，抽中的人能够获得与数字同额的奖金。这位心理学家特意将写有数字的阄儿放在两边或最中间的位置，然后将阄儿一字排开，让参与实验者选，结果大多数人都是从距两头三分之一处抽取的，都没有抽中奖金。

当人们面临着众多选择的时候，往往会选择三分之一处的选项。

如果有一条地段很好的商业街终于改装完毕、对外招商了，而你打算租一个门脸开店，那么你会选择这条街的什么位置的店面呢？是街口、街中，还是街尾？相信大多数人都会选择街口，因为他们认为，顾客一来，首先看见的就是自己的店，这样生意自然差不了。

事实上，这样的选择并不能够称得上明智。因为，顾客买东西一般都会货比三家，要将众多的商品进行仔细鉴别、比较，除非客户有急事、没有时间挑选商品，而这种情况又是极少的，因此，位于街口的店铺不存在位置优势。

那么，最佳选择到底在哪里呢？专家会告诉你，选择距两头街口三分之一处的店面来投资。

当顾客走进一条商业街的时候，通常不可能在第一家店铺掏钱买下商品，因为他们总认为还有那么多家没去，在前方一定能找到更好的、更便宜的；通常也不会是最后一家，因为一旦前方没有可供选择的店铺，客户又往往会产生一种因错过而后悔的心理，除非最后一家店的商品与前面的商品相比，真的具有明显的质量和价格优势。

也就是说，如果一个还过得去的选项在人们因选择而陷入心理困境的时候出现，那么就很容易被选中，而人们因选择而产生心理困境的地方正是所有选择的三分之一处。

成功的销售人员总是善于引导客户在众多的选择中选中自己的商品。因此，你尽可以利用这种人类普遍存在的心理偏差，让你的产品摆放在合适的地方，在合适的时间出现。



## 销售过程不可忽视细节

一个事物所起作用的大小，不是取决于该事物自身的大小。



1979 年 12 月，气象学家洛伦兹在华盛顿的美国科学促进会的演讲中曾提到：美国得克萨斯州的一场龙卷风有可能是一只蝴蝶在巴西丛林中扇动翅膀引起的。其原因在于：蝴蝶扇动翅膀，会引起周围空气系统发生变化，并引起气流的产生，虽然相当微弱，但却会引起一连串的连锁反应，最终导致其他系统的极大变化。

从此以后，人们便用“蝴蝶效应”来指细小因素和看似完全不相关的巨大的变化之间存在着紧密的联系的现象。

俗话说，秤砣虽小压千斤。这就是说，一个事物所起作用的大小，不是取决于该事物自身的大小。一个看似不起眼的东西，一句无意的话语，一个不经意的举动，都有可能起着至关重要的作用。在市场竞争日益激烈的今天，任何一个细微的环节都可能成为“成大事”或“乱大谋”的决定性因素。正所谓“牵一发而动全身”，一个极小的部分也会影响到全局。因此，忽视了一个细节，就可能酿成大错。

家乐福是欧洲第一大零售商、世界第二大国际化零售连锁集团，其业务范围遍及世界30多个国家和地区。家乐福的成功运作，与他们注重细节有着密不可分的关系。单是选择商圈一项，他们就做得细致入微。他们通过5分钟、10分钟、15分钟的步行距离来测定商圈范围；用自行车的行驶速度来确定小片、中片及大片；尔后再进一步细分这些区域以及考察某片区域内的人口规模和特征，包括年龄分布、文化水平、职业分布和人均可支配收入等。这种细致入微的规划和考察，是家乐福一直保持在零售业第一梯队的关键因素之一。

有的人因为注重细节而成功，有的企业因为注重细节而壮大。同样，也有人因为忽视细节而一事无成，有些企业因忽视细节而逐渐走下坡路。

有一家乳品企业在某城市做了一个大型的促销活动，销售总监说："我们的推广非常注重实效，每天都有120辆崭新的送奶车在全市穿行，车体广告及品牌标志醒目，车型和车身颜色整齐划一，这无疑是一个很好的流动广告，就算没有送奶任务，我们的送奶车也会在街上开着转。像这种宣传方式，其他厂家根本没有予以重视。"

活动刚开始时，的确吸引不少市民前来购买这家企业的乳制品，一时间，很多家庭都开始饮用这个品牌的乳制品了，品牌效应日益明显。

然而，好景不长，一段时间后，很多家庭便不再坚持饮用这个品牌的产品了，销售量顿时开始回落，甚至有的人宣称，坚决不喝了。

销售总监有些摸不着头脑，忙派了几个人进行明察暗访，结果发现恰恰是用来宣传的那些送奶车惹的祸。这些送奶车由于疏于维护清洗，时间一长，车身甩满了泥污，甚至有的车厢有明显破损，市民们看到这些，好感顿失。"这简直是一种视觉污染，让人难以忍受。那么脏的车子还在大街上转，我们再也不想喝这种奶了！"不少市民抱怨道。

该企业意识到问题的严重性，于是马上对送奶车队进行了整顿，要求其始终保持整洁明亮、产品新鲜卫生、服务热情周到，并向当地用户表达了歉意和改进的决心。

果然，该企业说到做到，市民们发现这家企业的送奶车果然清洁了，而且销售人员诚挚热情，他们还征求用户的建议和意见，并对那些提出好建议的用户予以回赠。

不久以后，这家企业的销量连创新高。

销售人员在推销自己产品的时候一定要关注细节的变化，要心细，将自己的销售工作做到细致入微、周到无误，这是成功销售的有效保证。重视小的才能做成大的，而忽略小的就可能败坏大的；重视细节才能成功，忽视细节只会导致失败。



## 扮演不情愿的卖主

*在推销开始之前就激起对方的愿望。*

想像一下，你有艘帆船，你迫切地想卖掉它。当初你买来的时候它给你带来很多乐趣，但现在你几乎用不着它了，保养和磨损的费用让你承受不起。这是一个星期天的清晨，你失掉了同朋友一起打高尔夫球的机会，因为你得到港口洗船。你洗刷小船，甚至诅咒自己当初干吗买它。你在想：“我要把这个讨厌的东西送给下一个来到的人。”你一抬头看见一个衣冠楚楚的银发男子挽着一个年轻姑娘向码头走来。男子穿着格西牌高级平底便鞋，白色的便裤和蓝色的伯贝里高级运动衫，戴一条丝绸围巾。他年轻的女友穿着高跟鞋，紧身套裙，戴着一副大太阳镜和硕大的钻石耳坠。

他们在你船边停下来，男人说：“哦，咱们买下来吧，我们一定会很开心的。”

你觉得自己狂喜得心要跳出来，你心里在欢唱：“谢谢，谢谢！”

但你真要表达出这种情绪你就卖不了一个好价钱了，不是吗？你怎么才能得到个好价钱呢？那就是——装成不情愿的卖主。你一边擦船一边说：“欢迎上船，尽管我还没想卖掉它。”你可带着他们兜风，你每走一步都在告诉他们你多爱这条船，它给你带来多少乐趣。最后你告诉他们："我能看出这船对你们来说有多合适，给你们添多少乐趣，但我真的忍受不了同它分开。但为了你们好，最高价格你给我多少？"

推销高手知道扮演不情愿的卖主甚至在推销开始之前就成功地激起了对方买船的愿望。你也许在想："他可能愿意出30万元，25万可能比较公平，20万就是笔不错的买卖了。"所以，你的价格幅度是从20万元到30万元。通过扮演不情愿的卖主，你可能已经提高了你的谈判上限，如果你露出急着卖掉的样子，他可能给你20万元。

有一个谈判高手是个相当有实力的投资商，全城都有他的房地产。他喜欢投机取巧。他相当成功——你有充分的理由称他是个高手。和很多投资者一样，他的策略很简单：以合适的价格买合适的东西，握在手里别撒手，让它升值，然后以更高的价格卖掉。有很多小的投资者主动找上门来要买其中一部分地产，迫切想得到最著名的那一块，此时他总是运用不情愿的策略。他静静地看着报价单，看完后丢到桌子上面，说："我想你知道，在我所有的资产中，我对这一个情有独钟。我正考虑留住它给我女儿当大学毕业礼物。除了你给我个全价之外，我还真舍不得出手。你知道，这笔特别的资产对我来说太重要了。但你看，你好心好意找上门来，出于公平，就别浪费时间了，你给的最高价格是多少？"很多次，他通过运用这种假装不情愿的策略几秒钟就赚了几万。

## 让第三者来当"证人"

*顾客更容易相信其他顾客的话。*

你自己讲你产品有多好，别人会说王婆卖瓜自卖自夸，还不如让顾客来替你讲话。让第三者来替你发言，而不是你本人来发言。

一般地说，顾客更容易相信其他顾客的话，因为大家都是“同路人”，都渴望能买到自己称心如意的商品，因此彼此间的心更容易沟通，也更容易产生彼此间的情感呼应。

因此，可以在推销过程中有效地利用第三者所说的话，帮你沟通顾客的心，让顾客较快地信任你的商品。有时，顾客的一句话抵得上你说大半天，这时，你就应该抓住这句话，向顾客介绍你的商品。

如果你是一个高考复习资料的推销员，一位顾客走过来问你：“您这里还有哪种书？我前几天给我儿子买了一本数学，他看过之后说编写得很好，对他们现在的复习有很大帮助。要我再买下其他几本，好像还有物理、化学、生物吧，这不，我又来了。”

这时你应马上说：“是啊，这套书确实不错，这几天我推销了很多套呢，现在读书的孩子啊，要找一本称心的书，也真难。”

这番话对旁边的顾客肯定会产生很大的影响。

据说，辩护律师最重要的任务就是传唤证人到庭，借以说服法官。一般来说，陪审团对律师的言辞有点信不过，总要打折扣。所以，找到好的证人，会增强辩护词的可信度，对法庭产生巨大影响。

其实，借助证人也能促进推销。

有一位推销保险的人把投保人签了名的保险单都复印一份，放在保险说明材料夹里。他相信，那些材料对新客户一定有很强的说服力。

在与客户的洽谈末尾，他会补充说：“先生，我很希望您能买这份保险。也许我的话有失偏颇，您可以与一位和我的推销完全无关的人谈一谈。能借用电话吗？”

然后，他会接通一位“证人”的电话，让客户与“证人”交谈。“证人”是他从复印材料里挑出来的，可能是客户的朋友或邻居。虽然有时两人相隔很远，需要打长途电话，但效果更好（当然，他会自己付电话费）。

这位保险推销员这样说：“初次尝试，我生怕客户会拒绝，但从没发生。相反，他们非常乐于同‘证人’交谈。有时候，‘证人’是客户的朋友，聊起来，还偏离了正题。

“这种方法，我完全是在偶然中发现的，但效果很好。介绍的推销方法很多，我也有很多经验，但比较而言，我认为‘证人’法更加有效。

"'证人'愿意配合吗？只要你足够诚实，他们是乐意帮助的。每做成一笔生意，我都会向证人表示感谢，他们就更高兴。助人是快乐之本啊。"

有一个客户也讲了他的一次经历：他去买燃油锅炉，产品介绍像雪花一样飞来，他该选谁的？

有一份因文字特别而吸引了他："这里有一份我们的客户名单，你的邻居就用我们的锅炉取暖，你可以打电话问问，他们非常喜欢我们的锅炉。"

客户就打了电话，邻居都说好。自然，他买了那家公司的锅炉。十八年后的今天，他还清楚地记得那家公司的产品介绍。

当然，只要你注意研究，还有许多让第三者来当"证人"的方法。

使用顾客见证的第一个方法——让消费者替你现身说法。让顾客来讲给你的潜在顾客听，在你的潜在顾客听完之后，对你的信赖感就会大幅度提升。

第二个方法——照片。比方让顾客看到很多减肥成功者减肥后的瘦身的样子跟减肥前的样子，有照片比你讲话要好多了。

第三个方法——统计数字。根据统计有多少客户知道你的产品，有多少客户使用了产品之后达到99%的满意度，这叫统计数字。

第四个方法——顾客名单。你的客户有哪些人，拿出这些名单的时候，也会增加你在顾客心目中的信赖感。

第五个方法——自己的从业资历。你在这个行业里面十年了还是八年了，在这个行业里面已经是专家了是元老了是资深的了，这也会增加对你的信赖感。

第六个方法——获得的声誉及资格。你曾经得到过什么荣誉，你曾经被什么协会被什么政府或大企业或什么事业单位表扬过，你获得了这个声誉跟资格，也可以增加对你的信赖感。

第七个方法——你在财务上的成就。比方讲有人说他们年营业额多少，他们的年利润达到多少，他个人的财富到多少了，这些也可以增加他的信赖感。因为别人会用你的财富来衡量你这个人的能力。

第八个方法——你所拜访过的城市或国家的数目和经过。比方讲三年来你到过 75 个不同的国家的城市，你到过多少个国家去谈判去访问，去会见行业中的权威人士，这也可以增加你的信赖感。

第九个方法——你所服务过的顾客总数。比方讲你所服务过的顾客已经超过 10 万人次。你的顾客总数，可以让市场上的潜在顾客相信你是有能力来帮助他的。最后你可以使用大顾客名单，如奥巴马总统都喝我们的饮料，某某企业家都使用我们的产品，这个大顾客的名单如果是确实拥有的话，就可以迅速增加你在市场上的地位。



## 牧羊，要抓领头羊

*在顾客群中抓住说了算的人。*





推销员在推销商品时，遇到夫妇顾客是常有的事，怎样利用夫妇之间的心理关系来对他们进行推销?

对于夫妇二顾客，推销时要小心应付，特别是对太太不要冷落，否则你会吃大亏的，特别是那些看起来特别厉害的、丈夫又特别胆小的太太，千万要对她们热心一些，这些夫妇顾客的决定权也许正掌握在她们的手里，即使不使丈夫在推销员面前失面子，也会提一些令人头痛的相反意见。

在和夫妇一起洽谈时，亦可利用二者的意见不同。例如：

“先生，你如果对我们的商品喜欢的话，就请您为您的太太买下吧！这样一下，就可以增进你们之间的感情，怎么样？给您的太太买下吧?”

这时，这位丈夫总不好意思拒绝你，拒绝你就等于拒绝了他的太太，这样会影响他们夫妻间的感情。他这时只看太太的神色了，如果太太不开口，他就会无可奈何地买下了。

像这种方式就是利用夫妇间感情来进行推销的一种方法。只要你好好研究一下，你就可以灵活地运用这些微妙心理，来对付这些夫妇顾客。

在商谈成交的最后阶段，你更要观察在这个家庭中，谁是财政收支的决策者，尤其注意谁是影响付账的关键人物，因为客户家中可能有老人和孩子，或者夫妇双方都在场，所以你必须观察谁是购买的决定者。

请看一个优秀推销员讲过的一个事例——

> 有一次，我去一位客户家进行推销，在我与客户谈到最后阶段时，他的儿子从外面回来，当看到他的父亲选的商品时，一口就否定了："这种太难看了，而且用着也不方便，别要了。"
>
> 客户的儿子大概有十七八岁的样子，我知道这样的孩子正处在自以为是的年龄。于是我觉得这次推销的成功与否，关键在这个孩子身上。
>
> 我随即转风使舵与这个孩子聊了起来，我把产品的大样图纸拿出来让他选看，他一下子看中一个精致小巧的商品。
>
> "这个还可以。"他指着那款设计精美，但容积很小的商品说。
>
> "哦，这个的确很美观，但不太适合人多的家庭使用。"我看到他认同地点点头。"不如这一款，"我指着另外一个相同样式但容积较大的商品说，"你看，这个就比较适合你们家使用。"随即，我又说道："看，你已经是一个大小伙子了，那口小锅做的饭还不够你一个人吃的呢。"他听后不好意思地笑了起来。
>
> 最后他做了决定，买下了我推荐的商品，他的父亲很高兴地付了账。

当你与一对夫妇或一群人进行洽谈时，如果你看错目标，不但浪费时间，而且会让人轻视你，这样一来，你的交易势必失败。当然这需要你耐心观察。有时对商品询问最多，同时表示出极大兴趣的人并不一定是决策者。

还有一个保险推销员说起了他的一次推销经历——

> 那是一个星期天，我上门拜访一位客户。这是一个三口之家，客户的儿子已经上高中了，似乎对保险特别感兴趣，在我对他父亲介绍商品的过程中，他不断地提出问题，于是我就对他的问题进行解答。当结束拜访时，我却没能拿到订单。后来我才发觉，那次拜访最大的失误就是我把问话最多的人——客户的儿子当成了主角。

其实这位推销员失败在没有对客户进行观察，这样的孩子对购买保险如此重要的事情是没有决定权的，他源源不断地提出问题，只不过是对保险充满好奇而已。

判断家庭中谁是“当家的”，可以通过在购买过程中，夫妻双方的言行表现来进行判断。一般地，具有决策权的一方，其观点是比较明确的，对要选购的商品有着积极的态度，会率先发表意见，提出要求，并和销售人员进行磋商，而另一方则多是附和、顺从，发表不出什么意见。当然有的情况是一人做主，有的情况则是二人共同商议。

此外，如果销售人员是到客户的家里进行推销，则可以从客户家里的布置格调，是否收拾得干净，甚至从挂历和鞋架都可以判断出在家谁是“当家的”。比如：客户的家中整洁干净，各种装饰品的女性味道比较浓重，色调比较鲜艳，挂历的日期准确，鞋架上的鞋子不仅干净而且摆放整齐，那么女主人就一定是最有发言权的人。如果家中的饰品刚性的成分比较多，则是以男主人为中心的。这就需要销售人员善于观察，找出真正的决策者，投其所好，实现交易。

如果销售人员是向企业进行推销，也要善于找出实际决策人，并把他作为重点公关对象，这样才会避免在企业的小人物身上浪费时间和精力，提高最后签单的效率。

如果你的推销现场有很多人，那么你要务必找对谁才是隐藏在背后的真正顾客。假如你在某一个单位推销，要想迅速在一大群人中找出他们的领导者，那么你就要观察一些人在说话时的眼神，通常，有许多人在说话前会看着某一个人，此人便是他们的领导者。

如果这种方法仍然不能使你看明白时，你可以向这一群人当中的某一人询问一些重要的问题，如果此人是领导者，他会准确地回答你的问题，但若不是时，他就会转向领导者请求援助。

这种简单的观察法，可以避免浪费时间及交易失败，确认出谁是领导者后，你就可以进行最有效的商品推销说明了。

## 让他们单独待一会儿

给他们商量的机会："亲爱的，你觉得怎么样?"

如果你介绍完商品之后让客户们单独待一会儿的话，你成交的可能性就会增加。如果你一直跟他们在一起，你就有可能失去这笔买卖。你要知道，无论客户们怎样彼此了解，他们也看不出对方想什么。他们没有把握知道对方是否想买。让他们单独待一会儿，给他们商量的机会："亲爱的，你觉得怎么样?"

这不仅适用于丈夫和妻子。你也可能向公司的总经理和副总经理推销。总经理可能急着买下来，可他想知道副总经理是不是同意，是否积极支持。或者副总经理急于成交，而不知道总经理会不会阻止他。给他们一些单独相处的时间解决这些问题，买卖就容易做成了。

一旦你懂得了让他们单独待一会儿的技巧，成交过程中的很多问题就迎刃而解了。买卖越大，该方法越重要。例如，买房子就是一个大的决定，这种方法是必不可少的。

不要让你的买主请求你给他们一些时间商量商量，你应自觉地给他们留出时间。要确保是在你商谈的屋子里或汽车上，不要在他们的汽车附近，那样他们很容易走掉。你没必要说："我给你点时间考虑考虑。"只需找个借口让他们单独待一会儿，比如去取咖啡或找一张纸。

## "围魏救赵"的杀价手法

凡事动脑筋就会有办法。

台湾某市某户全家移民国外，欲出售所居住的高价位住宅，卖方要价2300万元台币，委托给房地产中介公司代理。

该公司业务员接下本案后，积极地策划广告，宣传其所处的优越的地理位置、房间布局的合理性及其配套设施的全面与完善，很快将房子推到了市场上。

两周后，出现了一位买主。参观完本所住宅的里里外外，对各方面的条件甚是满意，但只出价2000万元台币，这与卖主的底价相比尚差300万元台币。

业务员无奈，只有回头找屋主议价。经过三天的商议、协调，屋主终于同意售价降为2100万元台币，但声明不再降价，否则立即解除合约。

售价2100万元台币与买价2000万元台币相比，仍有100万元台币价差。鉴于卖方态度坚决，为了促成这项交易，业务员只好硬着头皮再回头找买方协调。费尽口舌，买方态度开始缓和，做出让步，同意再加价50万元台币，即总价2050万元台币。同时，为了表示自己购房的决心与诚意，还当场付了100万元台币的定金。

无巧不成书，就在交付定金的当晚，买方又来找业务员，告诉他说："一个月前我在别处看过另一栋房子，论各方面条件，都比我现在看好的这所房屋称心如意，只因为当时屋主不肯降价，几次交涉谈判未能成功，我只好放弃了，可谁知事情已过去这么久了，我差不多已把这件事忘掉了，就在一个钟头前，那家中介公司突然打电话来告诉我，房主愿意依我的价格出售，可我今天已在你这付了定金，若房主仍不肯降价，固执己见，我衷心地希望您能退回那 100 万元的定金。"

这突如其来的事情，可难倒了业务员，对中介者而言，基本上只是个中介性的角色，并无退款与否的决定权，除非房主同意或房主接受买方的价钱后，买方又反悔不准备买房，才能将其预交的定金进行没收。而就眼前面临的情况是：一方言明不再降价，而另一方则声称打死也不可能再加价，中介者处在夹缝中，真是左右为难。解决问题的惟一办法是，尽快把信息传给房主，由房主自行决定。

房主听到消息后，也犯了难。既然买主更中意前一栋房子，就有可能反悔，若我答应他的要求却反遭对方拒绝，我就有权没收他的定金，这样就等于本钱下降了 100 万元台币，以后再怎么卖都是赚。但赚这 100 万元台币的前提是必须接受买方的价格——2050 万元台币，即需在原售价基础上再降价 50 万元台币；若不愿意降价 50 万元台币，在目前经济不景气、房地产市场持续低迷、交易不大活跃的状态下，错失了这笔买卖，新买主不知何时再现，也不知是否还会有人肯出 2050 万元台币的价钱，最重要的是现在是买方市场呀！

因事出突然，卖方左思右想，也想不出一个妥善的办法，而买方又以"前屋房主催问甚急"为由不断来电要求中介早早回话，否则应立即退回定金。局面就这样陷于僵局之中。

经过几十分钟的"深思熟虑"，房主终于赌博性地同意以买方价格出售，若买方拒绝，则可顺理成章地将这 100 万元台币"纳入私囊"。

中介人把这一决定转告买方，买方表面上装出一副无可奈何的样子，申辩着：我其实比较喜欢的还是前屋，但后屋的卖方又同意了自己的开价，如果不接受这项交易，将会损失掉 100 万元台币。

经过中介人在中间不断地周旋，买卖双方终于勉强成交，达成协议。

就本案高价位住宅成交的整个过程来看，似乎“水到渠成”，其实是买方运用“围魏救赵”的谈判策略延伸出来的高明杀价手法，以100 万元台币定金为诱饵，又以“前屋”之事相威胁，使对方陷入进退维谷的局面，最终，落入买方所设的圈套，实现了买方削价的最终目的。



## 以柔克刚，以静制动

他说他的，你仍要慢慢说你的。

若是遇到性急的顾客，他们也许会用连珠炮的方式不断发问，我们一定要头脑清醒，冷静地听清他们的问题，必要时应该用笔记录，以示对他们的问题的重视。



在这种情形下，我们不能也像顾客那样以牙还牙，用连珠炮似的速度回答，那样将会给顾客一个刺激，使他们更加性急起来，对交易没有好处。



在谈到正题以前先和他们聊聊天，如果看到表情有点变化，就要意识到苗头有点不对，就应该立刻谈及正题，再谈理由，这样就能给顾客一个良好的印象。

“我只想花您五分钟的时间。”开始你可以这样说。当谈到五分钟后，再观察顾客的表情，如果顾客面有喜色或至少对所谈内容没有明显的厌恶感，你可心平气和地说一句：“看来您还是对此有很深的认识，能否再谈几分钟?”

当谈到几分钟后，停下话来，反问顾客：“您还有什么不清楚的地方，需要我们共同探讨一下吗?”利用这种方式，察言观色，静候顾客的发言。

记住，这时候应特别注意拖延时间的说话技巧，绝不可以讲“能不能再谈4分钟、6分钟和10分钟。”因为这样很容易使顾客觉察到你抓紧时间，采用“攻心术”，而对你的商品失去兴趣。因为心理试验表明，双数给人的感觉是很多，会使顾客怀疑我们的诚意。如果说出具体数字，最好用单数“3分钟”或者“5分钟”他们会觉得费时不多，安心倾听下去。

“以柔克刚”正确的做法是首先认真倾听他们的要求、建议，等对方说完后，我们可以这么说：“请您先等一下，让我谈一下对您提出问题的看法，好吗?”然后再慢条斯理、有条不紊地向他们介绍商品的特点和功能。当然，在回答问题时，并不一定要依照他提问的顺序来回答。因为性急的顾客说话时，心直口快，条理未必清晰，所以我们应分清主次，婉转地、有条理地回答对方。这样会给他一个条理清楚的解释，会使对方心理产生一种莫名的敬佩感。

性急的人说话快，声音大，而且有时比较固执，喜欢听他们想听的东西，对不想听的内容不感兴趣。这时，我们要特别提醒他：“对于这一点，先生您难道不认为也是一个很重要的方面吗?”

当我们把顾客的注意力吸引到我们的话题上去以后，要尽量说明我们认为是最重要的东西，而且不要啰嗦。性急的人都对啰嗦深恶痛绝。说话时最好长话短说，有节奏感和紧迫感，多用短句，多用动词，少用形容词，语调掷地有声，态度举止也要讲究分寸。这样就会以柔克刚，深深地吸引顾客的心，那么最后交易会一拍即合。

# 用激将法帮他下决心

关键的时候，一定要推一把。

商谈中的激将法，就是推销者通过一定的语言手段刺激对方，激发对方的某种情感，由此引起对方的情绪波动和心态变化，并使这种情绪波动和心态变化朝着己方所预期的方向发展。

有的顾客对商品的各方面都还基本满意，且资金上也支付得起，就是不知什么原因，使他总觉得往后是否会出什么问题而举棋不定，迟迟不敢下定决心。激将法对这种顾客尤其有效。因此你可以这么说："先生，世界上就是有这样的情况。一个人对自己越是感兴趣、越是喜欢的东西，越是不敢勇敢地去追求并争取拥有它。我想这是一种很可悲的情况。我想，先生您一定不是这种人吧。如果您觉得这种商品还行的话，就行动起来吧。"经过这样一激，我想不会有再表示沉默的顾客了吧。

还有这样一类顾客，恃才而傲，自以为无所不知，无所不晓，更是无所不能。你说什么他都会马上接着你的话说出你下一句想说的。在他们看来，根本就不用什么推销员，就可以买到最好的商品，而完全不必与什么推销员打交道。

对待这种类型的顾客，当你和他们交谈时，你可以表现出一种客气的态度，但在这种客气之中包含着一种对交易成功与否漠不关心的神情，就好像你根本不在意这件事一样。

这时，顾客就很想知道你为什么那么漠视他的原因。在他的头脑中，总认为自己是一个了不起的人物，理应受到他人的尊重和注意。你对他表示冷漠，他就会恼怒，但最终还是会以购买你的商品而告终。

与他们谈话，你尽可以用下列的语气：

“尊敬的先生，您大概不知道吧，我们的商品，并不是随随便便地对任何人都进行推销，这会影响我们的荣誉！”

当你说出这一段话，你不必对他再说什么，就会使他发生反应，不等他开口说话——当他还处在一种惊奇的状况时，你又接着说：

“我们公司对特殊的顾客的服务项目都要经过严密的核查和选择。这一情况，相信大家都略有所闻。

“在选择推销对象上，首先，我们要求顾客必须符合一定的条件。话又说回来，能符合这种条件的顾客不是很多。因此，总会有例外情况，我想像您这样有知识的人一定能够理解我话中的含义，是吧！”

说了这么多之后，你可以稍微对他们谈及一点生意上的事情：

“如果您想了解我们对顾客的服务事项，我可以提供一些资料给你们。不过，在这之前您是否需要先申请一下付款的手续问题？这对我们两者都有利，既可以节省您的宝贵时间，同时也方便了我们。”

顾客同意你的意见，并表示想买的意愿，而你仍应装出一种满不在乎的神态。

等到时机成熟，你就可改变推销策略，热诚地为他们服务，直到填好了订单。

还有一类顾客考虑问题太多，一直不能下定决心，总是以“还要多加考虑”为借口。如何使这一类顾客脱离他的思维怪圈，而沿着你的思路走下去呢？

在顾客举棋不定之时，你可以用一种令他们感兴趣的话题去刺激他们另外一根神经。例如，顾客说：

“我还是不能下决心。”

你可以接着说：

“是啊，这是人之常情，对于这样一件大事，谁都要仔细考虑一番。谁也不愿意武断地下决心买一处自己不喜欢的房子。不过，我们公司考虑到你们这一点，特别实行一项特殊方案，解除你们后顾之忧。

“我们公司几年前就做出一项决定：凡是购买本公司房地产的顾客，当交纳了首付款之后，可以试住一段时间，如果能对所住的房子感到满意，则分期付款就可以了，如果对房子不满意，公司将帮助你出售房子。

“按照这种方案，您可以在很长一段时间内做出自己的决定，您觉得这种方式怎么样?”

有一位小姐看中了某商店橱窗内一双新式皮鞋。她站在柜台前反反复复地看，问一些无关紧要的问题。很明显她很喜欢这双新式皮鞋，但又因它价格太贵而犹豫不决。该商店的售货员看到她犹豫的心理，于是上前问道：“如果这双鞋的价格不能令您满意的话，您是否愿意再看看别的?”

结果这位小姐很坚定地买下了这双皮鞋。售货员问话很简单，但其中藏有很深的奥妙，它激发了这位小姐的好胜心，因此成功地销售出了这双皮鞋。

使用这种技巧，刺激顾客的好胜心，要十分讲究讲话分寸，一般说来，它是有章可循的。

（1）触发顾客好胜心，但绝不能伤害好胜心。

如果在上例中，售货员对那位犹豫不决的小姐说：“要买就买，买不起就别看了，凭你这模样还想买这样高档的皮鞋。”当然这句话也能对顾客产生“激”的效应，不过会伤害顾客的自尊心，产生南辕北辙的后果，不但达不到销售的目的，反而会损害商店的形象。“谁也不想买冤家的账”，这是人之常情。

无可否认，我们经常听到卖东西的人用挖苦、贬损的言辞“激”顾客，其实这不过是一种原始的“激将法”，它与现代商品销售中的“激将法”有天壤之别。这是不可相提并论的。

（2）“激”的目的是让顾客摆脱犹豫，但绝不是设下陷阱，让顾客遭殃。

曾经有位推销员去一家工厂推销布匹，一些工人围着看，其中有位青年说这布质量很差，并且价格太贵了。没想到这位推销员不近人情，挖苦那位工人说：“看您穿这身衣服，恐怕一尺两块你都买不起!”这话大大刺伤了他的自尊心，他挥了挥手对其他工友说：“你们作证，他卖我两块一尺，我全包了!”于是工友们帮他凑齐钱，把那些布全部买了下来。

直到星期天，他们出去逛商店，才知道这种布充斥着整个市场，一尺一块五。这位青年才知自己上了当，后悔莫及，同时也对该推销商深恶痛绝。

以上例子，推销商虽然运用“激将法”把布推销出去了，但他的人品也随着这廉价的布一齐出卖了。其结果肯定是得不偿失，因为他的这种做法是没有考虑严重后果，“杀鸡取卵”，把他以后的经商之路全部堵死了。

所以，“激将法”在生意场上要有的放矢，千万不可奉为“经典之作”，在万不得已的情况下，才亮出这一招。精明的生意人是不会轻易动用这种“核武器”，即便使用它，也应考虑到它的后果。

使用激将法，其效果如何，全在于心理刺激的“度”掌握得怎样，有的“稍许加热”即可，有的则要“火上浇油”；有的只要“点到即止”，有的却要“穷追猛打”；有的可以“藏而不露”，有的则需“痛快淋漓”。

当然，具体的实施，能否取得最佳推销效果，这就要推销者根据不同的情况而定。“运用之妙，存乎一心。”不管运用什么方法，都不能脱离具体情况。

## 换个角度，柳暗花明

在直接推销行不通时，就换一个角度。

我们来看一个例子。

沃德：“您好，我是某某保险公司的推销员。”

客户：“哦，是推销保险的。”

沃德：“您别误会了，我的任务是宣传保险，如果你有兴趣的话，我可以义务为您介绍一些保险知识。”

客户：“原来是这样，请进。”

换个角度，柳暗花明。于是沃德向客户迈进了第一步。在接下来的交谈中，他像是叙说家常一样，向客户详细介绍了有关保险的全部知识，并将参加保险的利益以及买保险的手续有机地穿插在介绍中。最后，沃德说：“希望通过我的介绍能让你对保险有所了解，如果你还有什么不明白的地方，可以随时和我联系。”然后沃德递上自己的名片，直到告辞，他也只字未提卖保险的话题。可是第二天，客户便主动给沃德打电话，要求买一份保险。

从那以后，沃德卖出的保险一天比一天多。他的成功经验表明，把客户看成什么也不懂的人进行一番说教，必然引起客户的反感，再说，客户对“推销保险”本身怀有一种戒心，所以成功的机会非常小。而避开“推销保险”这一敏感话题，以“义务宣传员”的身份接近客户，只字不提保险的事，能使客户放松戒备，在不知不觉中，让客户自己主动选择了“买”。

威廉是X光机器制造商，他也利用同样的心理战术，把X光设备卖给了布鲁克林一家最大的医院。那家医院当时正在扩建，准备成立全美最好的X光科。L大夫负责X光科主要业务，饱受推销员的骚扰，他每次见到推销员都避之惟恐不及。威廉比其他人更懂得人性的特点，他给L大夫写了一封信，内容大致如下：

我们的研究院最近完成了一套新型的X光设备，第一批刚刚运到我们的办公室，它们并非十全十美，我们很想改进它们，如果你能抽空来看看并提出宝贵的意见，使它们能对医学界有更多的帮助，那我们将深为感激。我知道你十分忙碌，我乐于在你指定的任何时候，派车去接送你。

接到那封信，L大夫很意外，也很欣喜，以前从没有任何一位X光机器制造商向他请教问题，这使他觉得自己很权威。那个星期，他每天晚上都很忙，但他还是推掉了一个重要的约会，以便去看看那套设备，结果，他看得越仔细，越发觉自己十分喜爱它。威廉并没有直接把X光机器推销给他，但L大夫觉得，买下那套设备，完全是出于医院的需求，他接受了那些优越的品质，于是就把它购买下来。

在直接推销行不通时，就换一个角度，切入顾客的兴趣点，赢得商谈的机会，借题发挥，促使他与你达成交易。

在推销过程中，推销员经常遇到类似的情况，当正面的产品价值说明不能起作用时，那就试试反向说明，效果反而会更好。这是成功推销的又一途径，这种方式就是要提醒顾客，如果他错过了你的产品，就有可能产生某些隐患或者面临某种威胁。没有人愿意被威胁，更何况是顾客。这所谓的“威胁”策略与恶意的恐吓并没有任何关系，而是推销人员通过对顾客需求的认真解析，对顾客进行的善意提醒。

## 旧的不去，新的不来

想到自己家中还有一件旧的，便犹豫不决了。

一般而言，人们对于新的、好的商品都有一种喜爱之情，都想据之为己有；虽然这种商品也许对自己并无用处或是自己并不很需要。但是，人们对于自己已有的、用旧了的物品还是十分珍爱的，虽然破损，但不忍丢弃，甚至认为丢弃自己用过多年的、对其有深厚感情的物品是一种罪过。

因此，当人们看到一些新的、好的物品时，虽然很想买，但一想到自己家中还有一件旧的，便犹豫不决了。

此时，推销人员便应利用说话技巧，让对方明白爱惜旧的物品是一种正常的心理，但是老是使用旧的物品并不经济。应适时地更换物品，如现在购买这种新的、更为先进的物品是合理的。相反，不购买此商品则显得不太合理。总之，要让对方明白舍弃其原有旧物而购买新的商品，不会“上当”，相反会更为划算。

例如推销人员推销一种新的冰箱，而对方还在犹豫不决时，推销人员便可对他说：“您不忍白白丢弃您原有的冰箱，认为那是一种浪费，这我能理解，我自己也有这样的经验，但是您家的电冰箱已使用这么多年了，马达、压缩机等零件都已磨损得差不多了，如果您继续使用下去只会增加电力的耗费，这会造成很大的浪费，还有您的旧冰箱中的制冷方式及功能也不如新型的电冰箱，它必然会影响到食物的卫生，从而影响你们全家人的健康，这将是更大的不划算。而我们这种冰箱的冷冻室，不但加大了贮藏的容量，还有节省电力的特殊装置，每个月能节省不少电费。您这么一考虑，是不是买台新的划算？您的妻子、儿女一定也很喜欢。”这样，也许购买者就肯“忍痛割爱”，舍弃旧冰箱，而购买一台新冰箱。

因而，推销人员在遇到这种情形时，要先承认对方的理由是合情合理的，是人之常情，然后，用说话技巧来打动对方的心，让其最终还是放弃自己的原则，而不得不购买。

## 一次示范胜过一千句话

俗话说得好：“耳听为虚，眼见为实。”

如果你想勾起对方吃牛排的欲望，将牛排放到他的面前固然有效，但最令人无法抗拒的是煎牛排的“嗞”声，他会想到牛排正躺在铁板上，嗞嗞作响，香味四溢，不由得咽下口水。

“一次示范胜过一千句话”，不论你推销的是什么产品，只要你善于动手示范，通过某种方式，把产品的性能、优点、特色展示出来，使顾客对产品有一个直观的了解，就易于说服顾客，促进产品的销售。

在赤道地区，一位小学老师在向学生们解释什么是“雪”。

老师说：雪是纯白的东西。

学生们回答：老师，我们明白了，雪像盐。

老师说：雪是冷的东西。

学生们回答：老师，我们知道了，雪像冰淇淋。

老师说：雪是粗粗的东西。

学生们回答：老师，我们知道了，雪像沙子。

老师始终无法解释清楚什么是“雪”。最后，老师以“雪”为题考试，结果有几个学生写道：“雪是白色的、味道又冷又咸的沙。”

这个故事使我们明白，“一次示范胜过一千句话。”

同样，在推销过程中，产品的许多功能和优点，也是难以用语言来诠释的，如“乘坐舒适”——“舒适”的感觉该如何向顾客描述？“质地优良”——“优良”一词该如何让顾客心领神会？并且，顾客还有“耳听为虚、眼见为实”的观念。如果推销员不能让顾客理解并相信产品的“舒适”和“优良”，你就无法打动顾客。

俗话说得好：“先尝后买，方知好歹”，不论你推销的是什么产品，只要你善于动手示范，通过具体的方式，把产品的性能、优点、特色展示出来，使顾客对产品有一个直观的了解，就易于说服顾客，促进产品的销售。

为了向顾客说明“味道鲜美”，你可以让顾客亲口“尝一尝”；为了向顾客说明“音质优美”，你可以让顾客亲耳听一听；为了向顾客说明“式样美观”，你可以让顾客亲眼看一看。在体验、感受之后，才能对产品有直观的了解。

美国一位汽车推销员为了向顾客说明“乘坐”是如何“舒适”，他站在三层楼上向汽车坐椅扔鸡蛋。当人们看到鸡蛋没有被摔坏时，舒适的特性自然让人们深深体会到。日本的手表商人，为了向澳大利亚人解释他们产品的质量是如何“优良”，就用直升机从天上扔手表。当手表从几百米的高空扔下来没有被摔坏时，优良的品质自然不言而喻。

一位推销员向顾客推销一种新式牙刷时，把新旧牙刷展示给顾客的同时拿出一个放大镜，然后说：“用放大镜看看，您就会发现两种牙刷的不同。”没多久，那些靠低档货和他竞争的同行被他远远抛在后面，从那以后他永远带着放大镜。他总结经验时说：“我再也不用不厌其烦地向顾客解释，为什么我的牙刷价格比别人高，顾客轻易就接受了这种鉴别方法，因此我的销售额直线上升。”

纽约的一个西服店老板，他在商店的橱窗里装了一部放映机，向行人放一部广告片。片里，一个衣衫褴褛的人找工作时处处碰壁，而一个西装笔挺、风度翩翩的人，很容易就找到了工作。结尾打出一行字：好的衣着就是好的投资。这一招使他的销售额突飞猛进。

一个牙医做得更绝——他把患者的光片放在墙上，使患者一坐下就可以看到牙齿的损坏情况，然后他会说：“不要等牙坏到不能用的程度再来看病。”

几年来，通用电器公司一直在向一所学校推销他们用于教室黑板的照明设备，联系了无数次，费尽口舌，却毫无结果。一位推销员想出了一个主意。他抓住学校老师集中在大教室里开会的机会，拿了根细钢棍站到讲台上，两手各持钢棍的一端，说：“先生们，我只耽搁大家一分钟。你们看，我用力折这根钢棍，它就弯曲了。我松一松劲，它就弹回去了。但是，如果我用的力超过了钢棍的最大承受力，它就再也不会变直。孩子们的眼睛就像这钢棍，如果视力遭到的损害超过了眼睛所能承受的最大限度，视力就再也无法恢复，那么将来花多少钱都无法弥补。”结果，学校当场就决定，购买通用电器公司的照明设备。

说服顾客时，数字是非常重要的。如果能让顾客自己计算，那就更好了，他们得到的印象会更深刻，理解更透彻。最重要的是，会使顾客有一种自我认同感。

当你推销你的产品时，要清楚地向顾客展示你产品的性能，不失时机地抓住顾客的兴趣和关注点，从而激起客户购买的欲望。

# 任何时刻都是签单的最佳时机

见机行事，见好就收。

大多数刚开始从事推销的人往往在展示完商品的时候，才与客户谈论买不买的问题，其实这样做是不明智的。从与顾客一见面起，任何时刻都是签订单的最佳时机，而且时间越提早越好。

比如有人来问暖气机的价钱，你可能会说：“这种暖气机起码比以前的机型省10%的用电量，露丝太太，你对这应该有兴趣吧?”

你只是在解说过程中提到一个重点，但其实已经试图要完成交易了。露丝太太若觉得这省下的10%用电费对她很重要，那么她也就准备要掏腰包了。

下面有两个具体的例子：

“现在你已经知道这种中央空调系统能省下这么多钱，你一定会想换掉窗式空调了。”推销员在这里已经提到省钱的话题，正试图说服客户。

“这栋公寓视野非常好，而且空间足够吸引您的朋友来这里玩，维修费却非常少。我想你应该对抵押担保的细节有兴趣，我们可以坐下来看看这些条件。”在这样简短的介绍后，推销员其实已经企图要完成交易了。

推销员要随时掌握顾客的心理状态或暗示，有时一个简单的动作，像身体往前倾等，都可能透露出“我想买”的信息。

当你听到、感觉到或见到这样的暗示时，就要立刻停止解说，尝试与顾客完成交易。不要等待！这就是推销员想要的最佳时刻！

# 订购单也是说服的工具

让顾客签字盖章时，最好把订单放在顾客的左侧。

订购单是推销人员和顾客之间的买卖契约，是买卖双方在双方信用的基础上达成的协议。有些推销人员在进行推销活动时往往操之过急，迫不及待地拿出订购单让顾客填写盖章，结果事与愿违，往往以顾客的拖延或直接拒绝而告失败。

一些有经验的推销人员介绍了他们使用订购单的方法，在他们手里，订购单不再是给推销人员带来麻烦的东西，却成了促进顾客下决心购买产品的工具。

让我们看看这些有经验的推销人员是怎么巧妙地利用订购单的。他们拿出订购单的时机并不是孤立的，而是伴随着说服过程同时进行的。这样做一方面可以提高时间的利用率，缩短推销时间，更重要的是可以减小顾客的防卫心理，促进交易的达成。

这些推销人员往往边交谈边填写订购单的一些内容，如交易的时间、地点、负责人等等，把这些内容填完递给顾客签名或盖章时，他们可能会惊异，因为他们还没有最终确定是否购买。不过没什么要紧，这份填写了内容的订购单会成为推销的催化剂，暗暗地起到进一步说服的作用，又不致引起顾客的反感。这样顾客会最终确定购买意愿，起到其他说服方式所代替不了的作用。在一般人的心目中，书面的材料往往比较正式，从而让顾客减少犹豫不决的时间，下定决心购买产品。

有一位推销员介绍说——

我和客户的推销商谈已经到了成交的最后阶段，于是，我换了一种语气和客户说话，仿佛对方已经是那套房子的主人似的。

“它已经是你的了，你一定很满意，那么现在让我为你介绍一下这座房子的另外一些好处。它坐北朝南！何况税务部门以后会退还你缴纳的税金！所以，我得赶快把你的报税号码抄下来，填在这里，你很快就会收到退税了。请你在这里签名！”

我很自信地引导着客户签上名字。“最慢4个月内就会收到钱。是不是很棒？请告诉我你的银行账号，我把资料填上去！”我继续说，“这是张房屋出租账号的专用申请表。如果你希望把房屋租赁出去，那么租房者就会知道他的房租该汇给谁，你一定希望每个月都有租金收入吧？这样行了吗？请在这里签下你的大名！”

就这样，我顺水推舟地让客户签上了大名。

“我坚持的座右铭是：不要争辩，只管让对方相信！订单就自然而然的来了，最后的签名盖章，就好像是理所当然一样。”这位推销员最后这样说。

正如埃里希－诺贝特·德托依所言，获得签约其实是目标明确、令人信服的推销技巧产生的结果。客户本来就是被一步步引向签约之处的，所以最后签下他名字的这一步，当然应该走得和其他步伐没什么两样！

巧妙应用订购单是推销的一个技巧，但应用不当，亦会产生负面效果。推销人员在填写订购单时，有以下两点需要注意。

第一，要光明正大地填写订购单的内容，不要偷偷地背着顾客填写，这样易使顾客产生不信赖感和逆反心理。而且，在填写订购单时最好同时读出来，让顾客准确无误地听到，不要读错或填错，遇到关于名称的内容时，一定要每个字都准确无误，不清楚时可向顾客询问，这同时也体现了推销人员对顾客的尊重。

第二，到让顾客签字盖章时，最好把订单放在顾客的左侧。据心理学家分析，把订单放在顾客的右手边上会使他产生压迫感，顾客会产生不情愿的心理。



## 弱者往往在交涉中达到目的

言语笨拙的往往胜过口齿伶俐的。

试着回想在以往你与反应迟钝的人是如何交涉的。你那灵活的比喻生效吗？面对低能儿，天花乱坠的数据对他都等于零。显然你的才干在这种情况下会完全失效。

每次向聋哑人回答问题时，人们总是提高音量，又比又划的，为什么？你急于替他们解决问题。



弱者往往在交涉中达到目的。银行通知客户超过了分期付款的期限，贷款者用儿童般的声音答道："我们不懂。"

这时，银行方面就觉得客户并非故意拖欠而是因为不了解规矩，那么银行方面就会给客户更多的解释来帮助他弄懂，如果客户还是不明白，银行还向他提供建议，比如申请延期，这么一来，客户的目的就会轻而易举地达到了。



更甚者，当向某人寻求帮助，在接受帮助的同时，对方还投入时间的资本，增加了对你有利的情况。

因为，人们为了虚荣和自尊的需要，往往对弱者表现出异乎寻常的大方，殊不知对手竟是一只不动声色的厚黑老虎。

在人际交往中，看似愚笨的一方往往占到便宜；言语笨拙的往往胜过口齿伶俐的。试着偶尔去说：

"我不知道。"

“我不懂。”

“帮帮我。”

“我不清楚你的意思。”

将这些语句适当插入你的推销语言中。

第一次世界大战之后，土耳其人开始扬眉吐气了，他们打败了作为英国傀儡的希腊。而当时英国政府却咽不下这口气，他们拉拢了法、意、日、俄、希腊，与土耳其在洛桑谈判，企图胁迫土耳其签订不平等条约。

土耳其派了伊斯美出席。伊斯美这个人不但个儿小，听力还有点不方便。

英国派出的是当时的外相克遵，这人长得五大三粗，声如洪钟。

克遵一出场，根本不把伊斯美放在眼里，气势汹汹，不可一世。

伊斯美充分发挥耳聋的“优势”，对土耳其有利的话，他都能听见；对土耳其不利的话，他都听不见，还一再表示：

“您能表达得更清楚些吗?”

克遵大发雷霆，挥拳吼叫。但伊斯美一如既往，坐在那里，显出一副若无其事的样子。

克遵被弄得筋疲力尽。

在洛桑的三个月里，伊斯美面对列强们以战争相威胁的局面，坚持以静制动的策略，维护了土耳其的利益。

## 见方则方、见圆则圆的急智

生意场上，无论买卖大小，出卖的都是智慧。

销售人员必须具备市场应变能力。市场的变化如同天上浮云的变化，销售员自己原有的或者别人曾经成功的销售经验固然可以起到一定的作用，但也并非就是灵丹妙药，能够保证销售人员在操作中一定会百战百胜。市场销售实战时因为竞争对手经常会改变销售策略，所以还需要注意时刻观察对手各种变化以便做出相应的调整，做到活学活用，随机应变。

这种急智，是指在商谈中，自己或者对方的言语行为出现突发事件或意外情况时，能灵活地、迅速地、恰当地做出反应并进行适当的处理。

商谈中的急智，是一种高超的能力。一般说来，知识越渊博，阅历越丰富的人，应变能力越强。因为他们反应敏捷，在商谈中遇到紧急情况时，能够调动长期积累的生活经验和各种知识来思考、解决。从而使“山重水复疑无路”，转化为“柳暗花明又一村”。

摆脱困境的急智，虽然可以从成功的推销事例中去寻找，但又没有一定之规。它是一种技巧，从根本上讲，是以智慧和经验为依托的一种能力。

有了这种能力，无论商场上如何风云变幻，无论发生了什么严重事变，人们都能凭着过人的机智、灵感，兵来将挡，水来土掩，见方则方，见圆则圆，应付自如。

（1）有意岔题是应付突发事变的有效方法

一次服装展销会上，一位营业员正在向众多的顾客介绍服装的式样，突然听到有个顾客说：“式样不错，老点。”

这位营业员一听，马上机灵地说：“这位先生说得对，我们设计的服装式样好，又是老店了，质量保证，价格公道……”

其实这位顾客说的是“式样老了点”的意思，营业员怕其他顾客受到这句话的影响，因而灵机一动，利用谐音，岔开了对自己不利的话题，有效地把大家的注意力吸引到对自己有利的方面来。

推销中，要使岔题成功，首先要自然，就是指岔开的话题要与原来的话题连得上，说得通。再就是岔题要及时。即在对方话题尚未展开之前，就以新的话题取而代之，使对方在不知不觉中离开原来的话题，将注意中心转移到新话题上去。

（2）顺势牵连也是一种应变方法

有次山东蓬莱一位导游为八位日本客人当导游，讲过“八仙过海”的故事后，一位日本客人问：“八仙过海漂到哪里去了？”

这一个难题，没有人考证过。导游一见眼前的八位日本客人，突然灵机一动，答道：“我想，为了发展中日两国人民的友谊，八仙过海渡到日本了吧！”

日本客人听了，高兴得笑了起来。

导游的回答妙在把眼前的情景、巧合的数字（八仙过海、八位日本客人）顺着客人的问话和中日两国人民的友谊，自然地连了起来。

顺势牵连的应急艺术，确实能有效地使人从困境中摆脱出来，但是，必须注意“牵”得要自然，“连”得要巧妙，不能牵强附会，否则会弄巧成拙。

（3）还可以运用一语双关的应急方法

第二次世界大战期间，英国首相丘吉尔到华盛顿会见美国总统罗斯福。

丘吉尔受到热情接待，被安排住进白宫。

一天早晨，丘吉尔躺在浴盆里，抽着他那特大号雪茄。门突然开了，进来的是罗斯福总统。

丘吉尔大腹便便，肚子露出水面。

两位世界名人在此相遇，都非常尴尬。

丘吉尔扔掉了烟头，说：“总统先生，我这个英国首相在您面前可真是一点也没有什么隐瞒的了。”

说完，两人哈哈大笑起来。

丘吉尔这一句风趣幽默又语带双关的话，不但使双方从尴尬的境况解脱出来，而且借此机会再一次含蓄地表达了自己的观点和目的，促成了后来谈判的成功。

# 煮熟的鸭子别飞了

越是在有把握的时候越是关键的时候。

在没有收到现钱之前，无论你与客户商谈到哪一步，都不要高兴得太早。也许你们已经约好交钱的时间，但当你打电话过去的时候，他却换了他的电话号码，因为这是商业世界，什么都可能发生。

同客户谈得投机，彼此双方都有合作的意图。经过双方的交涉与协商，彼此达成了共识，下一步就要签订合同或协约了，这种协约有两部分：一是口头上双方共同确认和肯定的，二是书面协议即合同或订单。

这时应该特别注意。因为马上就要成功了，往往会产生麻痹大意的心理，稍微一疏忽，被对方钻了空子或双方都无意中漏掉了某些重要内容，其结果必然是造成以后双方发生意见与争执。因此，越是在有把握的时候就越是关键的时候，一定要步步谨慎，处处在意，才能保证万无一失。



在这种将要结束商谈的时候，有一些注意事项是应该特别重视的，用英文字母来表示，可以概括为6W2H。

（1）When——即日期：交货日期，付款日期，合同期限等等。

（2）Who——即立约人、提货人、使用人、购入部门、承办人、付款人，还有一个：公证人。

（3）Where——送货人、置货处，总公司、工厂、分店、负责人住宅等的地址和电话一定也要搞清楚。

（4）Why——使用或购买的目的、理由等。

（5）What——商品的名称是什么？商品的型号和号码是什么？

（6）Which——商品的数量、重量、厚、长、高、宽、深、面积、体积等。

（7）How——商品的形式（样式），包装、色彩怎样？付款条件怎么样？

（8）HowMuch——即成交金额的数目，包括货款、运费、各种杂费等。

还要特别注意阿拉伯数字与英文的写法，如1和7，D和P，零和0等，要写清楚。

最后一条，不要忘了签名、盖章。

在交易完成后，还应保持对顾客同样的亲切热情，而不应有半点冷淡。否则，会让顾客觉得你只是为了谈交易赚钱，给顾客留下一个不好的印象。

此外，还必须对顾客守信用，对自己讲过的话和许过的诺言都必须负责，把自己的售后工作也做得让顾客满意，给下一次的交易奠定一个好的基础。

## 当所有的方法都失败了，还有一招

一小时之内我绝不离开买主。

道森有一句名言："无论怎样，我在一个小时之内绝不离开客户！"如果一切手段都失败了，我希望你运用道森誓言的策略——你看了看手上的表，有意识地举起左手，把右手放在心口上："我发誓，一小时之内我绝不离开买主。"不管你干什么，即使这一小时你没再提你的产品或服务。

再要一杯咖啡——花掉五分钟。假装太热了，没法喝，再等十分钟。也许咖啡壶空了，很好，让他们再灌一壶。现在你已经熬过半个小时。不论干什么，坚持一个小时，不要离开。

推销高手知道，你让别人呆得越久，他们的决定越有弹性。他们现在说不，并不意味着半个小时之后还说不，一个小时之后还说不。

所以，如果所有的方法都失败了，试试道森誓言。

## “胜对胜”，而不是“零和”

推销是一种双方都能得到好处的交易。

20世纪伟大的数学家约翰·凡·诺曼创立了一种使用二进制的概率游戏。在这种游戏中，所有的活动被分成两种形式或两种类别。若其中一种行动（或一方）的推进是以另一方后退为代价，这被称作“零和游戏”（意味着一方得零，另一方得一或更多）；若其中两种行动（双方）同时向双方均有利的方向推进，就称为非零和游戏。流行术语将零和游戏称为“胜对负”，将非零和游戏称为“胜对胜”。

一个人要想成为凡·诺曼游戏的赢家，必须掌握三种技巧：零和对弈（因为许多情况要求如此），非零和对弈（当然许多情况也要求这种游戏模式），及分辨哪种情况下要求哪种模式。

在体育运动中，大多数都属于一方胜一方负的情形，如乒乓球、羽毛球、百米跑等。一个人不可能在一个项目中做到在自己不失利的情况下帮助对方。这些都是零和游戏或胜对负的游戏。

非零和游戏，即均胜游戏说明：一方若以击倒另一方为游戏主旨则会造成双方皆输的结果。赢得均胜游戏的惟一途径是帮助另一方获得至少是使其有满意的收益。

结合推销实践，推销是一个涉及买卖双方的活动，推销活动的主体，即买卖双方都期望从交易中得到好处，并且双方经过权衡，认定必能从交易中得到好处，交易才能够实现和发展下去。把推销理解为“占便宜”的观念，是推销员站在自我的立场上，考虑的是自己的私利。

这些自私的推销员以顾客的损失为代价，玩一种胜对负的游戏。在美国，一位顾客通过阅读一本全国性杂志上的文章，发现他的一位供应商向他收取比同行价格高15%的费用，还向他保证这是最低价。可以想像出当时顾客发现几年来被骗时的感觉。顾客气坏了，不是因为被多收15%或它代表的美元价值，而是因为被出卖的感觉。于是，顾客从那个推销员的公司撤走几百万美元的账户，起诉这个公司要求归还多收的费用和赔偿损失，并采取措施使整个行业对那个推销员产生不信任感。那位推销员曾以顾客的损失为代价“获胜”，但最后却造成两败俱伤的结果。

零和游戏对推销员来说意味着一种观念的变更和一种新的经商方法。推销是一种双方都能得到好处的交易，是买也得利、卖也得利的活动，所有的推销都应是胜对胜的游戏。对推销员来说，他的最大职责不是考虑如何使自己获胜——卖出更多的产品、赚到更多的钱，而应考虑如何协助、支持顾客获胜。

一些优秀的推销员都强调如何支持顾客赢，从而使自己也获得最大的利润。支持顾客赢，不是隔靴搔痒，而是针对顾客的需要，提供完美的解决方案。像顾客一样看待事物远远不够，你必须比顾客看得更清晰。

20世纪60年代，日本某公司开发出一种新产品，即投币式自动电唱机，取名为“立体声友伴”，该产品造型美观，性能良好。当公司的推销员滨须前去拜访经销商，向他们介绍、推荐这种产品时，经销商始终无动于衷，因为他们不知道这种新产品的客户群在哪里，也无法判断这种新产品的销售前景，他们对经销这种产品能否赚钱没有一点信心。

滨须意识到要说服经销商，就必须消除他们的疑虑才行。他彻夜不眠，想了几天几夜终于想出了一个说服顾客的推销计划，当他再次拜访经销商时，他说：“如果你购买我们的产品，我替你找到安放它的店铺，而且确保你每个月可赚4万日元。”

滨须的计划对经销商来说具有极大的吸引力：第一，经销“立体声友伴”之后，不必担心卖不出去，因为滨须为这些机器寻找安置场所，这些场所包括小吃店、酒吧、餐馆、旅店等，也就是说，滨须帮经销商把产品卖出去；第二，经销商坐收利润。设置“立体声友伴”后，一天的利润虽然视地点不同而有少许差别，但平均大致有3000日元。利润跟提供场所的店东折半，也有1500日元可得，一个月就有4.5万日元利润。机器的售价是15万日元，经销商四个月就可以收回本钱，以后每个月就是净收入4.5万日元。经销商经销“立体声友伴”既不需要推销，又可每月赢利4.5万日元，何乐而不为呢？

然后，滨须再去拜访为“立体声友伴”提供设置场所的业主，对他们说：“我们公司的产品造型美观，性能佳，可烘托店里优雅的气氛。只需把它放在你店里的一个角落，你每个月就可坐收4.5万日元。你不用投资1分钱，我们也不收取任何费用。”

这是一次前所未有的实验，酒吧、小吃店并不需投资买机器，只需提供店铺的一个小角落，就可以每月获利4.5万日元。这样的条件，谁会拒绝呢？

就这样，滨须的推销取得了极大的成功。那些知道别人买“立体声友伴”赚了大钱的人，争先恐后地拿出15万日元买“立体声友伴”，把它设置于酒吧等场所，跟设置商大分其利。

各家酒吧、小吃店等店铺，看到生意不错，利润滚滚而来，他们就觉得给人家一半利润，让人坐收渔利真可惜，他们就不再拱手让利于他人了，自己掏钱买机器。

店铺买进机器后，租给他们机器的机器所有人就会再把机器租给别的商店营业。这种崭新的销售方法，使得“立体声友伴”在市场上声名鹊起，很快每个月的销售量就突破1万台。

遵守双赢的原则，是推销成功的前提。在这个前提的基础上，你才能不但赢得现在，还能赢得将来。

TOP

SALES PROMOTION

# 六

# 推销是心与心的沟通

# 难就难在与人打交道

推销是温柔的，没有杀机的。

众所周知，人是社会各元素中最活跃的部分，任何企业行为和社会活动都是由人来参与和完成的。销售工作也是一样，它要求销售人员必须懂得如何与人打交道。我们与客户、促销员或者消费者都必须有沟通，一个连自己的意思都无法表述清楚的销售人员肯定无法做好销售。

如果客户很愿意接受你的意见，并付诸行动，那就证明你的行为是有效的，沟通是成功的。失败的沟通只会拉大彼此间的距离，导致防范心理越来越重，沟通的难度也就越来越大。

几乎所有的推销员都认为在所有与推销有关的环节中，最困难的莫过于与客户的沟通。其实，沟通之所以困难，是因为彼此环境不同，立场各异。

有些推销员这样认为：客户——你的对手。

仔细想想，这样的观点准确吗？对手是用来战败或者消灭的，在战场上你可能认为这很光荣，但在生意场上打败客户，对你来说却是一种灾难。

如果你感觉到一个顾客或者客户的反应有些不对劲，先不要急着下结论。他也许只是和你持有不同的观点而已，毕竟你们两个是第一次见面。你需要一些时间来理解你的客户并且与他沟通。一旦你这样做了，就会发现他的反应积极多了，并且会百分之百响应你。

其实，推销是温柔的，没有杀机的，客户也想成为这场交易的胜利者。因此，你要充分发挥与对方沟通的技巧，以尊敬、友善的态度面对客户，同时还要让客户充分感觉到你为他付出的努力。

在当今的营销环境中，优秀的推销员最重要的一点就是成为解决客户问题的能手和与客户拉关系的行家。他们会本能地理解到客户的需求，他们也会本能地做到全神贯注、耐心、周到、反应迅速和真诚以待。优秀的推销员能够站在顾客的立场上，用客户的眼光看问题。当今的客户寻求的是业务伙伴，而不是打高尔夫球的伙伴。“问题的根本在于，”美国的一位推销顾问说，“优秀的推销员总会考虑到客户的业务将向何处发展？自己怎样才能帮上客户的忙？”作为销售人员，你会接触到各种各样的经销商，也会接触到各种各样的消费者。这个经销商有这样的爱好，那个消费者有那样的需求。我们是为客户提供服务的，满足客户需求的，这就要求我们学会包容，包容他人的不同喜好，包容别人的挑剔。

任何买卖只有出现双赢的局面才能保持长期的业务往来，其实，这是个简单的常识，之所以在这里重申，是因为每天都会有许多推销员一再犯这个错误。

亏本的买卖没人做，这是商业规则。你必须站在双赢的心态上去处理你与企业之间的、企业与商家之间的、企业与消费者之间的关系。你不能为了自身的利益去损坏企业的利益。没有大家哪有小家？企业首先是一个利润中心，企业都没有了利益，你也肯定没有利益。同样，我们也不能破坏企业与商家之间的双赢规则，只要某一方失去了利益，必定就会放弃这样的合作。消费者满足自己的需求，而企业实现自己的产品价值，这同样也是一个双赢，任何一方的利益受到损坏都会付出代价。

要索取，首先要学会给予。没有给予，你就不可能索取。我们要给予消费者满足需求的产品。给予，给予，还是给予。惟有给予是永恒的，因为给予不会受到别人的拒绝，反而会得到别人的感激。

推销人员要有“设身处地”地感受对方反应和变化的能力。这是一种能考虑到他人所有微妙的暗示，并准确估计其想法和感受的能力。设身处地并不是简单地完全同意他人的想法，但要确实知道和了解别人的想法和主意。设身处地并不是同情。同情往往会失去客观性。曾有人这么说过：“设身处地就是把自己的脚放到别人的鞋子里，但同情是把鞋子穿上还要感受夹脚的疼痛。”同情中包含了对他人的体会，因而失去了客观性。如果你通过别人的感受来判断，就无法以一种冷静客观的态度来看待问题了。因此，为了能够有效率地销售，你必须在保持判断力、目的性和客观性的同时，知道和了解客户是怎么想的。一名销售人员若缺少这种不可取代的能力，他是不可能取得成功的。

通常，销售人员会遇到客户的推托和拒绝，这就需要设身处地地思考怎样灵活地改变和接近客户。从能够真正设身处地感受客户的需要开始，包括清晰地领悟客户隐藏不露的原因和目的，直至卖给他们一个合适的解决方案，这是一项艰巨的工程。只有真正了解客户的需要，我们才能出售产品和服务来满足他们的要求。

## 生意是“谈”出来的



能啃下难啃的骨头的，可能不是牙齿，而是舌头。



推销过程就是推销人员运用各种方式、方法和手段去说服顾客购买的过程。推销员只要能成功地说服顾客，就能够最后达成交易。

推销员说服顾客要把握三个方面：一是向顾客传递商品信息，使顾客对商品及交易条件有充分的了解，为购买决策提供依据；二是激发顾客的兴趣，让顾客喜欢你的产品；三是刺激顾客的购买欲望，诱导顾客产生购买行为。

在生活中，能说会道未必就是优点；但在推销活动中，能言善辩却是地地道道的才干。

推销就是“谈”生意，生意是“谈”出来的。如果没有达成交易，是因为话没“说透”，即“买卖不成话不到”。

作为一名推销员，你的主要工具——嘴巴——必须有信心地使用它，并把它当作一件助你成功的利器。你说出来的话对销售可以有创造性，也可以具有摧毁性。需要聪明地使用它，让它产生正面的而非伤害性的效用。

也许最残酷的惩罚就是在商场，一句话讲错，便失去了一笔生意。在百货公司购物，营业员一句话讲错便会激起顾客远离这个公司，失去的又何止一笔生意。说话不是随意说的，是经过思考和精心组织才能讲出来的，这样才会产生震撼力。

有些新的推销员不知道怎样开口说话，好不容易找到了目标客户，却硬邦邦地说出：“请问您对某某（商品）有兴趣吗?”“想不想购买某某商品?”得到的回答显然是一句很简单的“不”或“没有”，然后又搭不上腔了。

语言交流是推销活动的开端，这个头开得好不好，直接关系到推销的成败。一般说来，话说得恰到好处，就会把与客户的距离拉近，生意就可能做成。一位推销员到一家商场推销产品，接待他的是商场副经理，对方一开口，这位营销人员马上说：“听口音您是东北人。”商场副经理点点头，问道：“您也是东北人?”这位推销员笑着回答：“不，但我对东北很有感情，一听到东北口音就感到非常亲切。”商场副经理很客气地接待了这位推销员，生意谈得也很顺利。如果话说得不得体，甚至让人不好接受，刚一接触印象就不好，自然也就谈不到洽谈生意了。作为一名推销人员，由于职业的关系，说话要注意掌握好分寸，说什么话，什么时间说，怎么说，不同于日常生活的语言交流，要有点职业特点。

语言是交际的工具，运用语言是一门学问。有的人缺少“嘴”上的工夫，说话乏“术”，因此，言谈表达往往“话不投机”，以致很难把事情办好，有时甚至还会将好事办砸；而有的人则深谙说话之“术”，能得体地运用语言，准确地传递信息、表情达意，有的人甚至能点“语”成金，使所言收到奇佳的表达效果。

商谈中要注意，不论对方说什么，都先予以承认，即使对方说的不是事实，或是他个人的误解，也不必一口加以否定。

承认对方，是一种礼仪，在承认之后，一句“但是”，便可以扭转话题，提出你自己的立场，所以不必担心“承认”会果真如你所“承认”的那样，这便是“承认”的妙处所在了。

如果对方要求降价，你可以说：“你们的心情可以理解，但是……”，推出你已运筹于胸的一系列理由，其意思和你说“不行，这是绝对不行的”是同一立场，但听起来顺耳、动听多了。

推销就要与人交谈，而双方持有不同的观点，要改变对方的观点，就要说服对方。要说服对方，就要下工夫。通过分析，就能找到对方的弱点。找到对方的弱点，说服才有成效。所以，不要认为自己会说话，就是好口才。口才好不好，关键是看说话有没有成效。

在某公司举办的化妆品展销会上，几位年轻的营销人员用十分专业的术语详细地向消费者介绍了公司产品原料、配方、性能、使用方法，给人以业务精通的印象。他们在回答消费者提出的各种问题时表现出的反应快，对答如流，既彬彬有礼又幽默风趣的谈吐，给人留下了难忘的印象。

消费者问：“你们的产品真的像广告上说的那样好吗?”一位营销人员立即答道：“您试过之后的感觉会比广告上说的更好。”

消费者又问：“如果买回去，用过以后感觉不那么好怎么办?”另一位营销人员笑着说：“我们会等待您的感觉。”

这次展销会获得很大成功，不仅产品销量超过往次，更重要的是产品品牌的知名度大大提高。在公司召开的总结会上，公司经理特别强调，是销售人员语言训练有素促成了这次展销的成功。他要求公司全体人员都应该像销售人员那样，在“说话”上下一番工夫。

语言交际是一种建立在心理接触基础上的人际交往。所以，心理因素对语言交际的影响最大、最直接，也最关键。推销员在与客户交谈时，一定要注意使自己的语言贴近对方的心理，尽可能地消除由于心理障碍造成的隔阂。这是因为，人们对任何事物的接受，首先表现在心理上接受，因此把话说到人的心坎里，事情才好办。

一位消费者怒气冲冲地拿着一双有质量问题的皮鞋来到商场。正值鞋厂营销人员到商场了解鞋的销售情况，他听完这位消费者的申诉后，马上说了一句：“这样的鞋我买了也会气成你这样。”这句话使那位消费者火气消了一半，由先前坚持退货到后来答应换一双。

在推销过程中，推销员所说的话及说话的方式、说话的态度对于顾客的影响都是很重要的。顾客可以通过推销员的话语的自信度、坚定度及说话的方式，看出推销员对自己的商品和对商品推销出去是否自信。如果推销员非常坚决，则他的商品就一定不错，他的表达就是真诚的，商品的优点就有九成正确，这样本来犹豫的顾客就会更坚决。

## 把话说得入耳动听

说话的好与坏关系推销的成与败。

在推销过程中，说话要相当谨慎，要知道哪些话该说，哪些话不该说。

应该说的话大致有这些：表露自己诚恳的话；礼貌用语；表露自己自信的话；对顾客的奉承话，要因顾客而异，不要牵强附会，否则只能引起顾客的反感。还可以说一些令顾客得意的事；因顾客心理变化而说些转换气氛、有利于促进购买意愿的话等。

总之一句话，凡是有利于推销、有利于交易的话都应该说。但有些话不要说得太多，使顾客讨厌，这就成了不利于交易的话了。

说话是一门艺术，是一门值得推敲的艺术，尤其是在推销的过程中，说话的好与坏关系交易的效果。而揣测对方心理，把话说到别人的心里去，是说话得体、动听从而达到成功推销的关键因素。《红楼梦》中的王熙凤可供我们参考。下面仅就她在《林黛玉进贾府》中的一段话加以说明。

王熙凤初见黛玉，笑道：“天下真有这样标致的人物，我今儿才算见了！况且这通身的气派，竟不像老祖宗的外孙女儿，竟是个嫡亲的孙女，怨不得老祖宗天天口头心头一时不忘。只可怜我这妹妹这样命苦，怎么姑妈偏就去世了！”

王熙凤是贾府中炙手可热的人物，她的权势多半是来源于贾母的宠信，所以熙凤行事说话时时刻刻都依据贾母的爱憎好恶，揣测其心理。初见贾母的外孙女黛玉，便恭维她是天下最标致的人物，“我今儿才算见了”，似乎是在说她从未见识过，而周旋于贾府上下人中，又是名门之女的王熙凤不是没有见过世面，为什么对黛玉如此夸奖呢？我们知道：是贾母一再执意要把自己惟一的女儿的孩子黛玉接进贾府的，承受失女之痛的贾母自然会把对女儿的感情转移到外孙女的身上，心肝儿肉地疼爱。听到有人这么夸奖外孙女，贾母定是欢喜，尽管这话已恭维到令人肉麻的地步，但又有谁能拒绝呢！接着，熙凤又说黛玉不是贾母的外孙女而是孙女，这显然违背事实。但有时候，假话比真话更让人爱听。由外孙女到孙女，其潜台词是想告诉贾母：黛玉就像是她自己调教出来的孙女一样。此话如扑面之清风，贾母怎不受用？对于寄人篱下的黛玉来说，置身于人地两疏的贾府听到别人的夸奖，并且说自己是贾府的最高统治者贾母的嫡亲孙女，除了高兴之外，说不定还有感激呢！不仅如此，王熙凤始终没有忘记，或者说更清楚黛玉进贾府的原因：姑妈去世。女儿的去世会给贾母以精神上的打击，而失去母亲的黛玉感情上更是不必说。所以熙凤又向二人表达自己的悲伤与哀痛——“怎么姑妈偏就去世了”。真是做尽了人情，好一个八面玲珑的人物！可谓：言为“心”声甚机敏，巧于周旋太聪明。

一个会说话的人，总可以流利地表达出自己的意图，也能够把道理说得很清楚、动听，使别人很乐意地来接受。有时候还可以从问答中测定对方言语的意图，并从对方的谈话中得到启示，增加自己对于对方的了解，跟对方建立良好的友谊。不会说话的人，不能完全地表达出自己的意图，往往会使对方费神去听，而又不能使他信服地接受。

在你的推销工作中，更应该注意用语的掌握。同一种意思，往往可有几种表达方式。而有的让顾客听了觉得很舒适，使双方之间的关系感觉很亲密。这种表达方式对推销有利，是可取的。而有的表达方式除显得有些生硬外，还会使顾客听了产生一种不安和惶恐的感觉，甚至产生反感、厌烦。

与其说：“你还是买下它吧！”不如说“您先试试吧！”

与其说："如果我是你的话……"不如说："我们一起来先看看吧。"

顾客在听了一些生硬的话后，会有进入了与四周隔绝的困境中的感觉，他们会感到不安和焦躁。因此会躲进防御线里去，对你的商品不再有什么购买欲了。

销售人员都希望自己成为一名成功者，因此，我们都会本能地尽量避免使用带有负面性或者说否定性含义的词语，尽可能不使用引起对方戒备心理的话语。

有些话是绝对不能说的，不论是什么时候，什么样的顾客，什么样的气氛中都不应该说的——"我是你的代理人。"

"我这些商品是由哪个公司进来的，对于这包装里的东西，你问我，我也不知道，那你问他们去吧！"

"你应该买这种……"

这些话有的会伤顾客的自尊心，有的会使顾客生气，有的会使顾客产生怀疑，产生不信任，这对于交易成败的影响可就大了。

相传，有家父子冬日在镇上卖便壶（俗称"夜壶"。旧时男人夜间或病中卧床小便的用具）。父亲在南街卖，儿子在北街卖。不多久，儿子的地摊前有了看货的人，其中一人看了一会儿，说道："这便壶大了些。"那儿子马上接过话茬："大了好哇！装的尿多。"人们听了，觉得很不顺耳，便扭头离去。在南街的父亲也遇到了顾客说便壶大的情况。当听到一个老人自言自语说"这便壶大了些"后，他马上笑着轻声地接了一句："大是大了些，可您想想，冬天夜长啊！"好几个顾客听罢，都会意地点了点头，继而掏钱买走了便壶。

父子两人在一个镇上做同一种生意，结果迥异，原因就在会不会说话上。我们不能说当儿子的话说得不对，确实，便壶大装的尿多，他是实话实说。但不可否认，他的话说得欠水平，粗俗的语言难以入耳，令人听了很不舒服。本来，买便壶不俗不丑，但毕竟还有些私密的因素在内。人们可以拿着脸盆、扁担等大大方方地在街上走，但若拎着个便壶走在街上，就多少有些不自在了。此时，儿子直通通的大实话怎么不使买者感到几分别扭？而那个父亲则算得上是一个高明的推销商。他先赞同顾客的话（"大是大了些"），以认同的态度拉近与

顾客的距离，然后，又以委婉的话语说“冬天夜长啊”，这句看似离题的话说得实在是好，它无丝毫强卖之嫌，却又富于启示性。其潜台词是：冬天天冷夜长，夜解次数多且又怕冷不愿意下床是自然的，大便壶正好派上用场。这设身处地的善意提醒，顾客不难明白。卖者说得在理，顾客买下来也就是很自然的了。

儿子一句话砸了生意，父亲一句话盘活了生意，这不正说明了说话的重要吗？

在进行商品推销说明时，如果双方因话题中断而都陷入了沉默的状态，那将会是很尴尬的，对你的推销工作也很不利。此时沉默的时间越长，就越显得尴尬，以后就越难再继续你们的谈话，推销工作也就越容易失败。

因此，在你觉得你们之间的话题不再容易继续下去，要陷入僵局时，你得赶快采取措施，把你们的谈话引入到大家有共同语言的方面去，这样双方才能谈得和谐。这时最好是找一些问题来问顾客，活跃你们之间的谈话气氛，把你们的交谈继续下去。

你所提的问题，应该是那种你较熟悉的而顾客又一时回答不上来的问题，比如说你的这种商品在当今的市场上的行情等，这时你就可趁此机会想想你应该怎样继续你的话题，而不致中断。

## 设置疑问勾起好奇心

好奇心是所有人类行为动机中最有力的一种。

顾客看完你的商品后，并不想去购买。这个时候，你直接向其讲述该商品同其他商店所售商品相比，质量如何如何好，价格如何如何低，顾客是听不进去的。如果有一种法子，能够使顾客抱着一种好奇心，停下来，听听你的讲解，则就能够使你所售商品卖出。这种法子就是设置疑问法。

好奇心是所有人类行为动机中最有力的一种，在实际推销工作中，可以用话先勾起客户的好奇心，引起对方的注意和兴趣，然后从中说出所推销商品的好处，迅速转入商谈阶段。

推销员在与顾客面谈前，需要适当的开场白。好的开场白就已经是推销成功的一半了。在实际的销售工作中，推销员可首先唤起客户的好奇心，引起客户的注意和兴趣，然后道出商品的利益，并迅速转入面谈阶段。好奇心是人类所有行为动机中最有力的一种，唤起好奇心的具体办法则可灵活多样，尽量做到得心应手，不留痕迹。

一位人寿保险代理商每次一接近准客户就问："五公斤的软木，您打算出多少钱?""如果您坐在一艘正在下沉的小船上，您愿意花多少钱?"这些令人感到好奇的问题，常常也能引起一段令人好奇的对话，借此引发顾客对保险的重视和购买的欲望。

在一次贸易洽谈会上，卖方对一个正在观看公司产品说明的买方说：

"你想买什么呢?"

买方说："这里没什么可买的。"

卖方说："对呀，别人也这样说过。"

当买方正为此得意时，卖方又微笑着说："不过，他们后来都改变了看法。"

"哦？为什么呢?"买方好奇地问道。

于是，卖方开始进入正式推销阶段，公司的产品得以卖出。

该事例中，卖方在买方不想买时，没有直接向他叙说自己公司产品的情况，而是设置了一个疑问——"别人也说过没什么可买的，但后来都改变了看法。"——从而引发了买方的好奇心。于是，卖方有了向其推销产品的机会。

为了接触并吸引客户的注意，有时还可用一些大胆的陈述或强烈的问句来开头。

20 世纪 60 年代，美国有一位非常成功的销售员乔·格兰德尔。他有一个很有趣的绰号，叫"花招先生"。他在拜访客户时，首先会将一个三分钟的蛋形计时器放在桌上，然后说："请您给我三分钟时间，三分钟一过，当最后一粒沙穿过玻璃瓶后，如果您不希望我继续讲下去，我就离开。"

他在推销产品时，会利用蛋形计时器、闹钟、二十元面额的钞票等各式各样的花招，使自己有足够的时间让顾客能静静地坐着听他讲话，并对他所卖的产品产生兴趣。

在推销过程中，有经验的推销员都能使用恰当的语言艺术创造一种轻松愉快的场面。而当与客户产生意见分歧时，恰当的语言艺术又能转移或搁置矛盾，化解或缩小分歧。同时，在阐述意见和要求时，合理的语言表达方式既能清楚地说明自己的观点，又不致引起对方的不良反应。

如果你卖的是电脑，你首先不要问客户有没有兴趣买电脑，或问他们是不是需要一台电脑，而要问："您想知道如何用最好的方法让你们公司每个月节省五千元钱的营销费用吗?"这类问题可能更容易吸引客户的注意力。

"您知道一年只需花几块钱就能防止火灾、水灾和失窃吗?"保险公司的推销员开口便问顾客，对方一时无以应对，但又表现出很想了解的样子。此时推销员要赶紧补一句："您有兴趣了解我们公司的保险吗？我这里有二十多个险种供您选择。"

另外，好的开场白一般会引发客户的第二个问题。当你花了一分钟的时间说完你的开场白后，接着就要给客户时间来问你，你的东西是什么？每当客户问你要干什么时，就表示他已对你的产品产生了兴趣。如果你花了一分钟说完开场白，并没能让客户对你的产品或服务产生好奇或兴趣，而他们仍然告诉你没时间或没兴趣，那表示你的开场白是无效的，你应该赶快设计另外一个更好的开场白来替代。

# 话不投机半句多

当心“祸从口出”，不该说的话不要说。

推销员如果能避免失言，业务水平肯定是在百尺竿头。为此，总结出失言的九种情形，希望推销人员必须回避之。

(1) 不说批评性话语

这是许多推销人员的通病，尤其是推销新人，有时讲话不经过大脑，脱口而出伤了别人，自己还不觉得。常见的例子，见了客户第一句话便说，“你家这楼真难爬!”、“这件衣服不好看，一点都不适合你”、“这种茶真难喝”，再不就是“你这张名片真老土!”、“活着不如死了值钱!”这些脱口而出的话语里包含批评，虽然我们是无心去批评指责，只是想打一个圆场、有一个开场白，而在客户听起来，感觉就不太舒服了。

人们常说，“好话一句做牛做马都愿意”，也就是说，人人都希望得到对方的肯定，人人都喜欢听好话。不然，怎么会有“赞美与鼓励让白痴变天才，批评与抱怨让天才变白痴”这样一句话呢，在这个世界上，又有谁愿意受人批评？推销人员从事推销，每天都是与人打交道，赞美性话语应多说，但也要注意适量，否则，让人有种虚伪造作、缺乏真诚之感。就像有一位王姨，有一天在业务员与她告别后，她就和邻居说：“别听他那一套一套的，嘴巴甜得要命，都是假的，这保险公司培训出的怎么都是一个模式的人，油腔滑调，要嘴皮特行!”你瞧瞧，这王姨，无形中提醒我们，与客户交谈中的赞美性用语，要出自你的内心，不能不着边际地瞎赞美，要知道，不卑不亢自然表达，更能获取人心，让人信服。

（2）杜绝意识形态方面的话题

在商言商，与你推销没有什么关系的话题，你最好不要参与去议论，比如政治、宗教等涉及意识形态的内容，无论你说是对是错，这对于你的推销都没有什么实质意义。

有一些新人，涉足这个行业时间不长，经验不足，在与客户的交往过程中，难免无法控制客户话题，往往是跟随客户一起去议论一些社会上的议题，最后意见便产生分歧，有的甚至在某些问题上争得面红脖子粗，尽管取得“占上风”的优势，但争完之后，一笔业务就这么告吹，想想这种争论，有何意义？然而，有经验的老推销员，在处理这类话题时，开始也会随着客户的观点，一起展开一些议论，但争论中适时立马将话题引向推销的产品上来。总之，与销售无关的东西，应全部放下，特别是意识形态的议题，作为推销人员应尽量杜绝，最好是做到避口不谈，对你的销售会有好处的。

（3）少用专业性术语

李先生从事寿险时间不足两个月，一上阵，就一股脑地向客户炫耀自己是保险业的专家，把一大堆专业术语塞向客户，什么“豁免保费”、“费率”、“债权”、“债权受益人”等等一大堆专业术语，让客户如坠入五里雾中，似乎在黑暗里摸索，反感心态由此产生，拒绝就是顺理成章的了，李先生便在不知不觉中，误了促成销售的商机。

我们仔细分析一下，就会发觉，推销员把客户当作是同仁在训练他们，满口都是专业术语，让人怎么能接受？既然听不懂，还谈何购买产品呢？如果你能把这些术语，用简单的话语来进行转换，让人听后明明白白，才能有效达到沟通目的，产品销售也才会没有阻碍。

（4）不说夸大不实之辞

不要夸大产品的功能！这一不实的行为，客户在日后享用产品的过程中，终究会清楚你所说的话是真是假。不能因为要取得一时的销售业绩，你就随意夸大产品的功能和价值，这样做势必会埋下一颗“定时炸弹”，一旦纠纷产生，后果将不堪设想。

任何一个产品，都存在着好的一面和不足的一面，作为推销员理应站在客观的角度，清晰地为客户分析产品的优与劣，帮助客户“货比三家”，惟有知己知彼、熟知市场状况，才能让客户心服口服地接受你的产品。提醒销售人员，任何的欺骗和夸大其词的谎言都是销售的天敌，它会致使你的事业无法长久。

（5）禁用攻击性话语

我们可以经常看到这样的场面，同行里的推销人员带有攻击性色彩的话语，攻击竞争对手，甚至有的人把对方说得一钱不值，致使整个行业形象在人心目中不理想。我们多数的推销员在说出这些攻击性话语时，缺乏理性思考，却不知，无论是对人、对事、对物的攻击词句，都会造成客户的反感，因为你说的时候是站在一个角度看问题，不见得每一个人都是与你站在同一个角度，你表现得太过于主观，反而会适得其反，对你的销售也只能是有害无益。这种不讲商业道德的行为，相信随着时代的发展和各个公司企业文化的加强，攻击性色彩的话语是绝不可能大行其道的。

（6）避谈隐私问题

与客户打交道，主要是要把握对方的需求，而不是一张口就大谈特谈隐私问题，这也是有些推销员常犯的一个错误。有的推销员会说，我谈的都是自己的隐私问题，这有什么关系？就算你只谈自己的隐私问题，不去谈论别人，试问你推心置腹地把你的婚姻、性生活、财务等情况和盘托出，能对你的销售产生实质性的进展吗？也许你还会说，我们与客户不谈这些，直插主题谈业务难以开展，谈谈无妨，其实，这种“八卦式”的谈论是毫无意义的，浪费时间不说，更浪费你推销的商机。

（7）少问质疑性话题

推销过程中，你很担心客户听不懂你所说的一切，而不断地以担心对方不理解你的意思质疑对方，“你懂吗?”“你知道吗?”“你明白我的意思吗?”“这么简单的问题，你了解吗?”，似乎以一种长者或老师的口吻在教育晚辈和学生。众所周知，从销售心理学来讲，一直质疑客户的理解力，客户会产生不满感，这种方式往往让客户感觉得不到起码的尊重，逆反心理就会随之产生，可以说是销售中的一大忌。

如果你实在担心客户在你很详细的讲解中，还不太明白，你可以用试探的口吻了解对方，“有没有需要我再详细说明的地方?”也许这样会容易让人接受。说不定，客户真的不明白时，他也会主动地对你说，或是要求你再说明之。在此，给推销员一个忠告，客户往往比我们聪明，不要用我们的盲点去随意取代他们的优点。

（8）变通枯燥性话题

在销售中有些枯燥性的话题，也许你不得不去讲解给客户听，但这些话题可以说是人人都不爱听，甚至是听你讲就想打瞌睡。但是，出于业务所迫，建议你还是将这类话语，讲得简单一些，可用概括来一带而过。这样，客户听了才不会产生倦意，让你的销售达到有效性。如果有些相当重要的话语，非要跟你的客户讲清楚，那么，建议你不要拼命去硬塞给他们，在你讲解的过程中，倒不如换一种角度，找一些他们爱听的小故事、小笑话来刺激一下，然后再回到正题上来，也许这样的效果会更佳。总之，这类的话题，由于枯燥无味，客户对此又不爱听，那你最好是能保留就保留起来，束之高阁，有时比和盘托出要高明一筹。

（9）回避不雅之言

每个人都希望与有涵养、有层次的人在一起，相反，不愿与那些“粗口成章”的人交往。同样，在我们的销售中，不雅之言，对销售产品必将带来负面影响。诸如，我们在推销寿险时，最好回避“死亡”、“没命了”、“完蛋了”，诸如此类的辞藻。有经验的推销员，往往在处理这些不雅之言时，都会以委婉的话来表达这些敏感的词，如“丧失生命”、“出门不再回来”等替代这些人们不爱听的词汇。不雅之言，对于个人形象会大打折扣，它也是销售过程中必须避免的话，你注意了、改过了，你便成功在望了！

## 用语言引导顾客的心理

掌握顾客的心理，顺着他的心理吸引他。

在顾客的心中，开始时总是不太信任推销员的。当你在与顾客交谈时，有的顾客认为你的话可听可不听，不太在意，有时还以高傲的口气与你谈话，并不时地与其他顾客交谈评价商品的好坏，这种商品在其他地方销售的行情等，这对你的推销工作是很不利的，必须采取办法来制止它。

要制止这种情况的发生，采用硬办法显然是行不通的，只能掌握住顾客的心理，顺着他的心理吸引他。

比如说，有的顾客显出对你一副不在意的样子，这时你就可以向他表明你并不是一位普通的推销员，而是一位对市场情况很熟悉，对顾客的反馈信息做过深入调查的推销员，你具有很多一般的推销员所没有的知识。顾客一般都愿意选择那些具有决定权的推销员，从他那里可得知更多的情况。你就可以迎合这一点，当顾客对你的身份相信以后，他就会很认真地与你交谈，不再与其他顾客交换意见了，你也就可以顺利地进行你的推销工作了。

在推销过程中，顾客在没有完全下定要买的决心前，为了逃避推销员的压力，经常说些不利于推销员推销商品的话。比如说这商品哪个地方不行，哪个地方做工太粗糙，价格太高等等之类的话，对于这些话，你绝不能以为你已了解顾客的心理，而打断顾客的话，轻易表态。

比如顾客说："按您的看法来说，这种吸尘器……"

如果你此时插话说："我知道您要的就是这种。"

顾客此时肯定不会表示同意。而是说："哦，不对，这种吸尘器使用起来不太方便，我想找种方便点的。"

这意味着你的交易失败了。

要知道，顾客经常存在一种逆反心理，如果你对他的话的反应溢于言表，他就可能产生与你抗衡的想法，对你的印象不好。有时可能还会产生误会，使交易失败。

发生了这样的情况，就必须要采取补救措施，用谦虚而诚恳的口吻说："对不起，先生，我还不太清楚您的意思，可不可以再讲一遍?"只有这样，才会让顾客觉得你很尊重他，也使你和顾客之间的关系更加亲近。

对于一些顾客，洽谈会晤时你发现他们比较厌烦或心不在焉打不起精神来，或者会晤后有急事的顾客，你最好让他们与你约定下一次会面的时间和地点，这样有利于交易的成功。

因为顾客这种精神状态，会产生烦躁情绪，影响商谈气氛，这类顾客由于心理上的不平衡，可能在心理上对推销员产生厌恶情绪，这样就不可能达成交易。

还有些顾客在洽谈过程中出现一些不好的情绪和态度时，你要立即把话题引开。在一种"和"的气氛中再与之交谈。

或者在这种情况下，出去一会儿，让顾客在这段时间里平静下来，使他轻松，然后再进来与之交谈。

如果这两种方式都不可行，你最好立即停止交谈，并且向他道歉，说自己突然有了急事，并约下次交谈时间。这时顾客本身已经对这商谈产生了厌烦情绪，你这一有事，正好可使他轻松一下，他们一般是不会拒绝你的，并且乐意结束这次的交谈，等待下一次的合作。

遇到一些容易动怒的顾客，还发生了冲突，商谈进入了绝境。这时推销员应保持宽容的大气量，顾客会由于自己的不礼貌而感到内疚，将会对你产生好感，这样就会带来无穷的利益。

## 听是工夫，说是本领

上帝给你“两个耳朵一张嘴”，就是多听少说。

大多数的人都喜欢“说”而不喜欢“听”，特别是没有经验的销售人员，认为只有“说”才能够说服客户购买，但是客户的需求、客户的期望都是由“听”而获得的。你如果不了解客户的期望，你又如何能达成你取得订单的期望呢？

最有效，也是最重要的沟通原则与技巧是成为一位好听众。良好地进行交流沟通是一个双向的过程，一方面，它依赖于你能抓住听者的注意力和正确地解释你所掌握的信息；另一方面，如果我们能专注地倾听别人说话，自然可以使对方在心理上得到极大满足与温馨，这时你才能集中精力去解决问题或发挥影响力。

最爱挑剔的人，最激烈的批评者，往往会在一个怀有忍耐、同情的静听者面前软化下来！

胡顿就经历过这样一个例子，他在新泽西州纽华城的一家百货公司，买了一套衣服。这套衣服穿起来实在令人太失望了，上衣会褪色，且把衬衫领子弄黑了。

他把这套衣服，拿回那家百货公司，找到那个当时跟他交易的店员，告诉他经过的情形。说他“告诉”店员详细经过？不，根本不是那回事——他想要把经过情形告诉那店员，可是他办不到，想要说的话，都被那个似乎有点“口才”的店员中途截断了。

那店员反驳说：“这种衣服，我们卖出去已经有几千套了，还是第一次有人来挑剔。”

这是那店员所说的话，而且声音大得出奇，他话中的含意就像是：

“你在说谎，你以为我们是可以欺侮的吗？哼！我就给你点颜色看看！”

正在激烈争论之时，另外一个店员插嘴进来，那店员说：“所有黑色的衣服，起初都会褪一点颜色的，那是无法避免的。这种价钱的衣服，都有这情形，那是料子的关系！”

“那时，我满肚子的火都冒了起来。”胡顿讲述他的经历时谈道：

第一个店员，怀疑我的诚实。第二个店员，暗示我买的是次等货，我恼怒起来，正要责骂他们时，那家百货公司的负责人走了过来。

这负责人似乎懂得他的职责，他使我态度完全改变过来——他把一个恼怒的人，变成了一个满意的顾客。他是如何做的？他的做法可分成三个步骤：

第一，他让我从头到尾，说出事情的经过，他则静静听着，没有插进一句话来。

第二，当我讲完那些话后，那两个店员又要开始与我争辩了。可是那位负责人却站在我的观点跟他们辩论。他说，衬衫领子，很明显是这套衣服染污的。他坚持地表示，这种不能使客人满意的东西，是不应该卖出去的。

第三，他承认不知道这套衣服会这样的差劲，而且坦率地对我说：“你认为我该如何处理这套衣服，你尽管吩咐，我完全可以依照你的意见。”

数分钟前，我还想把这套讨厌的衣服退掉，可是现在我却这样回答说：“我可以接受你的建议，我只是想知道，这褪色的情形是否是暂时的。或者你们有什么办法，可以使这套衣服不再继续褪色。”

他建议我，把这套衣服带回去再穿一星期，看看情形如何！他这样说：“如果到时仍然不满意的话，拿来换一套满意的，我们增加你的麻烦，感到非常抱歉。”

我满意地离开了那家百货公司，那套衣服经过一星期后，我再没有发现任何毛病，我对那家百货公司的信心，也就恢复过来了。

难怪那位先生是那家百货公司的负责人，至于那些店员，他们不但终身要停留在“店员”的位置上，最好把他们降级到包装部，永远别跟客人见面。

在推销过程中，如果推销者一直滔滔不绝地高谈阔论，那么他沟通的质量必然很差，因为这样的谈话已不是对话，而是像演讲或培训讲座一样，客户的感觉一定非常不好。你要试着成为一位倾听者，认真倾听客户的谈话，静下心来，定下心来，像个友好、友善、积极、热情的恋人一样，像听取世界上最美妙的声音，倾听客户的所有意见和建议。只有这样，你才能从客户的言行举止中，冷静地去思考，了解并领悟客户所传达的信息。当你真正地了解客户的想法时，你与客户之间的沟通才算真正开始。

但是，你真的会“听”吗？聋子因生理上的问题听不到声音，但也有这样一些“聋子”，他们听不懂别人所表达出来的意思。如果认为自己听见了就是在倾听，那是不准确的，因为倾听不仅仅是用耳朵，更要去用“心”。所以人与人之间的沟通有时会很困难。

倾听当然也是有层次之分的。有的人是听而不闻，如同耳边风，完全没听进去。还有的人敷衍了事，心不在焉。或者有选择地听：只听合自己的意思或口味的，与自己意思相左的一概过滤掉。当然，最有成效的应当是专注地倾听，出发点是为了了解对方而非为了反应，也就是透过交流去了解别人的观念、感受。倾听不是被动地接受，而是一种主动行为。倾听者不是机械地竖起耳朵，在听的过程中他的脑子要在转，不但要跟上倾诉者的内容，还要跟得上对方的情感深度，在适当的时机提问，使得商谈能够步步深入下去。

下面是几点提升倾听能力的技巧——

(1) 永远都不要打断客户的谈话

如果是无意识地打断客户的谈话是可以理解的，但也应该尽量避免；有意识地打断别人的谈话，对于客户来讲是非常不礼貌的。

(2) 清楚地听出对方的谈话重点

能清楚地听出对方的谈话重点，也是一种能力。因为并不是所有人都能清楚地表达自己的想法，特别是在不满、受情绪的影响的时候，经常会有类似于“语无伦次”的情况出现。而且，除了排除外界的干扰，专心致志地倾听以外，你还要排除对方的说话方式给你的干扰，不要只把注意力放在说话人的咬舌、口吃、地方口音、语法错误或“嗯”、“啊”等习惯用语上面。

（3）适时地表达自己的意见

谈话必须有来有往，所以要在不打断对方谈话的原则下，也应适时地表达自己的意见，这是正确的谈话方式。这样做还可以让对方感受到，你始终都在注意地听，而且听明白了。还有一个效果就是可以避免你走神或疲惫。

（4）肯定对方的谈话价值

在谈话时，即使是一个小小的价值，如果能得到肯定，讲话者的内心也会很高兴的，同时对肯定他的人必然产生好感。因此，在谈话中，一定要用心地去找对方的价值，并加以积极的肯定和赞美，这是获得对方好感的一大绝招。比如对方说：“我们现在确实比较忙”，你可以回答：“您坐在这样的领导位子上，肯定很辛苦。”

（5）配合表情和恰当的肢体语言

当你与人交谈时，对对方活动的关心与否直接反映在你的脸上，所以，你无异于是他的一面镜子。

光用嘴说话还难以造成气势，所以必须配合恰当的表情，用嘴、手、眼、心灵等各个器官去说话。但要牢记切不可过度地卖弄，如过于丰富的面部表情、手舞足蹈、拍大腿、拍桌子等。

（6）避免虚假的反应

在对方没有表达完自己的意见和观点之前，不要做出比如“好！我知道了”、“我明白了”、“我清楚了”等反应。这样空洞的答复只会阻止你去认真倾听客户的讲话或阻止了客户的进一步的解释。

在客户看来，这种反应等于在说“行了，别再啰唆了”。如果你恰好在他要表达关键意思前打断了他，被惹恼了的客户可能会大声反抗：“你知道什么？”那就很不愉快了。

# 有耐心，才会有高效率

别急于求成，要慢慢用文火煨。

有一部分顾客见到推销员，总会有一种抗拒心理，很怕你一下子就向他推销商品。所以对待这类顾客要慢慢来，不要性急。这时，你要沉着、冷静地与顾客交谈，交谈的内容既与生意洽谈无关，又要有你的目的性，这就要求推销员控制交谈的内容，这样才能达到交谈的目的，才能有利于交易的达成。

耐心是与诚意相辅相成的，只有耐心，才能使对方知晓合作的诚意和可能，耐心是提高商谈效率、赢得商谈主动权的一种手段，让对方了解自己，又使自己详尽地了解对方。在“两军僵持”时，只有耐心才有利于相互了解，获得对方信任，才能不因为某一句不适当的话而导致商谈失败。

耐心能够表现推销员的修养。当商谈的气氛发生不愉快时，优秀的推销员便会以其耐心缓和气氛，然后用适合对方心理承受能力的方式加以回击。只有在考虑己方利益又考虑到对方利益，既“利己”又“利人”时，交易成功才会成为可能。

假如一位推销员初次见面时对顾客这样说：“约翰先生，您是剑桥大学毕业的吧？真巧，我也是，那真是一所不错的学校。”

另一位推销员说：“约翰先生，您要不要一瓶‘钙王片’啊？很便宜又补身，本公司产品极棒……”

如果你是约翰先生，两位推销员你喜欢和哪位交谈呢？一位能挑起你的谈话瘾头，另一位只是一个劲地吹嘘自己的产品，相信明智的你，能很快做出抉择。

恰当的说话方式是至关重要的。同一件事情用不同的方式表达出来，其结果可能正好相反。推销员在与顾客说话时，应发挥才智找到一个令对方乐意接受的方式，这样开启了对方的金口之后，生意成交才大有希望。

一位以色列中年妇女沙依娜说了她亲历的这样一件事：

有一次沙依娜在家里，正在忙的时候，有人敲门，打开门是一个女孩子来推销一种冲洗地毯的水。沙依娜一看她是来推销东西的，确实不太感兴趣，而这个女孩子经过专业化的训练，她说："太太，你不买没有关系，我只是告诉你，现在市场上已经有了这种洗地毯的水，你看一看，真的很好。你们家的房子那么大，地毯很漂亮呀，有没有什么地方有一点点脏，我帮你去清洗清洗。"沙依娜被她说得没话可说。为什么呢？第一，她向沙依娜讲，沙依娜没有责任一定要买，所以沙依娜的逆反心理消失了；第二，她和蔼的态度和亲切的表情让沙依娜没有办法拒绝她，也不忍心。然后她再步步为营，她说沙依娜的地毯很漂亮，有些地方脏了，实在很可惜，并要帮忙清洗一下，沙依娜只好打开大门，让她进来。餐厅的地毯有小孩洒的可乐水，沙依娜说："你看看能不能帮我清洗掉。"她就把一点清洁剂倒在上面，擦一擦，然后再拿毛巾一抹。啊！那里的污点就不见了，沙依娜也觉得很吃惊，说这个真的好用，她就向沙依娜再进一步介绍产品优越的地方，结果沙依娜不仅买了，而且买了两瓶。





## 问对问题赚大钱

销售是用问的，不是用讲的。

销售是一种互动的过程，你应该控制这一过程，而不是让客户来主导。控制销售过程的最好方式是提问题，这也是了解你的产品和服务是

否满足了对方需求的最佳方式。如果你能提出高质量的问题，就有可能发现产品的缺陷，帮助公司把产品完善，自己也会慢慢成为“专家”。

顾客的询问对推销人员来说是好兆头，意味着顾客对产品感兴趣。作为一名推销人员，在推销过程中同样需要询问，进一步说服顾客并不是说推销人员一直要用肯定句。当推销人员介绍产品时当然是要用肯定的语气，可是涉及顾客的购买态度时，推销人员就不一定都用十分肯定的语气，这时候推销人员同样需要询问顾客，不要觉得询问顾客有损推销人员形象，说实在话，顾客受到有礼貌的询问会对推销人员产生更好的印象，使得推销更为顺利。

有些推销人员在顾客面前显得畏缩，不敢放开手脚，他们在与顾客商谈时，有时会采取近乎哀求的方式，比如会对顾客说：“您看该怎么办?”或者询问顾客：“您是不是盖个章?”如果推销人员采取这种哀求方式，顾客的态度则显得更加消极，采用推托的方式来应付推销人员，像“研究研究”、“考虑考虑”这类词语都是属于委婉的拒绝。

为了能确认是否到了下结论的时候，推销人员可以采用询问的方式来试探顾客的态度。

作为一个精明的卖主，必须能够寻找对方容易妥协和可以让步的地方，哪些方面躲躲闪闪，哪些地方避而不谈，便以此为突破口，击中对方要害。当然，对方不会轻易暴露出自己的弱点，你这时就要有穷追不舍的精神，打破砂锅问到底，最好的方式是多问“为什么”。以此下去，如果对方继续解释，就可以抓住他的要害，从而解决问题。

聪明的买主，常会经常提出一些含糊不清的问题，问这种问题时，很可能是想要套出对方的话，或者连他自己也搞不清楚是什么意思。

针对这些问题，在你没有了解对方的意图或问题本身的含义之前，千万不要轻易回答，或不要做正面回答，你只要回答一些非常概括性、原则性的问题。轻易地将自己一方的真实情况毫无保留地泄露给对方是极不明智的。

有时，你可以用反问的形式给顾客设立一个圈套，从顾客的回答或表情中获取信息，找到顾客拒绝购买的原因。

在找到原因之后，就可以根据各种不同的原因帮助顾客收回他开始时的主意，作出购买的决定。

你可以这样说："如果我现在是无偿地把商品送给你，说句心里话，你是要还是不要。"

如果顾客的回答是"当然要"，你就可初步判定顾客拒绝购买的主要原因是经济问题。为进一步探明他是觉得商品价格太昂贵还是自己无支付能力，这时，可再向顾客说："如果您真心想买的话，货款的支付办法我们可以商量一个令大家都能满意的方式。"这样，顾客就会慢慢转过念头，与你谈交易了。

如果顾客的回答是否定的，你可以惊讶地问他："哦，果真如此吗，为什么呢?"此时顾客肯定不会立即给你回答，而是若无其事地做事。但其表情绝不会是自然的，从中你可以得到一些信息。

为了更清楚地了解其中的奥秘，把握顾客的心态，你就必须不停地追问，直到他最后说出不想买的真正原因。当然这种追问不是强迫式的盘问，而是要以诚恳的态度，像帮助朋友似的让顾客把内情说出来，以便采取相应的办法来帮助顾客。

通过提问，还可以让愤怒的客户逐渐变得理智起来。

当客户很愤怒，不是很讲理时，推销人员应该有效地利用提问的技巧："您不要着急，一定给您解决好，您先说一下具体是什么问题，是怎么回事儿?"客户这时就会专注于对你所提的问题的回答上。在他陈述的过程中，情绪就会从不理智而逐渐变得平静起来。

再者，通过提问还可向顾客学习某些方面的知识，能让大家的心思都集中到一个话题上，有利于使彼此的关系更亲密——在顾客的心中，你就好像是一个老朋友，在向他介绍自己喜爱的一种物品，并推荐给他。不过，这里有个问题需要注意一下，向顾客学习，最好是谈一些与你推销的商品无关的话题，若是谈与你推销的商品有关的话题，这时你就得表现得较内行一点，把你平时所积累的这方面知识有条理地表达出来，他就会觉得你在这方面确实在行，推销的商品肯定也不会差。否则，顾客就会笑话你："还是个推销员呢，怎么连自己推销的东西都不清楚，说不定被厂家给蒙了，他的货能有好的吗?"

当你向顾客推销商品时，顾客会告诉你一些合理的、有用的或最新的消息，此时你要立即加以肯定，同意他的观点，并感谢他为你提出这么好的意见或消息。

“这些都是我整天想得到的东西”，“您告诉我的对我真是很有用”，“我怎么就没想到这样呢”，“您的一番话真是令人受益匪浅啊，谢谢您”，这些话，都能使顾客感觉你是个很重情义的人，对你也会刮目相看了，对你的商品也就放心多了。

## 肢体语言传达着潜意识的信号

65%的信号是通过非语言信号来传递的。

幽默戏剧大师萨米·莫尔修说：“身体是灵魂的手套，肢体语言是心灵的话语。若是我们的感觉够敏锐开放，眼睛够锐利，能捕捉身体语言表达的信息，那么，言谈和交往就容易得多了。认识肢体语言，等于为彼此开了一条直接沟通、畅通无阻的大道。”

因此，读懂对方的肢体语言，并做出准确回应，就能得到有效沟通。

一位成功的推销员，在示范产品时，会仔细观察客户的身体语言信号，评估客户对产品示范的反应，并据此调整示范方法，促使交易完成。

身体语言或由外界刺激引起的不随意的身体动作，是一门借助于身体移动、脸部表情、姿势、手势及与其他谈话人的位置或距离等变化来进行信息沟通的学问。

商业心理学的研究告诉我们，人与人之间的沟通所产生的影响力和信任度，是来自语言、语调和形象三个方面。但它们的重要性所占比例是：语言只占7%；语调占38%；视觉（即形象）占55%。由此可见非语言沟通在推销中的重要性。

孩童多半具有察言观色的本事，对于如何把握时机向父母提出要求，他们是最拿手不过！

这种才能到长大以后就消失了。或许是因为我们从小被教导，成人应懂得控制自己的情绪，保持理智。

儿女对父亲有所求时，绝不会选父亲才下班、心中还未抛开办公室的烦恼之际提出。一定要等到父亲喝杯茶、抽根烟，静下心来，再呈上刚发下的成绩单，科科优秀，或先报告某一科得了满分，然后再提出要求。

这个基本常识对涉及商业利益的谈判，同样适用。

人总是处于一定的情绪之中的。现实生活中我们常常看到，有些人高兴起来一掷千金，反之，则一毛不拔。显然，人的情绪不同，对同一件事可以做出完全不同的反应。

一个推销员一旦掌握这些身体语言的信号，并准确地解读出其中的含义，无疑会对你的事业有很大帮助。

身体语言传递的信号通常是潜意识的行为，而且主要是由个人的情绪所致，因而一般人很难控制或抑制这类行为。

身体语言同个人的性格和情绪密切相关，情绪越激动，其身体动作的幅度也越大，身体语言也就越多。在人们之间的交往中，身体语言起着十分重要的作用。

我们对他人的互动反应，并非只是简单地分析其观点、观念或原则，这也许就是推销员为了促成一宗重要的交易而愿意做长途飞行而不愿通过电话联系的缘故。

在谈话的过程中需要特别留意的是客户的肢体语言。当你在饶有兴致地向客户介绍产品，而客户对你的产品也很有兴趣，但让你不解的是他时常看一下手表，或者问一些合约的条款，起初你并没有留意，当你的话暂告一个段落时，客户突然打断你进行到一半的商品介绍："你的商品很好，它已经打动了我，请问我该在哪里签字?"

此时你才知道，客户刚才所做的一些小动作，已经向你说明了你的推销已经成功，后面的一些介绍无疑是多余的。

相信有很多推销员犯过这样类似的失误。肢体语言很多时候是不容易琢磨的，要想准确解读出这些肢体信号，就要看你敏锐的观察能力和经验了。

TOP

SALES PROMOTION

# 七

# 面对面时的心理距离

## 如果有出错的可能，就会出错

蛋糕掉在地上总是有奶油的一面朝地面。

——墨菲定律

没有准备就是在准备失败，没有计划就是要计划倒闭。

开一家公司，我们要先对它有经营计划；做一次推销，我们要对这一次的推销做一次全方位的准备。

第一，我要的结果是什么。今天我跟他谈话，我准备成交的金额是多少。

第二，对方要的结果是什么。他的需求是最想要什么，如果你不知道的话，你就无法去成交。

第三，我的底线是什么。

第四，你要问自己顾客可能会有什么抗拒。

第五，你要问自己我该如何解除这些抗拒。

第六，你要问自己我该如何成交。

如果这六个问题你都问过自己了，并做好了初步的准备，接下来你还要准备什么呢？你要做精神上的准备，告诉自己：我是开发新顾客的专家，我是产品介绍的高手，我可以解除顾客任何的抗拒点，每一个顾客都很乐意购买我的产品，我提供给顾客世界上最好的服务，我可以在任何时候销售任何产品给任何人。当你精神上已经达到100%的对产品有信心的时候，你才可以出马做销售。

下一项你需要对产品的知识做准备。你的产品能提供给顾客哪十大好处？你的产品到底为什么值这个钱？你的产品最大的两三个卖点是什么？顾客为什么一定要买你的产品？最大的理由是什么？你要复习一下才能出马去做销售。

拜访客户之前，推销员一定要尽可能地多收集一些客户的信息。有个做过多年推销的人说过，他每次拜访客户之前，会充分了解对方老板各种喜好。

一个优秀的推销员必须同时是一个优秀的调查员。你必须去发现、追踪和调查，直到摸清客户的一切，使他感到在十年前你就是他的老朋友。这样，当你踏进客户的办公室时，面对一切你都会游刃有余，能在最短的时间内缩短你与他之间的心理距离。但是，现在许多推销员经常毫无准备地走进一个个他一无所知的单位；他随便叩开一个部门的房门，生硬地问一句："请问负责业务的是哪位?"或者"我想向贵单位推销一种产品。请问是哪个部门负责?"这种推销与其说是工作，还不如说是"骚扰"！这种推销会有人接受甚至欢迎吗？可能在他还没有见到专门的负责人之前，就早已被不胜其烦的小姐或先生"扫地出门"了。

推销员需要抓"战机"，但不能仓促上阵，打毫无准备之仗。否则，这样找客户，你只能是找一个"死"一个，找两个"死"一双，找一串则"死"一片，最后自己头破血流。

客户的有些情况你可以在他们的网上找到或通过熟人找到。如果直接找不到就用间接的方法，如到客户现有的客商那里去了解。从他们那里了解到的信息可能会更有用。当然，由于一些商业情报比较特殊和敏感，为了确保所获得的情报的真实与可靠，在很多情况下，推销员需要亲自去调查，这是一项复杂而又艰巨的工作。

推销员上门推销最好带上资料夹。因为对于一个产品来说，样本做得再好，它上面的信息总是有限的，所以，业务员在上门拜访客户时，应带上平时自己收集的各种资料，如报纸上对产品的报道、用户来信、最新的检测报告、大客户使用情况等资料的复印件。

有些推销员上门时资料倒是带齐了，但包里的资料却放得有些凌乱。随身携带的资料在包里如何摆放，应该事先考虑好，做到方便和顺手，这样，在与客户洽谈需要资料时，就能顺手找到。推销新人第一次拜访客户，心情本来就有些紧张，如果再当着客户的面在包里找不到资料，那会更紧张，影响水平的正常发挥。

赢得一场交易有时的确是一种运气，但更多的却是靠你的努力得来的。只有认真搜集、分析客户信息，并做出有效的判断，才会推动你的成功。换句话说，无准备的成功推销只是一种偶然，而有准备的推销则是必然。成功的推销人生靠的是必然的积累。

一个销售员打电话给一位客户。本来以为客户不在，会听到客户的语音留言，没想到客户本人接了电话，这个销售员措手不及，结果没有提出有价值的问题，只是对顾客的问题匆忙应付，让顾客主导了销售过程。

当你给客户打电话或准备与他们会谈时，一定要把相关信息在手边准备好，包括产品价格、鉴定报告、样品以及你准备提出的一系列问题。最好将它们列成清单，在打电话之前将它们温习一遍，牢记心中。要知道你只有一次机会给客户留下良好的第一印象，如果你不准备好，就会浪费这个机会。

## 珍惜最初的6秒种

> 首次见面一般人6秒种之内会有初步印象，或一见钟情，或一见无情。

一个推销人员能与顾客面对面说话的时间很短，要在有限时间内，使顾客对自己有所了解是很难的。如果推销员留给顾客的第一印象不好，就无法引起顾客对推销人员进一步地接触和了解的愿望。顾客对第一印象不好的推销员的反应就是拒绝。心理学家研究发现，人们的看法常受“晕轮效应”、“首因效应”的影响。晕轮效应是指，人们总是从一件事或对人的某一部分的成见而影响对整个人的看法。例如，如果一位推销员衣冠不整，拖拖拉拉，顾客就会产生一种印象，认为他办事马虎、懒惰、糊涂。“首因效应”是指初次见面形成首次印象后，由于心理定势及晕轮效应的作用，初次印象可能保持较长一段时间。有位衣着不整的推销员到一家商场推销绿豆糕，经理与他谈了一会儿，就将他支走了。推销员走后，经理对同事说，我看他的样子就反感。以后，这位推销员多次试图向这家商场推销商品，但经理再没见他——尽管他改变了衣着。

由此看来，推销员和顾客第一次见面，如何留下良好的印象是至关重要的。良好的第一印象会使顾客对推销员心怀好感且久久难忘，这对沟通推销员与顾客的感情大有好处；反之，坏的印象则很难改变。但是，推销员只有一次给顾客留下好的印象的机会，因此千万要把握好这个机会。

一般情况下，你留给客户的第一印象就是你的外表，比如领带、发型、面部表情、手、皮鞋的干净度等等。人们往往根据这些细节对一个人做出评断。

出门之前领带没有打好，并不代表你是个失败的人，但有人就会这么认为，而且一次、两次、点点滴滴的负面印象会降低别人对你的评分。偏偏这种以貌取人的人还不少，而且领带打不好的人还挺多。

大部分人都不太注重细节，常常轻视为小事，因为他们没有真正理解大事是由小事组成的，做小事就是在做大事。

你的衣着要与你的职业相协调，你不仅要穿着得体，还要场合适宜，穿着晚礼服和皮大衣到饭店或剧院会显得漂亮，但如果在白天的商业会议上如此打扮就很可笑。

有一位女推销员，她很注意工作时间的穿着，以使客户对她有信心，然而到了晚上她的穿着整个都变了——牛仔裤、皮衣、项链、星座垂饰，有时被人认为有点太过，可是她一点都不在乎。你能想像她在工作时间如此装扮的结果吗？她的客户肯定会全部跑光。

一般说到销售人员的形象，总会说到穿着正规，而正规的意思基本上就是西服革履。这身装束如果是去计算机房或拜访有关领导是合适的，但在直销的过程中，特别是有些工业品，必然要下到工厂甚至车间，这时自己的西服革履就会与客户格格不人。所以说穿着很重要，但重要的不是穿什么，而是要与客户的穿着和所处的环境相和谐。第一印象是以后所有工作的开始，相信每个人都会特别重视自己与客户的第一次接触，但随着与客户的逐渐熟悉，往往容易造成麻痹的思想。其实客户始终就是客户，任何的纰漏都会造成不好的影响，从而有可能影响最终的结果，不要寄希望于在以后的机会中弥补以前的疏忽，因为有时可能是无法挽回的。每一次的尽善尽美就是最大的工作效率。

推销训练的创始人之一杰姆逊·哈迪在他95岁高龄时，仍坚持穿胸前无口袋的西装，他认为那些口袋使那些与他谈话的人分心，因为口袋里的手帕、钢笔、或是雪茄等等会使人转移注意力。这真是个怪癖！其实他犯了个错误，因为很多人会由于他胸前无口袋而分心，他们往往盯着他西装领旁边那块空处，而没有注意到他讲的话。

第一印象不仅仅是穿着，更重要的还有自己的言行举止以及与客户交流的内容。

万般形态，皆成印象。热情大方、泼辣干练、敏捷潇洒等，都是风度。真实、自然、协调，都是风格，都可形成风度。表现适度，潇洒自如，都可取得迷人的风采。

始终保持旺盛的精力，饱满的热情，大方自然的精神，是优化个人形象的重要因素。与人交往，神采奕奕，精力充沛，显得富有自信力，便能激发对方的交往热情，活跃交往氛围。如果精神萎靡不振，无精打采，则显得敷衍冷漠，使对方感到兴味索然乃至不快。一个精神饱满、大方自然的人往往会给人留下自信、乐观、进取和对生活充满热情的印象；神情倦怠、涣散或者表现出紧张局促、手足无措，都会给人留下缺乏社交经验、不成熟、不专注、看不起人的印象。所以，在推销中始终以极大的热情关注对方，对对方所感兴趣的东西感兴趣，并随对方的言谈举止做出自然得体的反应。也就是说，想要别人喜欢自己，自己要先喜欢别人；要吸引对方的注意，先要注意对方。

举止是一个人自身素养在生活和行为方面的反映，是映现一个人涵养的一面镜子。我国古代对人体的姿态和举止就有“站如松、坐如钟、行如风”的美的要求。正确而优雅的举止，可以使人显得有风度、有修养，给人以美好的印象；反之，则显得不雅，甚至失礼。在日常生活中，我们经常碰到这样的人：他们或是仪表堂堂，或是漂亮异常，然而一举手、一投足，便可现出其粗俗。这种人虽金玉其外，却是败絮其中，只能招致别人的厌恶。所以，在推销活动中，要给对方留下美好而深刻的印象，外在的美固然重要，而高雅的谈吐、优雅的举止等内在涵养的表现，则更为人们所喜爱。这就要求我们应当从举手、投足等日常行为方面有意识地锻炼自己，养成良好的站、坐、行姿态，做到举止端庄、优雅得体、风度翩翩。

## 好的开场白是成功推销的一半

买卖有时不是在推销结束时达成的。

科学研究已证明，相对于其他的沟通方式，面对面的直接沟通能产生更积极的激励作用和更长久的影响力。电子邮件、声音邮件以及会议电视等现代通讯手段虽然都大大提高了沟通的效率，但是传统的面对面直接接触仍将是企业必不可少的沟通方式。

一名优秀的推销员要想让一个陌生人在短时间内把他当成朋友，那么他就应在第一次交谈的三分钟内引起客户的兴趣，进而让客户相信他所说的话。在这重要的三分钟内，他会想方设法迅速搭好友谊的桥梁，建立起信任的基石。

在推销中，最常见的方法莫过于登门拜访。在拜访中当你作为一个陌生人第一次与客户谈话时，你想过怎样说第一句话吗？如果没有认真想过，你一定不是个好推销员。

霍伊拉说："买卖有时不是在推销结束时达成的，精彩的开场白更容易抓住客户的心。开场白的好坏，差不多就决定了一次推销的成败。"

在面对面的推销访问中，说好第一句话是十分重要的。可以说，好的开场白就是推销成功的一半。大部分顾客在听推销员第一句话的时候要比听后面的话认真得多。听完第一句问话，很多顾客就自觉或不自觉地决定了尽快打发推销员上路还是准备继续谈下去。因此，推销员要重视做好开场白，才能迅速抓住顾客的注意力，并保证推销访问顺利进行下去。有位研究推销心理的专家认为，洽谈中的顾客在刚开始的三分钟获得的刺激信号，一般比以后十分钟里所获得的要深刻得多。

在不少情况下，推销员对自己的第一句话处理得往往不够理想，有时废话太多，根本没有什么作用。比如："先生，您需要……吗?"这是最常见的用于第一句话的方式，也是最错误的说话方式，因为推销时的商谈并不是一开始就完全切入正题。如果打一个招呼就开始介绍自己的商品，迫不及待地反复强调自己的商品是如何如何好以及购买该商品有什么好处，然后就请客户购买，这种方式的推销很难有好的结果。

又比如人们习惯用的一些与推销无关的开场白："很抱歉，打搅您了，我……""您不买些什么吗?""生意好不好?"在聆听第一句话时，顾客集中注意力而获得的只是一些杂乱琐碎的信息刺激，一旦开局失利，以下展开推销活动必然会困难重重。

推销员如能巧妙地使用下面的问题询问客户，就可以使自己与客户进行一次轻松愉快且富有成效的交流：

——"你是怎样开始进入这个迷人的行业的呢?"

——"我很想听听你对这个行业发展的高见。除了我对这个行业感兴趣外，我相信，我们公司一定能够助你一臂之力，实现你的目标。"

——"我在一本杂志上读到了你的一篇文章，你的计划可以说是非常成功的。我对你的计划非常好奇，你是怎样先人一步想到这个计划并加以实施的呢?"

一开场就使顾客了解自己的利益所在是吸引对方注意力的一个有效方法。比如：有一位推销图书的女士，平时碰到顾客和读者总是从容不迫，平心静气地向对方提出这样三个问题："如果我送给您一套关于经济管理的丛书，您打开之后发现十分有趣，您会读一读吗?""如果读后觉得很有收获，您会乐意买下吗?""如果您发现此书并不想看，会把书重新寄还给我吗?”

这位女士的开场白简单明了，连珠炮似的三个问题使对方无法回避，也使一般的顾客似乎找不出说“不”的理由，从而达到了接近顾客的目的。后来，这三个问题被许多图书推销员所采用，成为典型的接近客户的方法。

还可以这样说：“史密斯先生，您认为贵公司目前的产品质量问题是由于什么原因造成的?”

产品质量自然是经理最关心的问题，推销员一提问，无疑将引导对方逐步进入面谈。一位汽车推销员为推销新型节油汽车，找到了某公司老板，这样开头说：“约翰先生，请教一个你所熟悉的问题，也就是增加贵店利润的三大原则是什么呢?”

老板对这种话题是十分乐意回答的，他会告诉推销员：“第一，降低进价；第二，提高售价；第三，减少开销。”

推销员立即抓住第三条接下去说：“你说的句句是真言。特别是开销，那是无形中的损失。比方汽油费，一天节约20元，你想过一年能节约多少钱吗？如果贵店有三辆车，一天节省60元，一个月就是1800元，发展下去，十年可省21万元。如果能够节约而不节约，就好像把金钱一张张撕掉，一共要撕掉多少张呀！换句话说，这么大的开支无形中从你的金库里被提出了，更何况这21万元不是从营业额中开支，而是从盈利中开支。如果放在银行，以5分利计算，那等于240万元本金存一年的利息。不知老板高见如何，有没有节油的必要呢？你可以精细地计算一下吧，如何?”

在上面的事例中，推销员是直截了当地用提问题的方式来让顾客了解自己的利益所在。在开场白中，推销员也可以开门见山地告诉顾客，揭示你可以使对方获得哪些具体利益，比如：

“总经理先生，安装这部电脑，一年内，将使贵厂节约15万元开支。”

“史密斯先生，我能告诉您贵公司提高产品合格率的具体办法……”

当然，利用适当赞美做开场白，也很好。比如：“斯考特先生，您好！我是戴尔公司的杰夫，今天我到贵府，有两件事专程来请教您这位同行中最有名的老板。”

“最有名的老板?”

“是啊！据我打听的结果，大伙都说这个问题最好请教您。”

“哦？大伙都这么说？真不敢当！到底什么问题呢?”

“实不相瞒，是……”

“站着不方便，请进来说吧。”

每个人都渴望别人的重视和赞美，只是大多数人把这种需要隐藏在内心深处罢了。因此，在开场白中只要你说“专程来请教您这位最有名的老板（专家、学者)”时，几乎可以百试不爽，没人会拒绝的。

优秀的推销员不仅懂得如何用好的开场白来打开话局，也可以灵活多变地谈论各个话题。比如一位推销员这样说：“温德尔先生，您早，今天的天气太好了！”

“是啊！空气很好，伦敦的冬天像这个样子不多见呀！”

每个推销员对访问时该谈些什么话题作为开场白都会感到非常棘手；即使再老练的推销员，也很少有人认为自己对这个问题非常有把握，尤其是和从未见过面的人谈话，会感到更加紧张。

有些推销员，往往会因为过度慎重，而使自己太紧张，因为他们对商谈是否能顺利进行没有把握，而让开场白的话拖得太冗长。

其实，无论是第一次拜访客户还是与客户早已认识，开场白都要做到自然，不要太慎重。例如，走进第一次访问的客户家的大门时，看见女主人的身材非常健美，也可以以此为话题作为开场白：“对不起，冒昧地请教你平常都做什么运动呢？你一定是天天都跳韵律操吧！”

虽然这种讲话的口气对初次谋面的人而言稍显唐突，但是却可以给客户留下相当深刻的印象。

聪明的推销员懂得如何选用开场白来控制谈话场面，所以可以灵活地运用各种方式。经验比较少的推销员就不同了，比如上例，经验少的推销员一定不敢对初次谋面的客人用那样的谈话方式。

丰田公司的神谷卓一曾说：“接近客户，不是一味地向客户低头行礼，也不是迫不及待地向客户说明商品，这样做，反而会引起客户反感，当我刚进入企业做一个销售人员时，在接近客户时，我只会销售汽车，因此，在初次接近客户时，往往都无法迅速打开客户的心理防线。在无数次的体验揣摩下，我终于体会到，与其直接说明商品不如谈些有关客户太太、小孩的话题或谈些乡里乡间的事情，让客户喜欢自己才是真正能关系着销售业绩的成败，因此，接近客户的重点是让客户对一位以销售为职业的业务人员抱有好感。”

## 卖方必须自始至终扮演配角

在访问中选择一个好的话题，借以缩短与客户之间的距离。

好的开场白是为了引发客户的继续商谈，但如果推销员说完了开场白，并没有让客户对他的产品或服务产生好感或是兴趣，而客户仍然告诉推销员没有时间，或是没有兴趣，那就表示推销员的这个开场白是无效的，这时，应该换另外一个更好的话题来替代。

你应该这样看待访问中话题的选择：“在访问中选择一个好的话题，借以缩短与客户之间的距离，能使自己逐渐被客户接受，然后把话引向自己的商品，从而开始商谈，这样有利于推销成功。”

一位名叫杰比西的销售员看到一家小吃店生意很好，于是想向老板推销他的绞肉机。杰比西走入店中的时候，老板正在做包子，老板娘跑出来迎接杰比西并向他打了个招呼，但杰比西并没有表示要买什么东西，老板娘也就忙着去干她的活了。

杰比西被晾在那里好一会儿，为了打破这种局面，他决定向老板谈谈他的包子。他选购了10个包子并请老板代为包好，又买了两个放在盘子里，一边品尝，一边和老板聊了起来。

“老板，您做的包子很好吃，里面的馅一点都不粘牙！您是怎么做的？用的是什么蒸笼？还有您的豆沙馅甜而不腻，用的是砂糖吗？”这一连串的有关包子的问题将老板的话头勾了起来。

“是啊，先生，您真有眼力。讲起包子，馅最重要，绝不能直接掺糖水，您说这包子皮很好，真是个行家！”

杰比西赶忙说道：“哪里，哪里，是您的包子做得好！”

老板接着继续说：“我这包子是我一个一个用手工做出来的，而不是用机器压出来的。你知道，机器压的虽然快，但是没有手工的有味道，顾客爱吃手工包子，为了让顾客满意我只有这么做了。”

说到这儿老板突然问道：“你刚才对我太太说什么啦？”

“噢！我是食品加工机械厂的推销员。今天我是专程来买您的包子作为礼物送给朋友的，我看到你那么忙想给你介绍一个好帮手。喔！那里摆的那个盆景也是您的杰作吗？真看不出来，您也喜欢盆景！”

“先生，您刚才说给我介绍好帮手，是什么好帮手啊！”这位老板反而着急起来，想问个究竟了。

最后，杰比西终于如愿以偿，老板也觉得认识了一位知己，很高兴。杰比西推销的成功，就在于他谈及了对方关心的话题，而且他所提的问题都是客户所最熟悉的事情，最得意的事情，以至于客户想不说都不行了。

在推销过程中，主角永远是买方，是客户。而卖方必须自始至终完全扮演配角才可以。如果推销员本末倒置，在商谈过程中以自己为中心，只是洋洋自得地反复谈论自己的事情，自己的爱好，只是自夸自己的商品，只管发表自己的看法，而不从买方的角度来考虑，这种谈论必定会引起客户的反感情绪：“这家伙只会谈论自己”，“谁听你的”！照这种情形，推销的失败是可以预期的了。当推销员终于结束他的高论而向客户说出“请您购买好吗”时，得到的反应恐怕只会是冷冷的两个字：“不买。”

## 用微笑去面对陌生环境

女人的微笑是男人的阳光，反之亦然。

有一句俗语叫“不笑莫开店”。纽约一家颇具规模的百货公司的一位人事主任说，他愿意雇用一个有可爱的微笑、小学还没有毕业的女孩子，而不愿意雇用一个脸孔冷若冰霜的哲学博士。

凡是光顾过希尔顿酒店的客户，都对其有极好的口碑，加之各种媒体的传播，早已使得希尔顿酒店名扬天下。希尔顿秘诀只有11个字：“你今天对客人微笑了没有？”酒店的创始人希尔顿每天到酒店工作时，停留时间最长的不是在办公室，而是在酒店的各个工作岗位上。他会不断地告诫员工这句话：“你今天对客人微笑了没有？”

当人们第一次走入沃尔玛连锁店时，先是被它巨大的面积所震惊，继而为它的便宜价格所打动。同样一件商品，沃尔玛的售价至少会比其他店便宜5%，但是给人们印象最深的还是每一个售货员的微笑，那样亲切自然。

沃尔玛说：“你知道我们有一个微笑培训吗？必须露出八颗牙齿才算合格。你试一试，只有把嘴张到露出八颗牙齿的程度，一个人的微笑才能表现得最完美。”原来售货员那一颦一笑都有着如此严格的规定。

“笑”至少有下列10个好处：

——笑能把你的友善与关怀有效地传达给客户。

——笑能拆除你与客户之间的“篱笆”，敞开双方的心扉。

——笑使你的外表更迷人。

——笑可以消除双方的戒心与不安，以打开僵局。

——笑能消除自卑感。

——你的笑能感染对方也笑，创造和谐的交谈基础。

——笑能建立客户对你的信赖感。

——笑能去除自己的哀伤，迅速地重建信心。

——笑是表达爱意的捷径。

——笑会增进活力，有益健康。

学会在陌生的环境里微笑，还是一种自尊、自爱、自信的表现。微笑是人类面孔上最动人的一种表情，是社会生活中美好而无声的语言，她来源于心地的善良、宽容和无私，表现的是一种坦荡和大度。微笑是成功者的自信，是失败者的坚强；微笑是人际关系的粘合剂，也是化敌为友的一剂良方。微笑是对别人的尊重，也是对爱心和诚心的一种礼赞。

在陌生的环境里学会微笑，你就学会了怎样在陌生人之间架一座友谊之桥，也掌握了一把开启成功之门的金钥匙。

还有人说笑容是最好的国际语言，因为每个人都喜欢跟开朗快乐的人在一起，当笑容出现的时候冰山都会被其融化，而笑容也正是接近客户潜意识最好的方法，所以要训练自己，让微笑变成你面对任何人时不变的习惯。

当不安掠过你心灵时，特别请你要笑一笑；焦躁的时候也笑一笑；在一天之中，如果你犯下了愚蠢的错误，也请你一笑置之。问题越重大越需要幽默。在心中存在微笑时，自我怜悯、自责便不存在了。

如果你不善于微笑，那么，请强迫自己微笑。如果你是单独一个人，强迫自己吹口哨，或哼一支小曲，表现出你似乎很愉快，这就容易使你愉快。按照已故的哈佛大学威廉·詹姆斯教授的说法——

“行动似乎是跟随在感觉后面，但实际上行动和感觉是几乎平行的。而控制行动就能控制感觉。

“因此，如果我们不愉快的话，要使自己愉快起来的积极方式是：愉快地行动起来，而且言行都好像是已经愉快起来……”

世界上最伟大的推销员乔·吉拉德曾说：“当你笑时，整个世界都在笑。一脸苦相没人理睬你。”从现在起，直到生命的最后一刻，就用心笑吧。

原一平在日本被称为“推销之神”。他在1949~1963年，连续十五年保持全国寿险业绩第一。

其实，他身高只有1.53米，而且相貌不扬。在他最初当保险推销员的半年里，他没有为公司拉到一份保单。他没有钱租房，就睡在公园的长椅上；他没有钱吃饭，就去吃饭店专供流浪者的剩饭；他没有钱坐车，每天就步行去他要去的那些地方。可是，他从来不觉得自己是个失败的人，至少从表面上没有人觉得他是一个失败者。自清晨从长椅上醒来开始，他就向每一个他所碰到的人微笑，不管对方是否在意或者回报以微笑，他都不在乎，而且他的微笑永远是那样的由衷和真诚，他让人看上去永远是那么精神抖擞，充满信心。

终于有一天，一个常去公园的大老板对这个小个子的微笑发生了兴趣，他不明白一个吃不上饭的人怎么会总是这么快乐。于是，他提出请原一平吃顿早餐；尽管原一平饿得要死，但还是委婉地谢绝了。原一平请求这位大老板买一份保险，于是，原一平有了自己的第一个业绩。这位大老板又把原一平介绍给他的许许多多商场上的朋友。就这样，原一平凭借他的自信和微笑感染了越来越多的人，最终使他成为日本历史上签下保单金额最多的一名保险推销员。

帮助别人，往往就是帮助自己。原一平成功了，他的微笑被称为“全日本最自信的微笑”、“价值百万美元的微笑”，而这样的微笑并非天生，而是长期苦练出来的结果。原一平曾经假设各种场合与心理，自己面对着镜子，练习各种笑。因为笑必须从全身出发，才会产生强大的感染力，所以他找了一个能照出全身的特大号镜子，每天利用空闲时间，不分昼夜地练习。经过一段时间的练习，他发现嘴唇闭与合，眉毛的上扬与下垂，皱纹的伸与缩，都会有不同的“笑”的含意，甚至于双手的起落与两腿的进退，都会影响“笑”的效果。

有一段时间，原一平因为在路上练习大笑，而被路人误认为神经有问题，也因练习得太入迷，半夜常在梦中笑醒。经历长期苦练之后，他的笑达到炉火纯青的地步。原一平把“笑”分为38种，针对不同的客户，有不同的笑容；并且深深体会出，世界上最美的笑就是婴儿的笑容，那种天真无邪的笑，散发出诱人的魅力，令人如沐春风，无法抗拒。

如果你能让一位潜在客户笑出来，你就能让他们买你的东西。笑是默许的表现，而默许会带来合同。

## 商务关系说白了就是人际关系

> 建立友谊。人们喜欢从朋友而不是销售员那里买东西。

有一条古老的商业格言说：“条件一样，人们想和朋友做生意；条件不一样，人们还是想和朋友做生意。”据估计，半数以上的销售是因友谊而做成的，半数以上的商业关系也因友谊而得以保持。很多人把这种关系叫做“好兄弟关系网”，还有一些人把这叫做“人脉”，但实际上都是指的友谊型销售。

如果你认为拥有最好的产品、服务和价格，那你就可以把东西卖出去，那你就错了一大半。如果说一半的销售都源自友谊的关系，而你还没有把潜在客户（或现有的客户）变成朋友，那你就失去了至少一半的市场。

朋友向朋友推销时，不需要使用销售技巧。当你约一个朋友出来或是请他帮个忙时，你用不着技巧，直接要求就是了。

想要卖出更多的东西吗？那你并不需要更多的销售技巧，而是需要更多的朋友。

想一想你最好的客户。为什么他们是最好的？难道你不是和他们保持着极好的关系吗？如果你和你最好的客户是朋友，经常就可以避免在价钱和发货期上讨价还价。甚至偶尔服务得差一些，你仍旧能留住这些顾客。

友谊为双方带来了不言而喻的责任。朋友之间就要始终互相关照，互相帮助。在商场中建立的友谊也不例外。一些销售人员与某些客户交往甚密，他们的产品总是能在客户发布的广告中得到特别推荐，在商店里摆在特别显眼的位置。

交朋友还有一大好处——竞争对手被排除出局。最强的竞争对手也无法抢走和你有交情的顾客。

与客户的沟通不应是死板的公事公办，而应尽量人情味浓一些，先做朋友，后做生意，相逢便是朋友。商务关系说白了就是人际关系。如果你没有足够的客户或者朋友，你根本不能在商场立足。

建立紧密的、牢固的、持久的客户关系是实现双赢的重要保证。而紧密、牢固、持久的客户关系，不仅仅在于产品或服务如何优质，技术表现如何到位，更在于与客户的交往、联系是否密切，让客户的感知是否亲切，与客户是否建立起了超越公司或商务层面以外的真诚的私人友情。如果公司与客户间有了这样的情感纽带，这就是公司真正的核心竞争优势所在。

由陌生人而变成朋友，由朋友变成客户，是一个循序渐进的过程。太急于将陌生人变成客户，只会令自己烦恼，销售之道是慢工出细活，不能操之过急。

人与人之间经常的交往很自然地就会产生友谊，在办公室以外的地方，销售人员和客户通常比较放松，谈话也常常涉及个人的情感世界与兴趣。或者因为共同的兴趣，他们之间的关系也会变得密切起来，建立起亲密的友情。

建立共同点。如果你们都喜欢高尔夫球，你们就有了能把彼此拉近的共同点。

如果用“重礼”来维系客户关系，邀请关系密切的客户参加昂贵的娱乐活动，销售人员通常会负担全部的娱乐交际开销。这些客户也就逐渐习惯于享受最好的待遇，这就使你维持这些“友谊”的成本变得昂贵。这种友谊大多数是短暂的。如果客户换了工作、被解雇或退休了，销售人员不会再去联系他们，关系就会以不愉快而告终。

与客户成为朋友不是以金钱为手段，是靠人情打动，人都是讲感情的。一纸贺卡、一句祝福会让人激动不已，所以，人情味在心诚不在礼重。真正成了朋友，还会在意礼轻礼重？

很多情况下，在你去拜访一位客户的时候，顺便带一些小礼物给他，虽然价值不多，但对于和客户交往来说，却起到一种积极的促进作用。

给客户送礼物，说起来也是门学问。当然非物质性的东西也可以包括其中。比如问候客户的身体健康、碰到的喜事或遭遇的不幸等等这样一些表达你关怀的言行。

日本人最懂得赠送小礼物的奥妙，大多数公司都会费尽心机地制作一些小赠品，供销售人员初次拜访客户时赠送给客户。小赠品的价值不高，却能发挥很大的效力，不管拿到赠品的客户喜欢与否，相信每个人受到别人尊重时，内心的好感必然会油然而生。

赢得信任。当你成功鼓动了客户的购买欲望，促使他们开始行动时，你最好确保自己已经从他们那里取得了足够的信任，以保证他们购买你的东西，不然他们就会转向你的竞争对手了。

一位保险代理人坦言，他之所以能长年保持极佳业绩，拥有好几百位客户，而且客户还在以更快的速度增加，是因为客户很信任他，还常常为他介绍别的客户。他与客户经常交流，建立了很好的私人友情，他经常与他们一起去郊游、爬山、打保龄球，关系非常融洽。客户有困难时，他会主动积极地提供帮助。让客户倾心于你，实际上很简单，只要你能从客户的角度考虑问题，付出一片真诚，感动客户，客户将会回报给你更多。

一旦建立了友谊，有些销售人员就会把朋友视为当然的客户，不再一如既往全心全意地提供服务。客户会感觉到这种懈怠，但是为了维持友谊，他们很少把自己的失望迅速反馈给销售人员，而往往是听任情况继续恶化下去。这时，商场上的友谊更多的成为一种必须背负的“责任”，在生意场上广交朋友是件好事，把友谊与商务关系混为一谈，反而让友情影响到了商务关系。所以客户关系也有一个度的问题，把握不好则会过犹不及。把握客户关系的尺度，既能够培养客户忠诚度以增进效益，又不会做过火，灵活掌握一个“度”能够与客户保持适当的距离。

任何一个客户，都有需求的波峰和波谷，我们不能在一棵树上吊死。忠实于客户，并非只忠实于现有客户。要不断地开拓新行业，争取新客户，使自身持续发展壮大。但要记住一句话：结识新朋友，不忘老朋友。

## 陌生人只是你还没认识的朋友

你在游说别人之前，一定要先消除对方的戒心。

企业的利益来自客户资源的保持以及不断拓展，赢得新客户是企业拓展必备的基础。世界上只有两种人：你认识的人和你不认识的人。你不认识的人和你一样，他们也想获得成功，但他们还没有与你有生意上的合作，这就使他们有可能成为你的新客户。

如何开拓新客户呢？我们来看看原一平的方法。原一平只有不到一米五的身高，却连续十六年荣登推销业绩日本全国第一宝座，创下世界推销最高纪录二十年未被打破，是日本历史上最为出色的保险推销员。

有一年的夏天，公司组织员工外出旅游，在熊谷车站上车时，原一平正好看到一个空位，就坐了下来，当时，旁边座位上已经坐着一位约三十四五岁的女士，带着两个小孩，大一点的好像6岁，年龄小的大概有3岁的光景，看样子这位女士是一位家庭主妇，于是原一平便有了向她推销保险的念头。

在列车临时停站之际，原一平买了一份小礼物送给他们，并同这位女士闲谈了起来，一直谈到小孩的学费。

“您先生一定是很爱你，他在哪里发财？”

“是的，他很优秀，每天都有应酬，因为他在H公司是一个部门的负责人，那是一个很重要的部门，所以没时间陪我们。”

“这次旅行准备到哪里游玩？”

“我计划在轻井车站住一宿，第二天坐快车去草津。”

“轻井是避暑胜地，又逢盛夏，来这里的人很多，你们预订房间了吗？”

听原一平这么一说，她有些紧张：“没有。如果找不到住的地方那可就麻烦了。”

“我们这次旅游的目的地就是轻井。我也许能够帮助你。”

她听后非常高兴，并愉快地接受了他的建议，随后原一平把名片递给了她。到轻井后原一平通过朋友为他们找到了一家宾馆。

两周以后，原一平和同事们旅游归来。刚进办公室，就接到那位女士的丈夫打来的电话：“原先生，非常感谢您对我妻子的帮助，如果不介意，明天我请你吃顿便饭，您看怎么样？”他的真诚让原一平不忍拒绝。

第二天，原一平欣然赴约。饭局结束后，原一平得到了一大笔保单——他为全家四口人购买了保险。

陌生人只是你还没认识的朋友，他们在你心目中只是一张白纸。你可以从一个全新的起点开始。新客户只是那些还不知道你的企业形象、现实实力、行业地位、产品优势的人。但他们有些人是想知道这些事情的。你的角色就是找出这些人是谁，并与他们分享信息，从而使他们体会到与企业合作的现实利益和未来前景。

再让我们看看下面两个接近客户的例子。

例一：

张志成：有人在吗？我是ECW公司的销售人员张志成。在百忙中打扰你，想要向你请教有关贵饭店目前使用空调机的事情？

老板：我们店里的空调机出了什么毛病吗？

张志成：并不是有什么毛病，也许它们已经到了需要更新的时候。

老板：我们店里的空调机状况很好，使用起来还像新的一样，我不想考虑换台新的。

张志成：对面饭店里的老板赵刚已更换了新的空调机啦。

老板：不好意思，目前我们没有这种需要，将来再说吧！

我们来看看另一位销售员是如何接近客户的。

例二：

王志成：您好。我是EWC公司销售人员王志成，我是本地区的销售人员，经常经过贵店。看到贵店一直生意都是那么好，实在不简单。

老板：生意并不是那么好，你过奖了。

王志成：我也常常到别家店，但像贵店服务态度这么好的实在是少数；对街的老板赵刚，对你的经营管理就相当钦佩。

老板：他是这样说的吗？赵刚经营的店也是非常的好，事实上他也是我一直作为目标的学习对象。

王志成：您果然不同凡响，他也是以你为模仿的对象，不瞒你说，赵刚老板昨天换了一台新功能的空调机，非常高兴，才提及您的事情，因此今天我才来打扰你！

老板：哦！他换了一台新的空调机呀？

王志成：是的。您是否也考虑更换新的空调机呢？目前你的空调机虽然也不错，但是如果能够使用一台有更多功能，款式也较新颖的空调机，客户会更喜欢光临你的店。

比较张志成和王志成的接近客户的方法，张志成在初次接近客户时，就单刀直入地询问对方空调机的事情，让人有突兀的感觉，而遭到饭店老板回问“店里的空调机有什么毛病？”张志成首次接近客户时，忽略了突破客户的“心理防线”。

反观王志成和客户以对话的方式，在打开客户的“心理防线”后，才自然地进入销售商品的主题。王志成在接近客户前能先做好准备的工作，知道他店内的经营状况、清楚对面赵刚老板以他为学习目标等，这些都是促使销售人员成功的要件。

曾任美国总统的里根，不仅是位卓越的总统，也是一位伟大的沟通家，他说：“你在游说别人之前，一定要先消除对方的戒心。”接近是从“未知的遭遇”开始，接近是和未见过面的人接触，任何人碰到从未见过面的人，内心深处总是会有一些警戒心，相信你也不例外。当客户第一次接触你时，在迅速地打开潜在客户的“心理防线”后，才能敞开客户的心胸，客户才可能用心听你的谈话。让客户产生信任感，接着引起客户的注意，然后是引起客户的兴趣。销售商品前，先销售自己——接近客户技巧的第一个目标就是先将自己销售出去。

让客户产生好感的方法，基于三个出发点——尊重、体谅、使别

人快乐，往这三个方面思考，相信你能够发现更多让别人对你产生好感的途径。

很多时候，推销员与客户见面不到30秒就被拒绝了，这在很大程度上是因为你的谈话根本没有引起客户的丝毫兴趣，有大量的事例证明，交易的失败多数情况是因为推销员的知识与推销技巧没有很好的运用，或者缺乏这方面的知识。假如有十件生意都失手，那么就表示推销员没有了解到客户的需求点，根本不能引起顾客的购买欲！

要增进了解，第一步是找机会相处。营销人员要勤访客户。客户赚不到钱是我们的责任，客户卖得不好是我们的责任，客户不满意更是我们的责任。



## 展示商品的内在价值



即使你所出售的商品只是一颗毫不起眼的石头，
但你仍需以天鹅绒将它包装起来后展现在顾客眼前。



向顾客演示你的产品，可以提高顾客的购买欲，是一种非常有效的推销方法，但是很多推销员在演示或展示产品时往往会犯一些不可原谅的错误，结果演示产品本来是为了推销但却起了反作用。因此，推销员们应该对演示产品有个新认识，避免出错。

在产品演示方面，要注意不要自以为是。你也许会觉得自己要推销的产品或服务在某些方面都是出类拔萃的，因此你就只抓住这一点而不顾其他了，你以为这种热情也会感染到顾客，是吗？

其实你大错特错了。你不能按照自己的想法做产品演示，更重要的是要知道顾客在想什么，顾客要什么？

记住，你要推销的，不是自己喜欢的东西，而是要投顾客所好。

一家生产安全镜的公司，他们的安全镜是采用不会碎的塑料制成的。在最近的一次展销会上，该公司的一名推销员想出了一个匪夷所思的点子，他在会场搭了一个高台，登上去，再故意跌下来，狠狠地摔到那些不会碎的镜子上，再弹起来，一副鼻青脸肿、几欲断气的样子。他想借此向观众表明他的镜子坚不可摧。他每隔两分钟就表演一次，来来往往的人，要么驻足瞧两眼热闹，要么干脆绕道而行，避开这个跳上跳下的疯子。展销会结束的时候，他向经理抱怨说，他的镜子根本无人问津，参加这种展销会完全是浪费时间。

经理在知道他的演示方法后气愤地问："这些镜子是干什么用的？"他回答说："给商店和办公室保安系统用的呀。"

经理又追问道："那它们如何起作用呢？"

"把它们安装在天花板上，然后它就开始工作。"

"那有多少人会跳到天花板上去撞你的镜子呢？你可以这样展示：展台周围藏"一些精美的小礼物，邀请大家试试看，看谁能逃过镜子的窥视把小礼物偷走。"

他不满地嚷道："可我们的镜子是不会碎的呀！"

经理生气地不断摇头，结果这个推销员被开除了。

产品展示成功的关键何在？关键就是掌握顾客信息。如果你想让演示奏效，就要抓住顾客的需求做文章。

无论到什么时候，我们都要牢牢记住这一点：要使你的产品演示被顾客接受，你就要满足各种类型的顾客。就是说，你要从眼前的顾客的要求出发提出你的演示方案，为顾客量身定制。

即使你所出售的商品只是一颗毫不起眼的石头，但你仍需以天鹅绒将它包装起来后展现在顾客眼前，以强调出它的特质和价值，这是推销界最著名的比喻。利用这种方法的意义在于让顾客相信，即使是外表普通的商品，也蕴含着丰富的价值。

当你向顾客推销汽车或家电用品时，绝对不可以用手去敲打，而只能谨慎而细心地触摸，使顾客在无形中感受到商品的尊贵与价值。

同时，为了加深顾客对商品的印象，在进行商品说明时，必须将它的特征放在最后说明。

# 别在细节上摔跟头

一滴水也能折射出太阳的光辉。

犹太教经典《塔木德》里说：“小小的一滴水也能折射出太阳的光辉，一个人的细微之处往往能反映出他的为人。”同样，在推销中的细微之处并不细微，小中实际上能见大，因此在推销过程中，你千万不可轻视了那些所谓的细微之处，它甚至可以左右着推销的结果。

推销员重要的是赢得顾客的信赖，然而不管采用何种方法达此目的，都离不开一些微不足道的小节。有这样一句话：“推销员比别人要更懂礼节。”作为推销员，他的行为举止对客户有着重要的影响，因此推销员在推销中一定要有良好的礼节。

这样的礼仪细节有很多，比如：推销员和客户在一起时，不要乱丢果皮纸屑，绝对不能随地吐痰，注意保持地毯、地板清洁；吸烟要把烟灰弹入烟灰缸，就餐时要把用过的牙签、纸巾等放在盘中或桌上；个人用过的废弃物，应放入自己的手帕或口袋中，过后丢入垃圾桶；不要用脚蹬踏桌椅沙发；雨雪天进入室内，要注意踏擦鞋底，防止将雨水、雪水、泥巴等带入室内等等，这些细节都要注意。

推销员在与客户商谈中，还要注意避免和克服各种不雅观的举止。握手作为一个“见面礼”，有助于大家的进一步交流。但在握手时应注意以下问题——

推销员在登门拜访时，主人应先伸手，离别时，客方先伸手；主、客双方在别人引见或介绍时，一般是主方、身份等级高或年龄较大的长者先伸手；在异性之间，一般是女性先伸手。另外，握手的力度不要太大，尤其是与女士握手时，一般力度要适度。握手一般应走到对方的面前，彼此间的距离大约有半个手臂长，过近会使人不舒服，过远则显得陌生。当你握手时，面部表情应是发自内心的喜悦和真心诚意的笑容，展现自信的精神面貌。握手不宜隔着桌子、椅子或其他什么东西，这样会给人一种应付了事的感觉。如果你戴着手套，握手前要先脱掉。还有，对女士的手不要握起来没完。

名片在日常交往中也经常用到，递名片时也应有适当的方法。当递名片时，身体前倾，走到客户容易接到的地方才出手。名片应该倒过来，把自己的名字向着客户，双方将名片送到对方的手中。同时要相应的做一些介绍，以免对方弄错你的名字。拿取名片时，动作要干净利落。名片不要放在里面衣服的口袋里，需要时用手去摸半天才拿出来，皱皱巴巴的很不体面。接收客户回赠名片时同样要双手接回名片，并同时将名片清晰地读一遍，这是对客户应有的尊重和礼貌。读完名片后，要小心地将名片放在包里或名片夹里，别在手中摆弄，也不可将它放置于下身裤兜里。

对吸烟一事推销员要特别注意。假如顾客不吸烟，你最好也不要吸烟，尤其是初次见面的时候。如果不向顾客打声招呼，就径自吸烟是不礼貌的。有一位房产推销员坐在汽车里与一对夫妇谈生意，他悠然自得地点燃一根大雪茄，后来，他怀疑正是这根大雪茄使他失去了一笔价值5万美元的买卖。在他点燃雪茄后不到两分钟，女客户便突然说，她“忘记”了一个“约会”，现在必须马上赴约。结果，这一对夫妇在当天晚上从公司的另一个推销员手里买下了他那天下午准备领他去看的房子。当然，客户有时也是很好客的，有时会主动给你递上一支烟，这时要看他是否也抽出一根准备吸，如果不是，最好就不要吸。

谈生意一般是坐着的，所以坐的礼节也是很重要的。一般来说，应把上座让给顾客。比如：在咖啡馆里与顾客谈生意，靠墙壁的一方应该是上座，靠走道的一方是下座。在火车上面对前进方向的是上座。背对前进方向的是下座。坐在轿车里的时候，后排司机身后的座位是上座。这些上下座的区分并不是谁硬性规定的，而是一种“礼节”上的习惯。上座给人以舒适、安全的感觉。把方便舒适让给对方，表示尊重。当然，如果客户待人非常热情，一定要你坐上座，你也不必过分推辞，过分的客气会让客户觉得你这个人过于呆板或是城府太深，与你交往时他会有戒备心理，不利于推销的进行。

坐下时要注意腰、背挺直坐好，不要弓腰驼背，显得懒散，没有精神。两膝不要开得太大，否则大张着两条腿，显得很不礼貌。适宜的距离不要超过肩膀的宽度。此外还有两个切忌的事项：一、忌跷起二郎腿，脚尖乱抖，这样不仅使别人认为你不懂礼貌，没有教养，还显得你没有诚意，态度不严肃；二、更不能脱下鞋子搔痒。“隔靴搔痒”，当然是办不到的。可是如果因为脚痒就脱下来搔，实在是太失礼了。且不说你的脚气是不是臭气熏天，单是那形象就可以令人作呕三天了。“恶心”成这样，商谈就别再奢望有一丝成功的希望了。

交谈时推销员要保持正确得当的位置和姿势，最好是将手轻轻置于面前的桌上，或交叠放于膝上。以下各项都是不正确的举止——

用手指拨弄眼前的茶杯、钥匙、打火机等物品，这样做不仅显得你心不在焉，没有礼貌。尽量不要用手抓摸脖子、鼻子、头发、揪耳朵、摸下巴等，有经验的客户可以通过这些小动作判断出你此时的心理状态，从而把商谈引向对他有利的方向。

用手指弹纸上的不存在的灰尘，弄出很大的声响。做这样的动作尤其显出你没有教养，对商谈不重视，不感兴趣，的确令人非常恼火。

商谈中在纸上乱涂乱画。这个无意间的动作也会显得你心不在焉，还在泄露你的秘密。

所有上述这些不雅的举止都是有害于商谈进行的，推销员应该尽快纠正并避免。

在商谈中，还要小心留意客户的暗示。如果客户对谈话失去兴趣时，可能会利用“身体语言”或行为语言做出希望结束谈话的暗示。比如有意地看看手表，或频繁地改变坐姿，或游目四顾、心神不安。遇到这些情况，最好知趣地结束谈话。

# 用环境制造心理压力

地点的选择可以影响双方的心理状态。

地点的选择可以影响顾客与推销员双方的心理状态。

如果顾客对洽谈地点比较熟悉，他就有一种依赖感，就理直气壮，也就抓住了主动权，这对于推销员来说可就惨了，失去主动权，也就是把成交权交给了顾客。

为了控制、掌握顾客的主动权，为了交易的顺利进行，在选择地点时，推销员要留心几点——

（1）由推销员选择地点

推销员会选择自己熟悉而顾客陌生的地方，且环境要安静，颜色的选择要适合顾客的喜好，如窗帘、门的颜色等，这样既不让顾客烦躁，把洽谈气氛弄僵，同时又使顾客产生一种陌生感、恐惧感，这样他就要寻找依靠，而推销员是他惟一比较熟悉的，所以他就会与推销员更为亲近，这样主动权就抓在推销员手里，交易就容易成功。

（2）由顾客选择地点

这个时候，你应委婉地让顾客到另一张桌子上去或到另一房间去，这样对于顾客来说就几乎与你有了相同的地位，对情况的了解程度就会有所转变。如果换了房间后，你再选择一个有利的座位，这样就会给顾客一种打击。本来是他安排好的，但现在你给他转换了，顾客就会产生一种不平衡心理，就有一种被破坏的烦躁心理，这样你也就反败为胜，掌握住了主动权。

为了转换桌子或房间，你可以婉转地对他这样说：

“先生，这里好像有点吵，咱们到那间安静的房间里谈。”

"先生，这儿离窗户远一点，咱们到靠近窗户的地方怎么样？"

当双方入座后，不要立即进行商品的介绍说明，否则，会引起顾客的恐惧和猜疑，增强对你的抗拒。你应该设法减轻这种心理抗拒。

应该找一个合适的理由出去一会儿，这会使顾客本来由于抗拒而绷紧的那根神经稍微松弛一下，使顾客松一口气，把自己的恐慌压制一下。待顾客冷静下来，情绪稳定了，他的抗拒心理就能稍微消除一点。

离开时所找的理由可以是：

"对不起，我去接一个电话。"

"对不起，我去拿包香烟。"

临走时，让人给顾客倒一杯茶或咖啡，并且说："先用茶，我一会儿就回来。"这样你就可从容离开了。这样对进一步交谈会有利，乃至提供话题。

（3）在顾客家里

到顾客的家中去推销商品时，最好是先就顾客家中的环境与顾客聊聊，吸引顾客对你的注意，然后再慢慢转到你的商品上来，让顾客很自然地接受你的到来。

举个例子说吧，你来到客户家中，可以这样打开话题。

"您好，我是某公司的推销员，现在来不知是否合适。"

"您家这房子不错呀，又宽敞又漂亮，布置得也很好。哦，前面还有个花园呢，这些花可真漂亮，都是您一手栽培的吧，真够辛苦您的，您整理花园时，一定会为这讨厌的杂草而伤脑筋吧。是啊，除草真不是件容易的事，要有台除草机该是多好啊，又省时又省力。""我们公司正是为用户着想，生产出一种轻型简便的除草机，最适合于家庭使用，如果您感兴趣的话，我将很高兴地为您效劳。"

此时你就可以拿出你的资料，向顾客做详细的商品介绍。

经过你如此一番的先聊天，再抓住某一点慢慢转到你的话题上来，让顾客很自然地就把注意力转到你的商品上来，这种方法往往能收到很好的效果。

著名的销售大师廉·丹弗说："首先要引起客户的兴趣，而不是一开始就和客户谈生意。"

但要注意谈话最好能联系到推销主题，不要离题太远。

有一个推销员曾谈到他的一次推销经历：“我有一次和客户谈得很开心，但谈的都是一些社会上的事情，当我们聊到兴奋处，我将话题切入了推销方面，谁知刚一谈到问题的实质，那位客户的谈话兴致便一落千丈，我们的谈话出现了僵局，最终这笔生意也没有谈成。”

## 成交是下次推销的开始

第一次访问的结果是第二次访问的开始。

有一句推销格言：“第一次访问的结果是第二次访问的开始”。

推销访问一般来说都不会在第一次就达成交易，推销需要第二次、第三次接触。因而，创造再访的机会十分重要。

推销新手往往在遭受拒绝后，没有创造一个再访的机会就打道回府。优秀的推销员则总会制造一个再次访问的机会，以便日后达成交易。

作为推销员，无论什么时候都必须明确拜访结束后的目标。许多推销员的访问目标也许是为了获得下一次拜访客户的机会，以便使推销过程得以继续进行下去，使客户有机会参加产品展示会，或者参加示范使用，或者实际上达成交易，从而从客户那里获得产品的订单。

推销员在第一次拜访客户时，其主要目标就是同客户建立良好的人际关系与信任感，评估客户是否有权决定购买，并且引起客户对自己的产品或公司的兴趣。

成交并非是推销活动的结束，而是下次推销活动的开始。维持与顾客的长期业务关系，是成功的不二法门。

和满意的客户做生意是件愉快的事，因为做下一笔生意就容易得多了。但不要认为所有事情都是理所当然的。

当你的客户已经从你的产品和服务中得到好处时，由于他们了解你产品的价值，你会假定他们将会和你做第二笔生意。这是合乎逻辑且聪明的假定。

比如，下面一个对话：

顾客（孕妇）：我们现在还不需要你推销的这种大冷冻室的冰箱，我们有个小的已经够用了。

推销员：没关系！等你们有了孩子，添了人口，需要大冷冻室的冰箱时打电话找我，我再来为你们服务。这是我的名片和电话……

如此一番对话，很容易就创造了一个再次访问的机会。

许多推销员在好不容易得到拜访客户的机会后，却没有继续再访的行动，这样，一旦时间拖得太久，客户的需求意念降低，就算产品十分优良，想要再得到客户的认同就不容易了。所以想要更有效地达到销售目的，对客户的再访技巧就非得好好研究不可。以下有一些不同的再访技巧，若能好好加以运用，相信一定可以增加你再访的机会，提高销售成绩。

那么，如何在第一次见面时做好铺垫，为第二次见面打下伏笔呢？

（1）利用名片做铺垫

第一次见面时推销员故意没有留下名片，为日后再见打下一个伏笔。或者故意忘记向客户索取名片，也是一种不错的方法。

客户有时也会借名片已用完或还没有印好为由，而不给名片，这时推销员可以顺水推舟，并将这种事当作是客户给自己的一次再访机会。

推销员还可以印制两种以上不同式样或是不同职称的名片，这就可以借更换名片或升职为理由再度登门造访。但最好要做好记录，免得下次又送了同一种名片，这就穿帮了。

（2）利用资料做铺垫

当客户不太能够接受但又不好意思拒绝时，通常会要求推销员留下资料，等他看完以后再联络。这常常只是一种逐客令的借口，他可能根本不会看，所以你可以婉转地推辞，故意不留下宣传资料，留下个再访的借口。或者也可以当场留下资料，并说明它的重要性，言明下次再见时，必须取回，这样，客户就算不看也不敢把它弄丢。

推销员还可以送给他一份“新”资料，这份资料必须是客户未曾见过的，当作新的给他送去。

如果发现报纸或杂志上刊登了与商品相关的消息或统计资料，并足以引起客户兴趣时，推销员就可以立即带给客户看看，或是请教他的看法。

(3) 借口路过此地，看望一下

这种办法很常用：向客户说明自己恰巧在附近找朋友或是拜访客户，甚至是刚完成一笔交易。

但不要说顺道过来拜访，以免让客户觉得不被尊重。如果再加上一份近期的资料，那当然会令客户感觉到你的用心良苦。

(4) 在特别的日子送上一份特别的礼物

逢年过节或是客户的生日送上一份礼物，当然，礼物的大小要自己把握，对非常有希望成交的客户才能送较重的礼，否则可能赔了夫人又折兵，这是需要事先判断清楚的。

(5) 免费赠予资料

某些公司会出一些月刊、周刊或市场消息等。利用免费赠予公司刊物的机会，作为再访的借口。

(6) 利用调查问卷

设计几份不同的客户调查资料让客户填写或是有奖调查问卷也行。

(7) 利用产品说明会、讲座

如果有可以提供最新商品的资讯说明会，吸引客户对商品的认同，或是提供免费的奖品，相信会吸引很多人前来参加。推销员在送给客户邀请卡时，可以稍微解说讲座的内容，并在临告辞前请其务必光临指导。

(8) 不用找借口，直接拜访

与其费尽心思为自己的行为找理由而踌躇不前，不如直截了当地登门拜访更加有效。虽然比较唐突并可能碰壁，但也是训练自己能力与胆量的一个机会。

总而言之，如何运用对客户再访的技巧和方法，要根据每位客户不同的情形而定，做到灵活运用。在销售领域中，推销方法可以说是变化无穷，没有一定的模式或是规定，只要稍加用心，相信任何人都可以创造出许多独具创意的销售模式。

TOP
SALES PROMOTION

# 八

# 一切都是为了成交

# 销售从被拒绝开始

销售是一种以结果论英雄的游戏。

销售是一种以结果论英雄的游戏，销售就是要成交。没有成交，再好的销售过程也只能是过眼云烟。在销售员的心中，除了成交，别无选择。但是顾客总是那么“不够朋友”，经常“卖关子”，销售员惟有解开顾客的“心中结”，才能实现成交。

身为销售员的你可能遭遇以下情景：纵使你费尽唇舌、不停地介绍自家产品的优点及好处，顾客还是对你摇头说不；当你进行电话拜访时，刚一开口说明来意，就听到对方连忙说：“谢谢，我不需要。”面对此类令人沮丧的回应，你有时候甚至会觉得仿佛受到了诅咒，一个被拒绝的诅咒。

当你受到拒绝时，你有怎样的感受？

其实，拒绝是销售的一部分，它时常发生。你若想成为真正的赢家，你必须学会接受拒绝和克服拒绝。

没有人不害怕拒绝，但要使你的信心和信念变得强大，将拒绝变成“耳边风”。同时还要有一个信念——永远不以拒绝为答案。

从拒绝中发觉客户的需求，把拒绝转换成另一个销售机会。拒绝只是客户的习惯性的反射动作，除非他听了介绍就买，很可惜这样的情况比较少，一般说来，惟有拒绝才可以了解客户真正的想法，处理拒绝是导入成交的最好时机。

来自客户方面的拒绝有以下几种：

（1）抗拒改变

当你建议人们向更美好的生活迈近一步时，你等于迫使人们做一个决定。而人是不愿意做决定的。接受新事物意味着放弃旧东西。人类天生是拒绝改变的，所以抗拒改变出于人的本能。

（2）没有需求

客户根本就没有这方面的需求，遭到拒绝是自然的事。

（3）自己不知道

他们往往拒绝那些他们看不懂、不知道的东西。

（4）不喜欢进而不信任你

如果人们不喜欢你，他们就不会信任你。销售不是只销售商品，客户对你有好感，才会信任你所说的话。

有些拒绝是真实的拒绝，比如，客户确实没有这方面的需求。有时也会出现虚假的拒绝。甚至有许多拒绝不需要回答，比如：无法回答的奇谈怪论；可一笑置之的戏言；明知故问的发难等等。销售人员不回答时可采取以下技巧：沉默；装作没听见，按自己的思路说下去；答非所问，悄悄扭转对方的话题，最后不了了之。

有时，拒绝的原因不是真实的意愿表示，比如一个大老板说："超薄电脑太贵了，买不起。"这只是客户的推托之词，像这样的客户还是有成交的可能。或者是通过拒绝达成另一种目的。比如客户说："这件衣服的样式太老土。"他的真实意图是想通过"问题"，达到降价的目的。

有人会抱怨顾客心理很难捉摸，事实上有些简单的信息正显示出顾客的购买欲。这些信息通常会有这样的表现，比如"我很想买一个，但价钱这么贵……""过一段时间再说"等等，缺乏经验的推销员可能觉得这样的反应是一种拒绝。

其实不然，很多情况下是因为你还没有彻底说服对方，只要你再努力坚持一下，挠到客户的痒处，你就有成功的希望。

当顾客一直说不，就表示他还没准备好，你必须提供更多的产品细节，或是要对他所提及的问题进一步说明，才能再试探顾客的购买意愿！

# 每个客户都有内在的防卫机制

当顾客一直说不，就表示他还没准备好。

一般说来，客户的拒绝理由大概可以归结为四个类别。

（1）不需要这个产品

销售人员经常碰到的拒绝就是“不需要”。也许，客户说得对，但事实上，大多数“不需要”仅仅是一个借口，或者是客户在故意拖延时间。统计的数据表明，将近80%的顾客对他们现有的产品或者服务感到不满意，但却不想采取任何措施去改变现状，85%的客户实际上没有非常明确的需求。客户对销售人员做出“不需要”的拒绝可能是由于销售人员喋喋不休地介绍自己的产品或者服务，或者由于刚才某个销售人员惹恼了客户，导致客户把怨气发在你的身上。不过，值得庆幸的是，尽管“不需要”是客户最经常采用的拒绝方式，但却是最容易避免的拒绝。

（2）不着急改变现状

是不是经常遇到这样的情况：你与客户坐在一起商谈，相处得非常融洽，商谈在非常轻松的气氛下进行，你能感受到彼此之间的相互信任。客户非常清楚自己的需要，双方几乎就可以达成交易，然而，在最后的关键时刻，客户提出让我们再修改一下方案，或者客户要求给一点时间再考虑一下，然而从此之后，这件事就杳无音信了。

这种情况最让销售人员感到沮丧，眼看订单已经落在自己口袋里了，却不成想口袋是漏的。得过且过是每个人的天性，所以在销售的整个过程中，最要紧的是时时保持紧绷的神经，不要因为过程比较顺利而有所放松。同时，销售人员应该尽量使客户保持比较强烈的需求感。

（3）现在没有资金

遭受“没钱”的拒绝实在让人着恼，销售过程最终达成的最大难点就在这里。但是你有没有这样的经历：如果你仅仅是擦破了一点儿皮，你绝对不会花很多的钱，找很好的大夫来给你治伤，但是如果你得了很严重的病，你绝对不会在乎花多少钱才能请到好大夫（当然是在力所能及的范围内）。这个道理告诉我们，如果需求是强烈的和必需的，以至于是一种紧迫的需求，“没钱”的借口就不攻自破。这给我们的启示是不要被客户“没钱”的借口所迷惑，如果出现这种情况，只能说明你在介绍你的产品或者服务的时候，忘记了启发客户的需求。

所以，在销售洽谈的过程中，最初的几个阶段最为重要，在帮助客户进行需求分析的时候，一定要让你的产品和服务给予客户强烈的需求印象，无论这个需求是真实的还是虚幻的。只要做到这一点，价格的问题就显得不重要了，而且你的报价，在他们看来会变得相当合理。

（4）为什么与你合作



如果客户用这样的问题来拒绝你，那么，奉劝你最好将精力转移到其他的客户身上。“不信任”意味着客户已经决定购买新的产品或服务，但是他不想将这个订单交给你，当然最好的情况是他不确定是否应该交给你。



“不信任”拒绝的发生是由于在许多行业中缺乏销售培训，假如销售人员所做的只是把产品和特色一股脑儿地抛给客户，只会使客户远离你而去，与你的竞争对手签订订单。而与之相反，如果你以参谋和顾问的方式推进销售过程，那么就能赢得客户的信任。当你仔细研究客户业务的时候，客户就会增加一分信任；当你不仅理解了客户的需求，并根据客户的需求提出相应的解决方案的时候，客户就愈加信任。所以，避免客户“不信任”拒绝的关键就是一开始就建立起真正为客户着想的印象。

# 化解客户心理上的抗拒

> 如果万能之神右手拿着已经取得的成功，左手拿着成功所需的不懈的奋斗要我选择的话，我将选择左手。

许多销售人员在遭受客户的拒绝之后，往往就会心灰意冷，转向其他的客户。但是，在了解客户常见的拒绝方式之后，你会发现，其实有很多情况下，客户的拒绝是可以挽回的。

那么怎样挽回呢?

首先，在客户提出拒绝的时候，作为销售人员第一个反应应当是怎样通过提问了解客户拒绝的原因。当然没有一个客户会告诉你真正的原因是什么，但是销售人员可以通过客户回答问题的侧面了解到真正的原因，比如客户说：“你的这个方案不适合我们公司的情况。”销售人员紧接着问：“您可以告诉我这个方案的哪些部分不适合你们公司吗?”销售人员提出的问题越多，客户回答得就会越多，许多时候，在不知不觉中，你就已经化解了客户的拒绝。当然还是要把握当时的情况，如果一味不停地提出问题，反而会激怒客户。

其次，要避免快速的反应造成客户的误解。销售人员在接触客户的过程中，经常会碰到相同的拒绝方式或者原因，久而久之，在不知不觉中养成了回答统一问题的习惯，甚至在还不了解客户的真正意图之前，就迫不及待地做出解释，这会造成客户认为你并不认真听取他的问题的印象，所以，要仔细聆听客户的说明，同时，在客户提出较为尖锐和棘手的问题时，多给自己一些时间，使客户认为你是在仔细地考虑怎样帮助他解决问题。

最后，在回答客户问题的时候，尽量简洁，不要花费太多时间，如果你总是喋喋不休地讲述一个问题，客户就会认为他提出的问题切中要害，而你又很难给予良好的解决，从而降低客户对你的信心。

美国营销协会通过对几千名销售人员的研究，发现好的销售人员所遇到客户严重反对的机会只是差的销售人员的十分之一。这是因为，优秀的销售人员对客户提出的拒绝不仅能给予一个比较圆满的答复，而且能选择恰当的时机进行答复。

面对客户疑问，善用加减乘除——

减法——当客户提出异议时，要运用减法，求同存异；

加法——当在客户面前做总结时，要运用加法，将客户未完全认可的内容附加进去；

乘法——当营销人员自己做成本分析时，要用乘法，算算给自己留的余地有多大。

除法——当客户杀价时，要运用除法，强调留给客户的产品单位利润。

了解了客户拒绝的真相之后，事情就好办多了，这个时候，我们就可以把客户的拒绝分为两大类了，第一类是由于客户对你提供的产品或者服务了解较少而产生的拒绝；另外一类就是你提供的产品或者服务不能满足客户的需求。第一类情况比较好解决，但是有一个原则性的技巧，那就是不要告诉客户他的理解不对，这会使客户从心里感到不满。因为没有人喜欢别人说自己错了，即使他真的错了。

因此，在使用顾问式的销售方法化解第一类情况的时候，首先要抚慰客户，采用群体认同的方式，就是大多数人的看法和他相同，然后表示自己的看法也是这样，但真正的情况不是这样的，这种方法能够很大程度地降低客户的抵触情绪，从而逐渐接受你的观念和解释。

当客户要求的服务你无法提供，化解又有何意义呢？不过，作为销售人员，即使在这样的情况下，也需要做一些尝试，因为这是你的工作需要。大多数情况下，客户的需要可以分为多个层次和方面，在了解客户的需求之后，分析客户的需求哪一方面是重点，哪些方面相对次要。在此基础上，考察自己公司的产品和服务能否满足主要的需求，如果可以，那么就想方设法说服客户逐本弃末；如果恰好相反，就要诚实地告诉客户，我们能够提供怎样的产品和方案，我们不能满足客户的哪种需求，从而建立诚信的印象。

## 形形色色的拒绝理由破解之道

下面是一些破解客户拒绝理由的技巧。

（1）客户："我没时间！"

推销员说："我理解。我也老是时间不够用。不过只要 3 分钟，你就会相信，这是个对你绝对重要的建议……"

或者，推销员说："先生，美国富豪洛克菲勒说过，每个月花一天时间在钱上好好盘算，要比整整 30 天都工作来得重要！我们只要花 25 分钟的时间！麻烦你定个日子，选个你方便的时间！我星期一和星期二都会在贵公司附近，所以可以在星期一上午或者星期二下午来拜访你一下！"

（2）客户："我考虑一下再说。"

在推销人员进行建议和说明之后，客户有时会说一句："知道了，我考虑一下再说。"或者是："我考虑好了再跟你联系，请你等我消息吧！"

是什么意思？是不是表示他真的有意购买，只是现在还没考虑成熟呢？

其实，对方说"我考虑一下再说"，乃是一种拒绝的表示，意思几乎就相当于"我并不想购买"。但是，作为一名推销人员，当然不能在这种拒绝面前退却下来，正确的做法应该是迎着这种拒绝顽强地走下去，抓住"让我考虑一下"这句话好好地加以利用，充分发挥自己的韧劲，努力达到推销的成功。

——"我很高兴能听到您说要考虑一下，要是您对我们的商品根本没有兴趣，您怎么会肯去花时间考虑呢……”

——“可能是由于我说得不够清楚，以至于您现在尚不能决定购买而还需要考虑。那么让我把这一点说得更详细一些以帮助您考虑……”

——“您是说想找个人商量，对吧？我明白您的意思，您是想购买的，但另一方面，您又在乎别人的看法，不愿意被别人认为是错误的。其实，若是您并不想购买的话，您就根本不会去花时间考虑这些问题的。”

这样，紧紧咬住对方的“让我考虑一下”的口实不改，不去理会他的拒绝的意思，只管借题发挥，努力争取，尽最大的可能去反败为胜。

（3）客户：“太贵了。”

对策：一分钱一分货，其实一点也不贵。

在销售过程中，价格的问题总是很敏感。许多销售总是因为在价格方面双方讨论不出结果，最终不能成功合作。当然，作为销售人员或者经销商来说，价格方面回旋的余地很小。所以，最常采用的方式就是举出“TCO（总体拥有成本）”的大旗，虽然是老生常谈，但这的确是一个有效的办法。另外的办法就是使客户感受到拥有某个品牌的骄傲。比如客户说：“你们卖得太贵了!”那么你的解释可以是：“这个牌子的机器确实比其他的牌子贵一些，但是这家公司在北京地区有五家授权的维修中心和配件中心，三年的免费维修，当天就可以完成维修工作，所以在使用的过程中，肯定不会耽误你的工作，更不会给你造成损失。而我们公司也会在这个过程中随叫随到，还将提供给你很多免费的服务和培训，这些都可以降低你购买之后的很多成本。”

——比较法：

① 与同类产品进行比较。如：品牌的价钱，这个产品比品牌便宜多啦，质量还比品牌的好。

②与同价值的其他物品进行比较。如：你的钱现在可以买 a、b、c、d 等几样东西，而这种产品是您目前最需要的，现在买一点儿都不贵。

——拆散法：

将产品的几个组成部件拆开来，一部分一部分来解说，每一部分都不贵，合起来就更加便宜了。

——平均法：

将产品价格分摊到每月、每周、每天，尤其对一些高档服装销售最有效。买一般服装只能穿多少天，而买名牌可以穿多少天，平均到每一天的比较，买贵的名牌显然划算。如：这个产品你可以用多少年呢？按年、月、星期计算，实际每天的投资是多少？你没花钱，就可获得这个产品，值！

——赞美法：

通过赞美让顾客不得不为面子而掏腰包。如：先生，一看您，就知道平时很注重（如：仪表、生活品位等）的啦，不会舍不得买这种产品或服务的。

（4）客户："市场不景气。"

对策：不景气时买入，景气时卖出。

——讨好法：

聪明人透露一个诀窍：当别人都卖出，成功者购买；当别人都买进，成功者卖出。现在决策需要勇气和智慧，许多很成功的人都在不景气的时候建立了他们成功的基础。通过说购买者聪明、有智慧、是成功人士的料等，讨好顾客，得意忘形时掉了钱包！

——化小法：

景气与否是一个大的宏观环境变化，是单个人无法改变的，对每个人来说，在短时间内还是按部就班，一切"照旧"。这样将事情淡化，将大事化小来处理，就会减少宏观环境对交易的影响。如：这些日子来有很多人谈到市场不景气，但对我们个人来说，还没有什么大的影响，所以说不会影响您购买产品的。

——例证法：

举前人的例子，举成功者的例子，举身边的例子，举一类人的群体共同行为例子，举流行的例子，举领导的例子，举歌星偶像的例子，让顾客向往，产生冲动、马上购买。如：某某先生，某某人购买了这种产品，用后感觉怎么样（有什么评价，对他有什么改变）。今天，你有相同的机会，作出相同的决定，你愿意吗？

（5）客户说："能不能便宜一些。"

对策：价格是价值的体现，便宜无好货。

——得失法：

交易就是一种投资，有得必有失。单纯以价格来进行购买决策是不全面的，光看价格，会忽略品质、服务、产品附加值等，这对购买者本身是个遗憾。如：您认为某一项产品投资过多吗？但是投资过少也有他的问题所在，投资太少，使所付出的就更多了，因为您购买的产品无法达到预期的满足（无法享受产品的一些附加功能）

——底牌法：

这个价位是产品目前在全国最低的价位，已经到了底儿，您要想再低一些，我们实在办不到。通过亮出底牌（其实并不是底牌），让顾客觉得这种价格在情理之中，买得不亏。

——诚实法：

在这个世界上，很少有机会花很少钱买到最高品质的产品，这是一个真理，告诉顾客不要存有这种侥幸心理。如：如果您确实需要低价格的，我们这里没有，据我们了解其他地方也没有，但有稍贵一些的产品，您可以看一下。

（6）客户说："别的地方更便宜。"

对策：服务有价。现在假货泛滥。

——分析法：

大部分的人在做购买决策的时候，通常会了解三方面的事：第一个是产品的品质，第二个是产品的价格，第三个是产品的售后服务。在这三个方面轮换着进行分析，打消顾客心中的顾虑与疑问，让他"单恋一枝花"。如：先生，那可能是真的，毕竟每个人都想以最少的钱买最高品质的商品。但我们这里的服务好，可以帮忙进行，可以提供，您在别的地方购买，没有这么多服务项目，您还得自己花钱请人来做，这样又耽误您的时间，又没有节省钱，还是我们这里比较合适。

——转向法：

不说自己的优势，转向客观公正地说别的地方的弱势，并反复不停地说，摧毁顾客的心理防线。如：我从未发现哪家公司（别的地方的）可以以最低的价格提供最高品质的产品，又提供最优的售后服务。我（亲戚或朋友）上周在他们那里买了，没用几天就坏了，又没有人进行维修，找过去态度又不好……

——提醒法：

提醒顾客现在假货泛滥，不要贪图便宜而得不偿失。如：为了您的幸福，优品质高服务与价格两方面您会选哪一项呢？你愿意牺牲产品的品质只求便宜吗？如果买了假货怎么办？你愿意不要我们公司良好的售后服务吗？先生，有时候我们多投资一点，来获得我们真正要的产品，这也是蛮值得的，您说对吗？

（7）客户："没有预算（没有钱）。"

对策：制度是死的，人是活的。没有条件可以创造条件。

——前瞻法：

将产品可以带来的利益讲解给顾客听，催促顾客进行预算，促成购买。如：先生，我知道一个完善管理的公司需要仔细地编预算。预算是帮助公司达成目标的重要工具，但是工具本身须具备灵活性，您说对吗？产品能帮助您公司提升业绩并增加利润，你还是根据实际情况来调整预算吧！

——攻心法：

分析产品不仅可以给购买者本身带来好处，而且还可以给周围的人带来好处。购买产品可以得到上司、家人的喜欢与赞赏，如果不购买，将失去一次表现的机会，这个机会对购买者又非常重要，失去了，痛苦！尤其对一些公司的采购部门，可以告诉他们竞争对手在使用，已产生什么效益，不购买将由领先变得落后。

（8）客户："它真的值那么多钱吗？"

对策：怀疑是奸细，怀疑的背后就是肯定。

——投资法：

做购买决策就是一种投资决策，普通人是很难对投资预期效果做出正确评估的，都是在使用或运用过程中逐渐体会、感受到产品或服务给自己带来的利益。既然是投资，就要多看看以后会怎样，现在也许只有一小部分作用，但对未来的作用很大，所以它值！

——反驳法：

利用反驳，让顾客坚定自己的购买决策是正确的。如：您是位眼光独到的人，您现在难道怀疑自己了？您的决定是英明的，您不信任我没有关系，您也不相信自己吗？

——肯定法：

值！再来分析给顾客听，以打消顾客的顾虑。可以对比分析，可以拆散分析，还可以举例佐证。

类似的拒绝自然还有很多，我们肯定无法一一列举出来，但是，处理的方法其实还是一样，那就是要把拒绝转化为肯定，让客户拒绝的意愿动摇，推销员就乘机跟进，诱使客户接受自己的建议。

## 不要被不是理由的理由所迷惑

被拒绝并不表示完全没有希望。

在推销员中有这样一句话："被拒绝并不表示完全没有希望，有时候反而是一种购买的信号。当有人告诉你他不想买某产品时，他是在表达一种意愿，希望知道他为什么应该买。"

在推销时我们应该认识到顾客的拒绝具有两面性：其一，它可能是达成交易的障碍，如果对方没有得到推销员满意的答复，那么他就不会采取购买行动。其二，顾客提出拒绝也为交易成功提供了机会，如果推销员能够恰当地解决顾客提出的问题，使其对所推销产品及其交易条件有充分的了解，那么接下来的便是决定购买。这就要求一名推销员，不仅应当尊重来自顾客的各种拒绝理由，积极主动向顾客介绍宣传商品，还必须不断提出"为什么"，以引导顾客公开自己的不同意见，并有针对性地采取措施。

亨瑞·杰克生于美国旧金山城的一个犹太移民家庭，大学期间主修市场营销专业，毕业后即踏入保险推销行业，29 岁时正式成为美国百万圆桌协会会员，并是该协会历史上最年轻的推销员之一。在他的推销生涯中，他认为，面对客户拒绝的一个最有效的方法便是提问题。当客户对你提出一系列毫不相干的异议时，他们很可能是在掩饰那些困扰他们的真正原因。如果你懂得“要是不想购买的话，没有人会提出如此之多的异议”，那你也可以提一些反问，以便能洞悉对方的内心世界。只要客户能够给你几个理由说明他为什么不想买保险的时候，你便可以用这个办法逐个击破这些理由，但绝对不要强迫推销。

他的这个经验来自于他的一次推销经历：杰克在访问中向一位先生推销公司的一台机器，他告诉那位先生需 2700 美元，那位先生回答说太贵了。杰克接着问：“为什么？”

“付不起这么多钱。”

“为什么呢？”

“因为本钱太高，赚不回本呀！”

“为什么？”

“难道你不认为它不值得？”

“为什么不值得？它一直是最划算的投资。”

每次客户拒绝或提出反对意见，杰克就问他为什么，并认真倾听他的回答。他说得越多，杰克越发现他的理由并不完全正确，后来那位客户还是决定买下那台机器。这笔交易完成得很快。

事后，亨瑞·杰克说：如果我没耐心听他谈论原因，而扯出自己的长篇推销辞的话，这笔生意恐怕就泡汤了。所以，推销员要有锲而不舍的精神，打破砂锅问到底才能找到客户拒绝你的真实理由。推销员应该能从客户的众多推辞中找出真正的阻碍成交的原因，不要被客户的那些不是理由的理由而迷惑。然后再有针对性地去说服客户最后达成交易。

这件事对亨瑞·杰克的启发很大，在以后的推销生涯中，面对类似的情况，他都试着用这种方法去解决问题。

有一天，亨瑞·杰克打电话给某公司的总经理怀特先生，希望约个时间见面，当杰克在约定的时间来到他的办公室时，怀特先生看了一眼杰克，说：“我想你今天来访的主要目的，还是关于那份团体保险的事吧？”杰克以爽快的微笑做了肯定的回答。

“对不起，我们公司不准备买这份保险了。”

“先生，你是否可以告诉我到底为什么不买了呢？”

“因为公司现在赚不到钱，要是买了那份保险，公司一年要花掉1万美元，这怎么能承受得了呢？”

“差不多是需要这个数目。”

“所以我们决定在情况没有好转以前必须减少支出，除非是一定要花的钱。”

“除了这个理由，还有没有什么其他让您觉得不适合购买的原因呢？可否把您心里的想法都告诉我呢？”

“当然，还有一些其他的原因……”

“我们是老朋友了，您能告诉我到底是什么原因吗？”

怀特先生开始陈述他的原因：“你知道我有两个儿子，他们都在工厂里做事。两个小家伙穿着工作服跟工人一起工作，每天从早上8点忙到下午5点，干得不亦乐乎。要是购买了你们的那种团体保险，如果有人不幸身故，那岂不要把我在公司里的股份都丢掉？那我还留什么给我儿子呢？工厂换了老板，两个小家伙不是要失业了吗？”

直到这时，真正的拒绝理由总算被挖出来了，原来所有的拒绝只不过是一些漂亮的掩饰，真正的原因是受益人的问题。可见，这笔生意还有商谈下去的希望。

杰克告诉怀特先生，因为他儿子的关系，他现在更应该做好计划，让儿子将来更好地生活。杰克把原来的计划做了修改，使他两个儿子变成最大的受益人。这样一来，无论父子谁先发生意外，另一方都可以享受到全部的好处。

形势发生了逆转，怀特先生最终接受了杰克的建议，当场签下了1万美元的保险契约。

后来，杰克多次研究分析了他所做的拜访记录，发现有62%的拒绝是对方开始时所提出的拒绝理由并不是他们真正的理由，只有38%的客户从一开始就老老实实地告诉了他，他们为什么不想购买人寿保险。杰克通过琢磨和实践，总结出推销工作中最美妙的一句话就是“为什么”。

他说："要让客户买下你那份保险，你就要不停地问对方问题。虽然你第一次去拜访客户的时候，他的拒绝听起来理由相当充分。但是，不要跟客户争论人寿保险到底重不重要，你只是问他为什么没有兴趣，等他向你解释了为什么没兴趣时，鼓励他继续讲下去，就这样，多问几个'为什么'，让对方在回答'为什么'时去思考，去说服自己。"

每个客户都有内在的防卫机制，当他们的空间或利益受到干扰时，就会出现条件发射。这种条件反射多数表现为轻微的拒绝，推销人员完全可以忽略。因为这没有深思熟虑，只是为了抵御推销员的进攻而采取的应付手段。聪明的推销员应当化解这些轻微的拒绝，在推销的过程中多问几个为什么。

## 对待吹毛求疵的人

当顾客对商品不满意时，你先要了解他的目的何在。

顾客走进一家商店，当店员拿出商品让他选择时，十个人当中有九个要对商品吹毛求疵的。这种态度不外乎基于下列三种原因：一是表示自己有眼力（每个人都自以为是世界上最聪明博见的）；二是为要求减价找借口；三是嫌太贵了，以此作为不买的理由。

明白了这些原由，你就可以应付自如了。

一切做店员的都应该明白，走进店里来的无论什么顾客，不管他的态度如何，脾气大小，总是"上帝"，他是商店利润的来源，只要他进来就应殷勤接待。一个店员的殷勤也不外乎三个目的：

一是希望能交易成功；二是希望他下次再来；三是希望他由于得到很好的接待而介绍其他顾客来。倘能如此，则生意必然兴隆。

认识了顾客对你的重要性，我们就应不惜以任何方式去赢得顾客。当顾客吹毛求疵时，你就知道应该如何去应付了。

（1）同情和理解顾客的弱点。

一个良好的业务人员，首先要有一颗同情心，能同情和理解顾客的弱点，理解顾客希望减价的心理。当然，做生意也要获得合理的利润，但对顾客表示同情，他自然也会同情你，那么交易就更容易成功。

当顾客对商品不满意时，你首先要了解他的目的。如果他真是嫌质量不好，而你有更好的产品不妨拿出来，有些顾客不在乎价高，只想要质量好的产品；如果没有更好的，你不妨同情地说："这质量确实不太好，因为好商品进价也高，所以只好进这种货了。不过这种产品也能用得下去。"这样顾客就没什么好说的了，因为你已承认了他的眼力不差，如果他没有非买更好的不可时，这笔交易很有把握成功。

（2）为顾客提供另一种选择。

如果顾客的目的是想让你降价，而你又不能答应，此时可以拿出另一种较便宜的产品给他看，同时不要忘记这样说："这种质量不相上下，但价钱却便宜很多，用起来还是一样，大多数人都选这一种。"你还可以加上一句："其实，这些东西也没必要买太好的，反正都能用。"

此外，如果有一种可靠的新牌子商品的话，你还可以告诉他：新牌子商品因欲求多销，所以价钱较便宜，实际质量和老牌子差不多。顾客最普遍的心理都怕自己买不起高价而没面子，你这样说不仅保住了他的面子，还建议他买价廉的，顺水推舟，他一定愿意掏钱买货。

（3）即使交易未成，也要希望顾客下次再来。

如果顾客因为价钱太贵或质量不好而没有购买时，你要记住：这次交易不成，你还是希望他下次有需要时再来的。而且，你要对因为不能满足他的需要而表示歉意，还可以委婉地问他要不要选择其他东西，或希望他下次再来。

诚意的殷勤常会让顾客感到喜悦，大多数顾客可能会因招待殷勤而过意不去，买些其他东西。这样，他下次再要买什么东西时也会先到你这里看看，还可能愿意介绍他的朋友到你这里来买。

## 把握恰当的推销时机

> 你要在合适的地点、合适的时间，找到对你的产品感兴趣的人。

过去的人出门讲究“黄道吉日”，作为要经常出门拜访客户的推销员来说，每次预约客户的时候，也应仔细琢磨琢磨，什么时候见面比较合适，因为一个好的开始就是成功的一半。有人说爱情最终变为婚姻，是因为在合适的地点、合适的时间，遇到了合适的人。推销也是一样，你要在合适的地点、合适的时间，找到对你的产品感兴趣的人。

一般推销的时间是根据你平时对该客户的了解而定的。包括客户的工作安排情况、爱好兴趣等。

不同的行业有不同的忙碌和闲余时间，在买方比较闲适的时候，推销较容易获得成功，即把握推销的时机应视买方的方便时间而定。

比如，公司上午九点半之前，商场刚刚开门营业，这时不宜拜访。因为刚上班或刚开门，都要做些当天的准备工作。公司一般十点或十点半之间，而那些商场要等开门营业一小时后去比较合适。

要访问的是一家医院，就应该选择在午休时间或者在晚上的出诊结束后，这样较为适当。

而如果访问的对象是从事水产或水果买卖的零售商，则最适当的访问时间应当是在晚饭后，因为他们一大早就要到市场去进货，然后回来摆摊准备销售，所以上午找不出合适的时间去推销。从下午到黄昏这一段时间，他们的顾客会不断增加，也没有时间来接待你，最佳的时间就是晚饭之后。

所以，要想推销成功的机会大一些，必须善于把握时间，尤其必须善于配合买方时间的方便，只根据自己的工作方便或者仅局限于公司的上班时间内来考虑推销时机，是肯定行不通的。

如果不打算请对方吃饭，你就不要在上午十一点半之后去拜访客户，宁可自己在外面吃了饭，也要等到下午一点半以后才去拜访。但是，如果你想请一些关键人物吃饭，建立比较密切的关系那就另当别论。

要避免在客户下班或要关门的时候前去拜访，因为时间马上就要到了，对方不可能好好坐下来与你细谈；如果你影响对方下班或关门，对方在心里多少会有些烦你。当然，作为推销员有时要像牛皮糖那样能缠住客户，但在下班的时候你就不能脸皮太厚，老黏着人家不放。对方脾气再好，但在这种情况下，他也会用三言两语把你打发走。

不知你是否听过有关推销员丁恩·纽密塞的故事。纽密塞先生曾创下一天之内销售 150 双鞋子的世界纪录，其销售对象包括男女老少，鞋子种类应有尽有。

他是这样介绍他如何创下这个辉煌纪录的："最关键之处在于你如何接近他们。如果顾客不走进你的店里，他怎么可能买你的商品?"

纽密塞是深得个中奥秘的高手，他懂得如何营造让顾客有宾至如归的感觉，他站在店门口，以诚挚自然的笑容欢迎光临鞋店的顾客，他和蔼亲切的招待深获顾客的好评，因此，顾客坐下之前多半已打定主意买他的鞋子了。

保险生活化，生活保险化。人生何处不推销，将保险融入你的生活中，你就会走上经营寿险的新台阶。

推销随时随地都可以做，比如买菜，逛商店，乃至去医院，都可能发现你身边潜在的准客户，只要你勤于发现与挖掘。

销售工作最终的目标是完成生意，销售人员必须要了解何时向顾客提出成交的请求。

这类似于男生向女生求婚，销售人员提出成交的时机也有讲究。现实生活中，男生向女生求婚时，通常要选择好时机。所谓好时机一般有：①女生心情最好的时候，这就要了解她什么状况下心情最好，提高其情绪到最高点；②找日子，例如七夕和情人节。同样，销售工作也是一样的道理。何时向顾客提出成交，首先要找出很好的成交时机，而找出很好的成交时机就要依靠销售人员敏锐的洞察力。在进行销售的过程中，销售自始至终都要非常专注，了解顾客的一举一动，尤其是其所表现出来的肢体语言。

（1）顾客心情非常快乐时

当顾客心情非常快乐、轻松时，销售人员恰时提出成交要求，成交的几率会很大。例如顾客开始请销售人员喝杯咖啡或吃块蛋糕时，销售人员要抓住这样好的请求时机。此时，顾客的心情就非常轻松，会愿意购买。

（2）介绍完商品说明后

当销售人员进行完商品说明和介绍之后，就抓住时机，询问顾客需要产品的型号、数量或者颜色等外表特征，这时提出的请求是成交的一种最好的时机。

（3）解释完反对意见后

顾客有反对意见非常正常，当顾客提出反对意见时，销售人员就要开始向顾客解释，解释完之后，征求顾客意见，询问顾客是否完全了解产品说明，是否需要补充，当顾客认可销售人员的说明时，销售人员就要抓住这一有利时机，询问顾客选择何种产品。当销售人员解释完顾客提出的反对意见后，可以直接成交。

## 抓住一切机会成交

机不可失，失不再来。

成交的目的就是赢得顾客的认可，愿意买下产品，并且许下承诺，付出定金，销售人员继续双方的交易行为，即请顾客在订单上签字实施购买行为。

只有签字并不代表成交，最后的成交包含销售人员收到顾客交来的货款。从开始打电话找顾客，与顾客建立关系，一直到最后成交，销售人员最终的目的就是成交。

要知道，推销员要促成一笔交易，不但是我们的任务，也是我们对顾客的一种责任。事实证明，每逢这个关头，交易能否成功，在相当大的程度上都取决于推销员如何对客户进行诱导。因此，我们须抓住这一关键的时刻。

一般说来，关键的时刻都会产生一个购买信号。它会通过顾客的言谈举止表现出来。一旦发现了这个信号，就要马上诱导，一般都能获成功。这些信号包括：

——当顾客问起使用方法和售后服务的时候；

——当顾客问到："报纸上的广告，就是这种东西吗"时；

——当顾客将推销员已说过的重点再问一次时；

——当顾客问到支付方式时；

——当顾客问到送货的时间、手续时；

——当顾客用其他公司的产品与我们的产品相比较时；

——当顾客问及市面上对我们某种产品批评或消费者的感想时。

出现这些情况，都是顾客有意无意表示出来的成交信号，我们不能放过这个好机会。

值得注意的是，顾客的购买信号往往都用反面形式表现出来，即拒绝的方式。这大概是因为人的自尊心所致。很多人觉得，如果让推销员如此轻松地将自己说服，不是显得自己很无能吗？所以，即使真想买，也要"刁难"一下推销员，先进行一番激烈的批评或拒绝。这时，就需要推销员有锐利的眼光和聪敏的头脑，用恰到好处的语言安抚对方的自尊，顺利促成交易。

TOP
SALES PROMOTION

# 九

# 洞察各类顾客的心理弱点

## 因人而异　量体裁衣

> 心理态势使人只能是“这样”而不能是“那样”。

在推销商品时，一般我们可以把客户分为两类：主动配合销售的，我们称其为“友好客户”。这一类客户是我们的朋友，是我们最喜欢遇到的。另一类客户则是我们最不愿意遇到的，因为他们经常存在这样那样的“麻烦”，这一类客户，我们称之为“问题客户”。对待“问题客户”不应该是回避，而应在潜移默化之中，使他们转变为我们的“友好客户”，配合我们的工作，逐步提高我们的销售业绩。

世界上没有两个完全一样的人，因为人有民族、地域、年龄、性别、经历、文化程度、性格特征、兴趣爱好、心理状态和所处环境等的区分。

销售人员常犯的一个错误是假设客户所做的一切都符合一定的道理，因此，他们经常将某些“通用销售法则”用于所有客户。这些“通用销售法则”的问题在于它们很多是互相矛盾的。某些销售法则对一类客户极为有效，而对另一些则完全没有效果或收效甚微。

人与人之间的差异有时是惊人的。独特的个性、爱好，独特的知识结构、心理态势使某个人只能是“这样”而不能是“那样”。因此，向不同的人推销，就要采取不同的推销方式。

作为一名推销员，面对的是人类真正的欲望和动机，因为当人们买一件商品的时候不仅体现了他此刻的需要，而且从这件商品上，我们还能够了解到他是属于哪种类型的人。

他可能是个狂热追求地位的人——过去的说法是爱慕虚荣的人，

那么他买的东西可能只是为了炫耀而非实用，他可能会被追求身体舒适的欲望所主宰，也可能为了追求安全感、罗曼蒂克、想与自己地位相同的人保持一致、自私或是贪婪，所有这些动机都是有可能遇到的，也是推销人员必须认识到的。

推销员必须像研究自己那样透彻地研究客户。你必须要知道每个人的目的，每个人的个性和动机。你还应该知道自己正在与哪种类型的人打交道，这种人都有什么嗜好，他的个人背景是怎样的，他对你产品的兴趣有多高，他是不是渴望第二次见到你等等，除非这些问题都能得到很好的回答，否则你最好放弃这笔生意。

不同的人有不同的乐于接受的方式，所以要想自己被接受，达到推销自己的目的，就必须先了解对方乐于接受什么样的方式，研究并熟悉他们，努力扩大应对的范围，优化应对方法。

各种不同性格特征就好比是不同有色眼镜，每个人所戴的眼镜不同，他所观察世界的角度也就有所不同。当你了解了性格的规律性，就能够乐观地接受别人的天性，对别人变得豁达、宽容起来。

需要注意的是，性格并没有好坏之分，同时，没有一个人是100%的属于某一种类型。人的性格并不仅仅表现为简单的性格划分，所有人都拥有几种性格，哪种占的比率多一些，人的性格就主要表现为哪种类型。

一家时装店的一位女店员，向一位打扮得雍容华贵，正在选购高级套装的女士建议道："小姐，这套服装既高雅又便宜，穿在你身上正好相得益彰！其他的服装要贵一些，又不见得适合你，你觉得怎么样？"

没想到，她的一番殷勤没有收到好效果。那位女士听完话后，竟气势汹汹地嚷起来："什么叫做便宜？你以为我没钱买贵的衣服是不是？真是岂有此理，太瞧不起人了！"

这位女士为什么发那么大的火？是因为女店员的话刺伤了她的虚荣心。

"价廉物美"，对于很多人来说，具有很大的吸引力。但对于另一些人，也许使他们感到有被奚落之意。由于虚荣心作祟，有些人不愿别人说他"拣了个便宜货"。

很多推销人员在运用说服技巧时，常常由于没有考虑到对方的心理，所以不能成功。

有的时候价格并不起作用，而关键是心理因素。你可以想方设法以你的产品来满足顾客的要求。

有一个厨具商访问某公司餐厅的经理。他问："请问您是否喜欢您目前的职业?"经理回答道："我不准备在此呆一辈子，我想成为整个公司的经理。"这句话反映出他的积极上进的性格。于是这位商人就开始这样介绍自己的产品："您要是在您的餐厅里配备了金光闪闪的厨具，您的顶头上司一定会意识到您善于经营，是个出类拔萃的人。然后您再把整个餐厅装潢得整洁高雅，那您所经营的餐厅一定会宾客如云，生意兴旺。您一定会被上司赏识，您将前途无量。"那位经理二话不说，马上买了他的整套炊具。

还有些客户是带有美学标准来购买的，比如要购买装饰用的雕刻、盆景、字画、风光景物图，那么你就应该投其所好，用美学观点与其交谈，尽量使顾客对你的谈话产生共鸣。

因此，掌握顾客的心理需求很重要。有一位推销大师说："每一个购买行为的实质都是为了满足人的某些需求。人为什么会购买某种产品？许多人会以为是产品的价格低，或者是因为产品的品质好，所以才决定购买。事实上大部分购买行为的发生，并不仅仅只是因为产品的价格或者是产品的质量，任何购买某种产品的目的都是为了满足他自己客观上的某些需求。而这些需求的满足大多数时候并不是由产品表面所提供的功能来实现的，实际上是因为这些产品能满足客户消费本质的某些价值观或感受。"

顾客的购买需要是多种多样的，在接受推销、使用和消费过程中，他们总会直接或间接地表现出来。这就需要推销人员善于发现，进而采取适当的语言去推销。

凯尔莎是一家商场专柜的销售人员，她的销售业绩是全商场最好的，开经验交流会时，她向大家讲了一件她差点失去一位客户的故事：

有一天，一位年轻的女士来到服装柜台前，仔细观看着挂在衣架上的几款"亚历山大"牌羊毛衫。稍后，她从衣架上取下一款红黄相间几何图案的羊毛衫，端详了一会儿对我说："请问这件多少钱。""80 美元。"我回答。"好，我要了！"那位女士把毛衣放在服务台上，边掏钱包边对我说。

为她包衣服的时候我恭维了她一句："小姐真有眼力，很多人都喜欢这种款式。"谁知那位年轻的女士听了这句话，沉吟片刻，然后微笑着对我说："抱歉，我不要啦！"

没想到，一句恭维的话反倒使顾客中止了购买！我好奇地问："怎么，这样子您不喜欢吗?""有点。"她很客气地回答，然后准备离开。我立刻意识到刚才那句恭维可能是个错误，必须赶紧补救。

趁她还未走开，我赶紧问："小姐，我们这几款羊毛衫是专门为像您这样气质高雅的年轻女士设计的，如果您不喜欢，请留下宝贵的意见，以便我们改进。"

听了这话，那位女士解释道："其实，这几款都不错，我只是不太喜欢跟别人穿一样的衣服。"噢！原来这是位不追求时尚，却喜欢标新立异，与众不同的顾客。"小姐，请您原谅。我刚才说很多人喜欢您看中的这种款式，但由于质量好，价格高一点，所以买的人并不多，您是这两天里第一位买这种款式的顾客。而且，这种款式我们总共才做了 10 件……"经过我的一番争取，那位女士终于买走了那件羊毛衫。

凯尔莎最后告诫大家说："对待客户在态度上要一律热情，而方式方法上一定要因人而异。不同的客户，其性格、心理、气质也会不同，所以，在销售中，要善于从客户的言行、举止中发现这一点，然后针对不同客户的品位，选择有针对性的试探用语，否则只会使生意泡汤。"

各种性格特征就好比是各种有色眼镜，每个人所戴的眼镜不同，他所观察世界的角度也就有所不同。当你了解了人的不同性格特点，就能使你的推销工作灵活起来。

# 对待精明型的人

这种顾客总给推销员一种压抑感。

有些顾客比较精明，并且具有一定的知识水平，也就是说文化素质比较高，能够比较冷静地思索，沉着地观察推销员。他们能从推销员的言行举止中发现问题的端倪，他们就像一个有水准的观众在看戏一样，演员稍有一丝错误都逃不过他们的眼睛，他们的眼里看起来空荡荡的，有时还能发出一种冷光，这种顾客总给推销员一种压抑感。

这种顾客讨厌虚伪和造作，他们希望有人能够了解他们，这就是推销员所能攻击的弱点。他们大都很冷漠、严肃。虽然与推销员见面后也寒暄，打招呼，但看起来冷冰冰的，没有一丝热气，没有一丝春风。

他们对推销员持一种怀疑的态度。当推销员进行商品介绍说明时，他们看起来好像心不在焉，其实他们在认真地听，认真地观察推销员的举动，在思索这些说明的可信度。同时他们也在判断推销员是否是真诚，有没有对他捣鬼，这个推销员值不值得信任。这些顾客对他们自己的判断都比较自信，他们一旦确定推销员的可信度后，也就确定了交易的成败，没有丝毫的商量余地。

这类顾客大都判断正确，即使有些推销员有些胆怯，但只要很诚恳、热心，他们也会与你成交的。对付这类顾客有两种方法：一、就是实打实地来，该是几就是几，对其真诚、热心，商品质量好，使之无话可说。二、在某一方面与之产生共鸣，使他佩服你，成为知己朋友，他们对于朋友都是很慷慨的。

精明的客户极度谨慎和理智，也十分挑剔。他们比其他人更在乎细节。他们对准确度、事实和数据十分关心。他们会留心商家的可信度，他们不断提醒自己要小心谨慎。

上述特征注定这样的客户在购买商品时，会慢条斯理而且小心翼翼。如果在他们面前，你有一种被置于显微镜下的窘迫感的话，那么请做好心理准备，接受这种显微镜下的检查吧。

## 对待执著型的人

不要在背后说其他产品或供应商的坏话。

执著型客户做事更倾向于稳重和仔细。记住，这一类的客户会仔细地审视你的。他们很少从陌生人那里买东西，更愿意从有多年交往经历并十分信任的人那里买东西。

居住在美国北卡罗来纳州东部的人们，经常谈论一个“三年规则”。意思是说，如果你搬到北卡罗来纳州东部的某个小镇上，开间店铺做买卖，除非你资金充足，可以挨过开业的头三年，否则趁早改行。因为在头三年里，周围的人们都在仔细地观察你，看你是否能够达到如下的要求：你是否可靠？是否能够一诺千金？对社区关心够不够？你是否有责任感？愿意尽义务吗？对家人是否友善？待人是否真诚？能按时付账单吗？是否言行一致，脚踏实地？如果在三年观察期里，你在某些方面没有让他们满意，那你最好打起铺盖卷，哪来回哪去，因为没有人会从你那里买东西。如果你通过了“考试”，那么你将融入社区，人们就开始惠顾你的店铺。实际上，如果他们认为你是忠实可信的，那么即使你的商品或服务价格稍高一些，他们也愿意到你这里消费，而不会选择其他陌生人。

不要过于着急地促成交易。允许客户反复比较，不要在背后说其他产品或供应商的坏话，否则这些“执著型”的客户会对你产生反感。他们不愿意听你批评别人或他们的产品，只想知道为什么你的产品或服务会比别人的好。

少讲空话，留给客户一个可靠的印象。要表现出忠诚和敬业。不许诺无法实现的诺言，不作模棱两可的保证。“执著型”的客户天生讨厌别人弄虚作假。

## 对待独断专行的人

独断专行者问你问题的时候，他想要的是答复。他不喜欢玩文字游戏。





对独断专行的人从握手的坚定程度，他回答你问题的直白程度，他介绍自己姓名的方式，诸如此类的事情可以做出判断。这类买主想单刀直入谈生意。他跟你握手，说：“来让我们看看你们的意见。”独断专行的买主会很快做出决定。“你要是打20%的折，我就要一卡车，15号以前运到。你看行不行？”

独断专行的买主通常对打进来的电话进行筛选。他的秘书在接通之前要了解是谁打来的电话，打电话有什么事。他的办公环境很正式，有秘书接听电话，约会时可把你请进他的办公室（而不是离开他的办公室见你）。独断专行的人喜欢参加滑冰、潜水、飞行；他可能喜欢高尔夫球，但他不愿花太长的时间参加。他整洁，有条理，经常穿得很体面。

对独断专行者，不要浪费时间跟他说废话。你应直接提出自己的意见，不要聊天，如果你想谈谈昨晚的篮球比赛来套近乎，他会把目光移开盯着别的地方。不要给独断专行者过多的信息，他会根据一些信息做出决定。如果你想用过分热情的陈述来分散他的注意力，他会觉得你像个骗子。你就等着他做出一个果断的决定吧。

有位男士和他妻子到一家大百货公司去买枝形吊灯，这位男士坚持要看一个体现文艺复兴时期古典艺术的枝形吊灯。

他对售货员说："一定要给我拿一个小的、能够真正体现文艺复兴时代古典艺术的，而且不要太昂贵的枝形吊灯。"

这位售货员马上意识到他遇到了一个难以对付和独断专行的顾客。作为一个非常机智的人，他知道自己的任务首先是迎合顾客，然后再尽可能地判断出他心中的固定看法到底是什么样的。

通过对一般性问题的诚恳交谈，这位售货员使这个人平静了下来，又通过一系列巧妙的问题，他终于准确地判断出了这位顾客想要的枝形吊灯。

对这个售货员来说，这样做更容易满足顾客的要求。

## 对待外向型性格的人

外向型人靠热情买东西，而不是逻辑。

外向型的买主友好而开放。他亲自接电话，不必对打进来的电话进行筛选。

如果你到他单位去，他往往在走廊见你，会领着你在他们公司转一圈。他走在你前面，热情地跟每个人打招呼。他喜欢看篮球或足球比赛。他或许把家人的照片放在办公室，独断专行的人也许认为这样太不正式。

尽管他喜欢谈他的假期或郊游的情况，如果有人进办公室请示生意上的事，或者当着你的面接电话，他也会很快做出决定，他是个热情友好的人，但他不怕对你说不。所以，他有人情味，但同时也很果断。他不是很有条理，他的办公桌或许很乱。他做事不持久，但他讨人喜欢，跟他在一起有意思。这类顾客很坦率地就把自己不购买的理由和对商品相反意见说出来，这对于推销员是有利的。这类顾客对推销员有一种微弱的抗拒心理，一见推销员就马上说："我不想买，只是看一看。"其实这话是一种抗拒，推销员大可不必理会他，只要商品使顾客满意，使他喜欢，连顾客都会忘记自己说过这样的话。他说这样的话本身就是一种暗示，暗示自己看一看，如果看着好就买。

你同一个外向型的人打交道的时候，你应摆出热情友善的姿态。要让他高兴，谈他的兴趣爱好，给他讲喜事或祸事，等待他根据他对你的项目的兴奋程度做出一个果断的决定。

外向型顾客办事干练、心细，并且性格开朗，阅历少，只要与他多交谈一会，他就会与你更加亲近，跟这种顾客极易成交。

首先要精神饱满，清楚、准确又有效地回答对方的问题，回答如果太拖泥带水，这种人可能会失去耐心，听不完就走。所以对这种类型的人，说话应注意简洁、抓住要点，避免扯一些闲话。

这种类型的人做事会给自己留一条后路，并且说话干脆，让人对他易产生一种信任之感。他们做事前就已经想好了怎么做，准备好问什么，回答什么。所以他与推销员交谈就有了目的性，这样对于交易也就顺利了。

对付这种顾客比较容易，只要以热心诚恳的亲切态度对待他，并且多与他亲切交谈，多与他亲近，就会消除双方的隔阂，这时交易也就做成了。

## 对待随和的人

随和的人不善拒绝，所以他往往承担着超过他能力的任务。

这种人往往给自己设置障碍。他或许有一个没有顺序的电话号码簿，或许在门前挂上一个“请勿推销”的牌子。他或许住在同一所房子里很长时间，因为他同周围的人和事物建立了难以割舍的关系。他周围的环境温暖、舒适，因为他同生活中的一切，比如家、家具、汽车都建立了难以割舍的关系，不喜欢改变它们。他或许开着一辆旧汽车，因为他怕同卖车的打交道，他怕被卖车的高压强迫。

随和型的人一般都不是企业家，但他喜欢在大企业里工作，组织的形式使他不必做出果断的决定。他似乎没有什么时间管理意识。当你打电话约见他时，他会告诉你什么时候来都行。他往往缺乏条理。

因为他不善于拒绝别人。请他参加各种活动，他很难拒绝，所以他往往承担着超过他能力的任务。

这种人遇事没有主见，往往消极被动，难以做出决定。面对这种人，推销人员要牢牢掌握主动权，充满自信地运用推销语言，不断向他做出积极性的建议，多多运用肯定性用语，当然不能忘记强调你是从他的立场来考虑的。这样直到促使他做出决定，或在不知不觉中替他做出决定。

这种人容易猜疑，容易对他人的说法产生逆反心理。说服这种人成交的关键在于让他了解你的诚意或者让他感到你对他所提的疑问的重视，比如：“您的问题真是切中要害，我也有过这种想法，不过想很好地解决这个问题，我们还得多多交换意见。”

有些人就是性子慢，如果他没有充分了解每一件事，你就不能指望他做出什么决定。对于这种人，必须来个“因材施教”，对他千万不能急躁、焦虑或向他施加压力，应该努力配合他的步调，脚踏实地地去证明、引导，慢慢就会水到渠成。

你同随和的人相处的时候，要慢慢来，等到他相信你以后，再向他证明你真的很可靠。要当心，不要因为一点小事可能冒犯了他。不要对他施加压力，因为他不喜欢人家强迫他做出决定。你要知道得给他时间让他把问题想清楚，要等他觉得你说得有道理的时候。

还有一种人是老好人。

温和、宽容、有耐性，这是老好人的特点。他们对任何人任何事都能忍耐、不急躁，不严厉、不粗暴。具有这种性格的人，愿意与别人商量，能接受别人的意见，使别人感到亲切，容易和别人建立亲近的关系。但老好人缺点也显而易见，常常没有主见、患得患失，盲目地相信别人。这类型的客户并不乏其人。

老好人性格的客户宽大有气量、宽容处事、适应性强、擅对压力。在社交中，他们允许不同观点的存在，如果别人无意间侵害了他们的利益，他们会谅解别人的过失，允许别人在各个方面与他们不同，使对方感到他们是有气度的人，从而愿意与之交往。

老好人型性格的客户往往是一个耐心的倾听者，对别人的讲话表示兴趣和关切；又是一个耐心的说服者，使别人愉快地接受他的想法而没有丝毫被强迫的感觉。

老好人型的客户性格低调、平和、易相处，所以对人的态度较好，但时常优柔寡断，面对事情和谈判，就是迟迟不能最终做决定。对待此类客户，要努力帮助他们尽快做决定。

有人以为老好人型的客户“好欺负”，其实，好性格的人是不亢不卑的，属于自己的利益一定去争取，侵犯自己的事情一定不允许。对他人的成绩给予赞扬，对他人的错误懂得理解。对自己的利益寸土必争，谁要是侵犯他们了，一定不轻易放过，这类客户有时是一只“刺猬”，不主动攻击别人，但是谁要是想侵犯他们，那么一定要受到严厉的惩罚。

# 对待分析型的人

分析型的人不会因为情绪而做决定，当他们觉得所有数据都齐全的时候才会决定购买。

多数买家和财会人员属于这种类型。他们共同的表现为怀疑、挑剔、善于分析问题。就因为他们有这样的特点，他们的雇主才会聘用他们。因为他们难对付，因此有必要先对他们做一个分析，一旦把握了他们的心理，那么就会知道如何才能打动他们。对待这样的客户，应该尽量使他们有安全感，让他们相信你，让他们明白你会认真倾听、分析他们的要求。

在与分析型的客户交往中最忌粗枝大叶。这是一个竞争的社会，任何一次的疏忽都会导致失败，如果再加上有粗枝大叶的毛病，就会更加危险了。

这种类型的客户比较理智，相信自己的判断。喜欢新品种以便获得较大利润。这类客户销售能力较强，对新品种比较渴望，但喜欢自己做判断。销售人员可以根据品种档次推销。高档品种主要宣传其品牌形象，中档品种则强调安全、品质、价格。

分析型客户一般会为了达成目的最终实现而追求完美无瑕，这也一向是他们的行为信条。

在所有潜在客户中，记住千万不要给那些分析型客户留下坏印象。这种客户极度谨慎和理智，也十分挑剔。他们比其他人更在乎细节。他们对准确度、细节、事实和数据十分关心。他们在意真相，事实上他们只在意真相。他们会留心商家的可信度，他们不断提醒自己要小心谨慎。

在工作中看到一个分析型的人是很有意思的。他认为通过处理大量的信息就可以驾驭一切事情。分析型的人对时间要求很准时，你永远不会听他说："我午饭前后到。"他会说："我12点15分到。"他对数字要求也非常精确，他不会告诉你说什么东西值100多块钱。他会告诉你它值114.16元。他喜欢精确，所以你向他介绍自己产品的时候，要精确到小数点以后两位数。

当一个分析型的人说："你什么时候发货？"

他希望听见你说："1月16日下午3点。"

他不希望听你说："哦，大约1月中旬。"

当他说："墙涂多厚的油漆？"他不希望听见你说："哦，我猜不薄也不厚。"他希望听见你精确到千分之一厘米。

上述特征注定这样的客户在购买商品时，会慢条斯理而且小心翼翼。因此，销售人员留下好印象以后，要将他们争取过来还得花大力气。如果在他们面前，你有一种被置于显微镜下的窘迫感的话，那么请做好心理准备，接受这种显微镜下的检查吧。

我们可以这样来看这个问题。你接触到的每一位分析型的客户，不管是现有的，还是将来的，对你来说都是"会下金蛋的鹅"，是你月复一月、年复一年取得良好销售业绩的坚实基础。若你想靠这只"会下金蛋的鹅"长期赚钱，那么你就要对它好。你不能对它撒谎，不能强迫它买不需要的东西。不要妄想通过夸大其辞来掩盖事实真相，不然，它迟早会看透你的。

他们喜欢同冷静、细心、做事有条不紊的人打交道。任何细节对他们来说都是十分重要的。他们会留心你的着装是否得体，会在意你公文包里的文件是否放置得很整齐。他们希望所接触到的人和产品，都要具备他们所期望的准确、精确和效率。

他们对玩笑持怀疑态度。所以，销售人员的推销风格必须要严谨，说话缓慢、清晰，当面记笔记，询问他们的需求。他们喜欢销售人员"详细说明"相关情况。在他们面前，你无论做多少次"详细说明"都不过分。他们想听，希望你说。如果你不说，他们就不会喜欢你。这一类的客户最厌恶那些一见面就想促成交易的销售人员，这样会显得做事不细心。再者，这种行为强烈暗示着，销售人员对于"详细说明”有关情况毫无兴趣。

他迷恋分析，什么都要画出图表。所以，他问你数字的时候，你要把过程的每个细节讲清楚。想跟他套近乎，就谈谈他的兴趣，或许可以包括工程或计算机技术。

分析型的人在谈判中就变成了行政主管。这样的买主通常受过工程或财会方面的教育，所以只有什么东西都板上钉钉，各就各位，他们才觉得可以。他们不喜欢在谈判中推推拖拖，他们喜欢一切有条不紊，他们最喜欢说的话是：“这是原则。”

相反，性格外向的人会说：“嘿，看呢！我们就差500块钱，所以，看在老天的分上，咱们一家一半，买卖成交。”

分析型的人会说：“我知道我们就差500元，实际上你在说我们一家一半，那就是说我们的分歧只是250元？现在，我关心的是原则问题。”

不要在谈判桌上刻意煽动狂热的气氛，这样做往往会适得其反。激发这类客户购买欲望的惟一办法，就是营造出一种一切都井然有序、按部就班的氛围。对销售人员，他们希望不管是看起来、听起来、还是感受起来，都要符合他们的要求。

## 对待沉默寡言的人

对于这类顾客，最重要的是别施加压力，只能以柔取胜。

沉默寡言的客户缺乏表情，态度冷漠，其内心令人难以捉摸。那么作为销售人员，不能因其冷淡的态度而失望，应尽量附和他，不要说太多不必要的话，请他对你的问题或产品发表意见或批评，反而会取得出乎意料的效果。

有些人话比较少，只是问一句说一句，这不要紧，即使对方反应迟钝也没什么关系，对这种人该说多少最好就说多少。这种不太随和的人说话也是有一句是一句，这样反而更容易成为那种忠实的顾客。

有些顾客虽不多说话，但颇有心计，做事非常细心，并且对自己的事很有主见，不为他人的语言所左右，特别是涉及他的利益的时候更是如此。

这类顾客表面看起来都很冷淡，有一种对一切都不在乎的神态，使人无法与之亲近，其实他的内心却是火热的，你只要能与之交个朋友，他会把生命的一切都给你。

这类顾客看起来有一种让人感到冷漠的感觉，对于推销员不在乎，对于推销的商品也不重视，甚至推销员在进行商品介绍说明时，他也不说一句话，没有什么表情变化，很冷淡的样子，其实他在用心听，在仔细考虑，只不过不表现在脸上和话语中，而是在他的脑子里。

这类顾客不提问题便罢了，但他一提就会提出一个很实在、并且很令人头痛的问题。这时推销员就不能蒙混过去，而且因为他们本身就惜话如金。所以推销员要小心地为他解答问题，要抓住问题的关键所在，只要解答了他的问题，这时他们就会立即要求开订货单，使交易成功。

这类顾客对待每件事都很实在，不到万不得已他们是不会决定一件事是该做，还是不该做的。这种顾客对于推销员都有一种防御的心理，对于交易也有一种防御、拒绝的本能，所以这类顾客一般都比较犹豫不决，没有主见，不知是否该买。但这类顾客又不会加以拒绝。

这类顾客多疑，一般推销员很难取得他们的信任，但只要诚恳，他们一旦对你信任，就会把一切都交给你。

推销员可抓住这类顾客不会开口拒绝的性格，让其购买，只要一次购买对他有利或者觉得你没骗他，他就会一直买你的商品。因为他对你实在太信任了，这次信任你，下次也不会错，这是一种使他放松警惕的方法。这也说明他的警惕不是来自当面拒绝这次购买，他只是拒绝下次购买。

如果推销员这次骗了他，以后他决不会再来买你的商品，即使你有十分好的商品，因为他认为你太不诚实，不值得与你这种人打交道。

还有一种“拿不定主意的人”。做决定让他们大伤脑筋，别人告诉他们怎么做他们才去怎么做。用学术语言这叫做“孩子”人格。

你也许认为最容易把东西卖给像孩子一样冲动的人。毕竟，他们的哲学是：跟着感觉走。然而这么多年来，该哲学给他们带来了麻烦。他们也许真想要你的产品和服务，但他们做不了主，因为他们害怕麻烦。换句话说，他们畏缩不前。

这些人需要你来替他们做决定。

你坚定地告诉他们：“今天你不拿出个主意来我就不走了。一切表明这对你来说是个正确的决定。不得到你的同意我今天不会主动离开，所以我准备替你拿主意。就在这儿签字吧，细节由我来处理。”

当然，只有你肯定他们会这样做的时候你才可以这样说。不要为了赚佣金而为之。然而，如果你坚信他们拒绝就是错误的时候，这种特别的举动可能是让他们正确选择的惟一途径。

对于这类顾客，有时提理由或相反意见都有些犹豫不决，好像说出来要伤害推销员的自尊心似的。对于他们理由的解答，一般是等他询问之后再进行的。

有的顾客对于任何人都很有礼貌，对任何人都很热心，对任何人都没有偏见，不存在怀疑的问题。对推销员的话总是洗耳恭听，从不插嘴，这种顾客使人觉得比较拘泥于礼貌形式，有时看起来有点傻，有时就像木偶，对待这种顾客也不能伤害他们的自尊心。

但这类顾客对于强硬态度或逼迫态度则比较反感，他们从不吃这一套，很是固执，你让他向东，他偏向西，反正是坚决与强硬态度的人做对，不给他们好脸看。

对付这类顾客，抓住他们的心理就容易了。他们也是一批好顾客。他们总会对推销员说一句：“你真了不起。”不要以为他们是在奉承你，其实这是真心的，他们佩服有才学的人，佩服勤劳自立的人。

还有一类顾客像孩子似的，很怕见陌生人，特别是怕见推销员，怕别人让他回答一些问题，他回答不上来有些尴尬。这类顾客有时还有点神经质，见到陌生人心里就犯嘀咕。

这类顾客还有小孩子的好动心理，不过这是由于怕人问他问题的一种坐立不安。当推销员介绍说明时，则喜欢东张西望，或者做一些别的事来克制自己安下心来，他们会玩手里的东西，或者写一些东西来掩饰或躲避推销员的目光，因为他们很怕别人打量他，推销员一看他，他就显得不知所措。

这类顾客还有一种毛病就是有时腼腆得要命，所以对他说话要亲切，尽量消除他的害羞心理。这样，他才能听你推销，交易也才能更顺利。

这类顾客对于别人的夸夸其谈或真才实学都比较羡慕，很少欺骗别人，对于别人的欺骗也不计较，总以为别人欺骗他是不得已而为之。

不过，这类顾客一旦与你混熟以后，胆子就会增大，就会把你当朋友看待，有时还相当依赖于你，信任也就产生了。

对付这种顾客的方法就是第一次先与他聊天，也就是说先与他混熟一点，到第二次他就自然多了，他就会把你当作老朋友看待，洽谈生意就顺利多了，交易极易成功。

对付这类顾客，你必须慎重对待，首先要给他一个好的第一印象，这样他虽然还会有些神经质，但对于你却是很信任放心的。这时再与他谈，要仔细地观察他，时不时称赞他一些实在的优点。照顾他的面子，不要说他的缺点，他对你会更信任，这样双方就能建立起友谊，会交个朋友。关于交朋友推销员要主动一些，因为这类顾客是不会先提出的。

在交谈中，你可以坦率地把自己的情况、私事都告诉他，让他多多了解你，这样也可使他放松一下，使他对你更接近，但你千万别问他的私事，否则他就会显得尴尬。

经过交谈后，交个朋友，再洽谈交易，这时，十有八九要成功了。

# 对待喜欢炫耀的人

对普通的人称赞五次就足够了，对这种人则应至少称赞十次以上。

有些人好大喜功，老是喜欢把“我如何如何”挂在嘴上，这样的人最爱听恭维、称赞的话。要是对普通的人称赞五次就足够了，对这种人则应至少称赞十次以上，对他所热衷的炫耀，需要有适当的聆听。自傲的顾客都爱夸夸其谈，喜欢吹牛，自己认为什么都懂，别人还没说出自己的观点，他就打断人家说自己知道。总之，对这种人听得越充分，称赞越充分，所得到的回报就会越多。

不过，这些顾客有一个最大的优点，那就是毫不遮掩，心里有什么就说什么，巴不得拿一本专业证书来给你读——看，这些我都懂。你如果想探询什么信息，就可以找这些顾客，他们一定会炫耀给你，但你千万别告诉他什么秘密消息，否则就没什么秘密啦！所以对于这些顾客即使不成交，也千万别得罪他，留待将来探询信息用。

还有一种方法，就是根据他这种自夸的心理，抓住他说的话，然后攻击他，使他进入你所设的陷阱中，他为了顾全面子，会硬撑着与你成交的。

你可以这样对他说：“先生，对于我们的商品，我就不说什么啦，你都知道了，对于它的优点您就更熟悉了，对于我们的业务您再熟悉不过了，您需要买多少呢？”

这样一说，由于前面的话是他说的，他不能否定，所以他为了顾全面子，就必须与你成交，否则就会使他尴尬地痛失面子。甚至他连一个理由都不能说，否则他就成了一个出尔反尔的伪君子了。

见到这种顾客，不要一见他对你的业务都很熟悉，你就胆怯，其实他们只不过是挖空心思在你面前炫耀罢了。他们都是纸老虎，你若怕，他们就更凶，就会看不起你，就不可能与你成交了，即使与你成交，他们也觉得那是他们对你的施舍罢了。

由于这类顾客比较善于表现自己，你在与他交谈时，尽量显示自己的专业知识，使他对你产生敬佩，使他服你，这样，他就会对你产生信任，使交易成功率增大。

## 对待学者型的人

> 这类客户对事情的来龙去脉要求详细、周全、细节化。

学者型性格的客户举止自然、大方、不拘束，他们是力量型的客户，领导力强、追求效率、坚持到底、敢于冒险。这一类客户需要代表公司或组织与社会各界联络沟通，参加各类社交活动，所以他们很讲究姿态和风度，力求在任何场合都做到举止大方，稳重而端庄。不缩手缩脚、扭扭捏捏，不毛手毛脚、慌里慌张，也不漫不经心或咄咄逼人。他们非常注意自己的一言一行，坐立姿势端正，行走步伐稳健，谈话语气平和，声调和手势适度，一举手一投足都好像一个有内涵有教养的教授。通过与学者型性格的客户接触，让人感到他们所代表的企业和团体可靠而成熟。

这类客户深思熟虑、善于分析，有目标，追求完美，有责任心。所以对事情的来龙去脉要求详细、周全、细节化，他们认为，如果过程准备充分，结果一定是完美的。

此类客户，对新产品常持怀疑态度，第一次进新品种时总是仔细询问，多方打听。希望商品质量好、价格适中，不易受花哨的包装和广告的影响，注重价廉物美。这类型客户人生经历丰富，在与其打交道之前，要熟悉对方的脾气，语气要表示敬重。介绍产品要有耐心，做到简单、明确、中肯，避免夸夸其谈。准备详细的资料和数据，以及相关的细节，同时对客户不知道的部分也要充分准备。

学者型的客户，希望别人肯定他的能力，即使与工作无关，也能够成为你与他建立友好桥梁的机会。这就需要发挥心思细腻的特点，观察他们最得意的方面，如穿衣品位，爱好兴趣，工作态度，办事效率甚至他那让人羡慕的健康等等，哪怕是不经意的一句话，都能表明你对他的关心。

很多时候，学者型客户抨击他人只是出于证实自己的能力。比如他说你在计算机方面很笨，而他的确在这方面是个行家，那么与其和他争辩你在这方面并不外行，倒不如承认他的特长和能力，这既会平息冲突，也会让对方在感觉你的低调处理的同时有所歉疚收敛。让人三分不为懦。退一步，即使他只想炫耀什么，那么适当地捧他一下，又有什么坏处呢？

学者型客户对别人要求严格，对自己也要求严格。总体讲，他们是内向的思考者，由于敏感，他们往往能提早发现一些问题。健康的学者型客户对每件事都很擅长，他们是所有人格形态中最具才能者。

知识渊博的人是最容易面对的顾客，也是最易使销售人员受益的顾客。面对这种顾客，应该不要放弃机会，要多注意聆听对方说话，客气而小心地听着，同时，还应给以自然真诚的赞许。这样可以吸收各种有用的知识及资料。这种人往往宽宏、明智，要说服他们只要抓住要点，不需要太多的话，也不需要用太多的心思，仅此能够达成交易，当然是理想不过的了。

# 对待演员型的人

这种类型的客户做决定会有冲动性，易受产品外包装、广告等外部因素的影响，对其价值较淡薄。

热情是演员型性格的客户的情绪特征之一，这类客户富有热情，活泼、善于交际、积极乐观、反应迅速、充满创造力；在业务活动中待人接物始终保持热烈的感情。热情会使人感到亲切、自然，从而缩短对方的感情距离，一起创造出良好的交流思想、情感的环境。但这类客户有时也会显得过分热情，使人觉得虚情假意而有所戒备，无形中就筑起了一道心理上的防线。

演员型性格的客户多属外向型性格，为人坦率、爽直。具有这种性格的人，能主动积极地与他人交往，并能在交往中吸取对方的知识、观点，增长见识，培养友谊。

幽默感是这类客户的另一特征，他们的言谈风趣、幽默，能够让人觉得因为有了他们而兴奋、活泼，并能让人从他们身上得到启发和鼓励。演员型性格的客户健谈、情绪化、感情外露。因为他们做事是以人为主，所以和他们建立良好的个人关系非常重要。

这种类型的客户追求品牌，求新、求奇、求美的心理较普遍，做决定会有冲动性，易受产品外包装、广告等外部因素的影响，对其内在价值较淡薄。他们是属于外向、多言、乐观的群体，他们的存在会给世界带来无穷的欢乐，他们对周围的事物都抱以宽容和接受的态度而不苛求什么。对待此类客户可迎合其心理，介绍新品种的新包装、新特色；利用广告强调品牌的流行性、前卫性；适当调整决策速度，以免客户因快速决定而后悔。

# 对待令人讨厌型的人

对付这类顾客关键就在于消除他们的多疑性。

有些人的确令人难以忍受，他好像只会说带有敌意的话，似乎他生活的惟一目标、惟一乐趣就是挖苦他人、贬低他人、否定他人。对于推销人员来说，这种人无疑是最令人头疼的对手。这种人虽然令人伤脑筋，但不应忘记他也有和别人一样的想得到某种东西的愿望。这种人往往是由于难以证明自己，所以他希望得到肯定的愿望尤其强烈。对这种人也是可以对症下药的，关键是推销人员在这种人面前不能卑下，必须是在维护自己尊严的基础上给他以适当的肯定。

有些人对讨价还价好像有特殊的癖好，即使是一碗面、一斤菜也得讨价还价一番不可。这种人往往为他们讨价还价而自鸣得意，所以对这种抱有金钱为上的人有必要满足一下他的自尊心，在口头上可以做一点适当的小小的妥协，比如可以这样对他说："我可是从来没有以这么低的价钱卖过的啊。"或是："没有办法啊，碰上你，只好最便宜卖了。"这样使他觉得比较便宜，又证明了他砍价的本事，他是乐于接受的。

性格上轻狂高傲的客户，谁也看不起，甚至包括自己的顶头上司。他们处处要显得与众不同，比别人优越，他们似乎上晓天文，下知地理。其实这种人的内心大多有着深深的自卑感，他们多半是目光短浅的人。对这种客户，要敢于对他们说"不"，要敢于与他们"较量"一番。

对于傲慢无理的客户你要有充分的思想准备。在谈生意时，如果有位客户朝你挑衅性地大吼："这种价格太可笑了！"你只要重复他说过的话，不过要把你的声调变成像在说一个问句似的，客户就会变得理性些，生意就能继续谈下去。

有的顾客由于不信任别人，所以也很狡诈。这类多疑的顾客中有一些狡猾心狠的人物，他们做生意可能是厚着脸皮、黑着心肠来欺骗别人，否则就会怀疑别人欺骗他。

对付这类顾客，关键就在于消除他们的多疑性，而这类顾客，在这方面很可能是根深蒂固的，是很难消除疑心病的顽固分子。对付他们就该以亲切、热诚的态度进行推销说明，不要与他争辩，要以沉着的态度与他交谈，尽量摆出与他交朋友的态度，要心平气和地与他谈，这样成交率才可能大一些。

怎样应对难缠的客户呢？以下一些方法可能管用：

——爱挖苦人的客户。

特点：发泄内心不满，不死心，自卑感强，极力保护自己。

对策：体会他们无法言说的不满心理，对他们的发泄不可反驳。

——滔滔不绝的客户。

特点：以畅所欲言为快乐，追求击败对方的满足感。

对策：你不能怕“苦”和“累”。

——爱撒谎的客户。

特点：不愿让人窥知自己的意图，不愿暴露自己的弱点，力争主动地位。

对策：以柔克刚，巧妙揭开对方的假面具，多了解他的心态，有备而发。

——自作聪明的客户。

特点：自命不凡，害怕承担责任，喜欢占小便宜。

对策：先抬高他，低调处理自己的言语、表情，设法引导他。

——盛气凌人的客户。

特点：自信，攻击别人，固执己见。

对策：冷静，不可在他咄咄逼人的攻势下丧失理智，互相叫板。

——刚愎自用的客户。

特点：刚愎自用，顽固不化，保守。

对策：自行上钩。

——虚情假意的客户。

特点：没有购买动机，不满意就对业务员报复。

对策：诱导新需求，吸引客户注意力，给客户一个台阶，不可当面揭露，也不可盲目附和。

## 关注年轻人的购买力

城市里到处流动着15～24岁之间的年轻人。

现在请看看你的周围，到处流动着15～24岁之间的年轻人。他们是大把花钱的新一代。媒体和社会学家已经开始迫不及待地为这些在优越物质生活条件下茁壮成长起来的中国第一代独生子女们贴上各种标签：“新新人类”、“80后”、“拇指族”等等。

从英美到日韩再到中国，在享乐主义风尚方面，全世界的“新新人类”表现出了惊人的一致性。正如美国《商业周刊》所指出的，过去若干年来袭用的营销法则也许已经过时了。这些年轻人在价值观、行为方式乃至审美口味方面已经表现出和20世纪70年代人以及更上一代截然不同的特征。如果你指望从他们那里赚钱，你必须首先取得他们的信任（事实很快就会证明，这个工作并不容易）。

20世纪80年代人是以自我为中心的一代。别忘了他们是独生子女，大家庭的宠儿。他们在生活上依赖父母，但都受过良好教育，通常自己拿主意。“只要是我自己出钱，我就自己决定买什么东西穿什么衣服”，他们如是说。很多时候，他们甚至已经成为家庭消费的“意见领袖”，因为显然他们是家庭里面掌握资讯渠道最多的人。

“新新人类”藐视权威，厌恶说教，但从来不像70年代人那样激烈的抵制，而更趋于一种“文雅的反抗”。“在家里我是乖孩子，父母说什么我听什么，懒得反驳，至于我在外面怎样，不让他们知道就行了。”一个接受采访的20岁年轻人如此表示。他们已经习惯把浏览广告当作生活中不可缺少的一部分。但如果你的广告中，充满了权威数据和说教气味，会被他们嗤之以鼻的。他们最看重的是色彩鲜明、创意大胆、能够直接调动他们的感官神经的画面。

他们是品牌的拥戴者，更加挑剔，讲究品位和勇于尝新。他们已经明确地把各种品牌归为三六九等。对于砍价，他们有自己的一套逻辑说：“如果我们认定这个东西值多少钱，我们就会砍到多少钱，即便是还能砍到更低也懒得去做。”

“新新人类”是在卡拉OK和各种“模仿秀”中成长的一代。这些年轻人热衷于自我表现，“炫”是一个重要的社交词汇。“我通常选择那些让我看起来与众不同的产品”。大规模生产已经过时了，你也许要不断更新你的产品线才行。对于电子消费品，外观变得尤其重要。他们有很强的DIY（自己动手）能力。所以厂商大可不必把所有的东西都一一放置妥当，其实“新新人类们”更欢迎自助式的菜单服务。

尽管他们老是觉得缺钱，但并没有太强的储蓄意识。“如果我每月存1500元，要存十年才有20万，20万算什么钱?”这句话代表了这群人的心声。他们都是现实主义者，不为未来操心。

## 走老人的路线

老年人较中青年人柔和、慈善得多，也容易接近。

老人因体力虚乏在家休养，或因年岁高而退职在家，没有工作做，家务也很少做，谈话是心里有而没处说，因此，常常显得孤寂。如果有人主动接近老人，哪怕是暂时解除老人的孤寂，老人自然非常乐意。再者，心理学表明，老年人较中青年人柔和、慈善得多，也容易接近。

一般的说，老年人见多识广，阅历丰厚，精神仓库里贮藏有大量感性或理性的“经验产品”，一有机会，他们总乐于滔滔倾诉，希望能影响、感动后人，也算获得人生思考的哪怕些许的慰勉。事实上，老人长年留住家中，这种滔滔倾诉故事、传授经验的机会实在很少，因此，老人的生理、心理便表现出极大限度的和善、平易。尤其对于年轻人，他们总乐于主动招呼、热情交谈。

老年人多半喜欢追忆往事，如果你能引起他谈谈自己的过去，不但对他是一件很快乐的事，对你又何尝不是一个难得的机会？能够听到一个人亲口告诉你三十年前，或是五十年前的事情，这是十分难得的。

经过时间的淘汰和岁月的流逝，那些仍然深刻地留在老人们心中的，多半是一些印象深刻而生动有趣的故事。

有些老年人生命力还相当旺盛，他们有些人仍然关心着现在的社会，对报纸上的新闻仍然产生着浓厚的兴趣。那么，最好是让他们把现在的事情和过去作个比较，这不但是他们最喜欢的，同时也是年轻人最感兴趣的。

如果你想和他玩花样，那么你一定要记住，他们亲自经历了半个多世纪，甚至近一个世纪，因此他们很可能一眼就洞穿你的心底。不过，你和他们多谈谈，必然是有益的。他们有很多书上无法告诉你的经验，他们有些人曾出生入死地冒过很多险，而且有的还很滑稽、幽默，他们也有一颗至今仍保持年轻的心。

有个小伙子上别人家串门，见一位老人鹤发童颜，精神健旺，便想攀谈几句，小伙子很有礼貌地问：“您老高寿？”

老人答：“不高，七十九。”

小伙子说：“那您准是这一带的老寿星了！”

老人摇摇头：“算不上，算不上。这儿还有个老头活到八十三了……”

小伙子说：“那他是老寿星了！”

老人说：“可惜他去年死了”

小伙子说：“那可该轮到您了！”

老人拍案大怒……

这大概是一番很平常的对话了吧，可是，由于小伙子说话不严密，让老人产生了误解，“拍案大怒”。他本来想说“那老寿星就是您了”让老人高兴高兴，没想到反而激怒了对方。

和老年人接近时，要尽量安慰他们，使他们兴奋，同时也可使你和他们之间发生令人神往的谈话，努力地去请他们针对社会及工业的快速发展发表意见。他们是不是认为我们该过大家庭的生活方式，他们可协助抚养小孩子？对年轻孩子的服装有何意见？当今社会上的一切现象，你都可以请他们发表意见。他们的看法不会与社会脱节的，只是他们比你经验更丰富。因此所见不同罢了。也可以请他们谈过去的记忆。当人们回忆他们快乐的时光时，他们就变得更快乐和更能言善道了。

你请他谈他过去最喜爱的广播节目，他第一次乘上汽车时的感觉。你也可以请他们谈谈，他们年轻时玩什么游戏，学校是什么样子，及他们印象中的祖父母。问他脑子里记得最清楚的伟人是谁，最敬爱的伟人是谁，最不敬爱的是谁。问他当年如何向异性表示仰慕，以及当年的礼节问题如何。问他踏进社会干的第一件工作是什么——虽然他没有变成大人物。但人都喜欢谈他的第一件工作的。只要他正正当当，年岁越大将越记得他的第一件工作。

老年人是比较重听的，因此你和他讲话时音量要放大，速度要缓慢，发音要清楚，但你不要因此而用些简单的词汇，尽谈一些琐屑的事情。你可能认为既聋又哑即是既聋又笨，这一来你就会忽略聋子的智慧了。这是重听的老人最忌讳的事情，而且实际上他们的智慧并不混沌，甚至更精纯。

# 在小孩身上动点脑筋

母亲对孩子怀有特别的爱，也希望别人能喜欢她的孩子。

孩子是父母生命的延续，母亲对孩子怀有特别的爱，也希望别人能喜欢她的孩子。关心和喜欢主人家的小孩，实际上就是对其父母的尊重。因此，为了赢得主人家主妇的热情，可在小孩身上动点脑筋。从推销艺术上说，这叫做感情的曲线投入。做客前，如知道对方有小孩，可根据小孩的年龄带些礼物，如水果、玩具、学习用品等。亲近和关心小孩的方法还有很多，如主动和小孩交谈，询问其姓名，并解释姓名的含义，再亲切地叫上几声，尽量记牢；询问小孩的学习情况，如空余时间较多，可给小孩讲个故事，出些简单而又有趣的智力题和常识题，也可以和小孩一道做个游戏，孩子提出了疑难问题，要尽量耐心，设法给予满意的答复。要尽量发掘小孩或在品貌上、或在智力上、或在习惯爱好上等的优点和特色，并给予热情赞扬。任何一个小孩总是有自己的优点和特色，而这又总是和父母亲的培育和教养连在一起的，称赞孩子，母亲当然高兴。总之，要把小孩当作一个角色，不要以为无关紧要。

不可以强迫一个孩子回答问题。“你叫什么名字呀？”他不回答，只是把头扭了一扭。为什么不回答呢？你不必问，也许他觉得这个问题被问得太多了，提不起兴趣，也许他有点怕难为情，也许根本不为什么，只是他这一次不爱回答罢了。所以，不要总是以一个相同的问题反复问他，这样他是不愿意回答的。越是年老的人，思想观念越是停留在以前的一段时期不易改变，而小孩子则正好相反，他们的思想每一分钟都在不断地变化，捉摸不定。和孩子谈话就是要不停地变换话题。

大多数孩子对一个陌生人都有点害羞，无论你跟他说什么都不能改变这一点。因此，要他们开口和你说话有时候还真不是一件容易的事情。在这种情况下，有两种方法可以采用，一是连续不断地提出许多问题（当然都是他们能理解的问题），一直到某一个问题使他最感兴趣时为止。只要他乐于开口，以后就水到渠成，畅通无阻了。如果上面的办法不灵，那么用能引起孩子们好奇的方法定能奏效。比如用你的手指头做几个有趣的玩意儿，或是玩一套骗骗小孩子的戏法（那些最简单的戏法，大概谁都会想出来的），这样一来，只要能引起他的好奇心，以后你和他谈什么都不成问题了。

## 巧讨主妇欢心

女人往往是家庭的决定者。

大部分家庭主妇并不是你推销的旁观者而是积极参与者。赢得她们的热情，这对于完成推销任务有着很大的作用。假如主妇冷冷冰冰，爱理不理，或者避而不见，那就说明她很不欢迎你。推销效果也可想而知。

要想讨得主妇心，就要学会赞美。

家庭内部布置和陈设，往往是主妇们心血倾注之所在。正像人的相貌各不相同一样，家庭内部的布置和陈设也总是千差万别的，有的主妇喜欢读书，可能有精制的书柜，有的主妇爱好音乐，可能有昂贵的钢琴等，利用房间的布置和陈设的特色给以赞赏，是赢得主妇热情的又一个方法，因为这实际上是对其个性的赞赏。清洁卫生，是家庭主妇都很关心的一项内容。一般说来，家庭陈设的简陋是男人的无能，而家庭卫生不好，原因恐怕主要在于主妇。因而，真诚地称赞居室的布置和陈设，主妇当然会喜滋滋的。即使主人家的住房狭小，如能做恰到好处的赞扬，也会赢得主妇的好感。值得注意的是，在整洁的客厅里，做客的人一定要注意清洁，千万不能乱弹烟灰、乱丢果壳之类，即使本来并不整洁，也要注意。须知，主妇最厌恶的是不讲卫生、不讲文明的客人。

一般家庭主妇或多或少有点手艺和特长，或在烹饪上、或在编织上、或在裁剪上。手艺和特长通常是心灵手巧的一种反映，是智慧和勤奋的结晶。如发现主妇有某种手艺和特长，不失时机地给予赞扬，有助于赢得热情和好感。

在穿着上，女人是非常敏感的。称赞男子衣着得体，一般不会太在意，而称赞女子衣着得体，则往往会高兴一阵子，倘称赞之后，又能说出具体理由，使人觉得是内行人的赞词，那主妇内心的喜悦就可能非同寻常。主妇自己衣着随便，甚至不修边幅，而她的丈夫或小孩比较入时和得体，则可从他们的衣着入手，称赞主妇把爱心倾注在丈夫和孩子身上，并且会打扮，懂穿着，有艺术眼光。